Inhaltsverzeichnis

Danksagungen 7
Vorwort 9

1 Die physische und die nichtphysische Welt 11
1.1   Der nichtphysische Körper 12
1.1.1 Die Aura 13
1.1.2 Die Chakren 16
1.1.3 Der Lichtkörper 19
1.2   Die Verbindung zwischen dem feinstofflichen
und dem physischen Körper 24
1.2.1 Die Seele und ihre Entwicklung 24
1.2.1 Die Energie ist die Mutter der Materie 26

2 Die Ernährung des Energiekörpers 29
2.1   Die westliche Ernährung als Chi-Quelle 29
2.2   Die Aufnahme von Chi durch die Chakren und die Aura 30
2.2.1 Die Aufnahme von Chi durch den senkrechten Kanal 30
2.3   Reiki ernährt das Energiesystem 31

3 Initiationen 33
3.1   Das Mysterium der Initiation 33
3.2   Die Wirkung der Initiation 42

4 Die Pflege des energetischen Kanals 43
4.1   Die Einstimmung auf hohe Schwingungen 43
4.2   Ungleichgewichte und Blockaden im Energiekanal ... 45
4.2.1 Die Klinische Diagnose 45
4.2.2 Hellsichtiges Wahrnehmen des Energiekanals 46
4.3   Blockaden öffnen 50
4.4   Chakren im Kanal verbinden 65
4.5   Den gesamten Kanal durchströmen 65

**5 Der Einfluss der Geber-Empfänger-Beziehung
auf den Energiestrom** 67

6 Typische Fehler von Reikigebern 71
6.1   Verantwortung 71
6.2   Reiki und Intimität 74
6.3   Energiekontamination und Energieverlust 76

7 Bin ich reif für eine Initiation?	79
8 Die Wahl des Reikimeisters	83
9 Der Kurs Reiki 1	**89**
9.1 Die Meditation zu Beginn	89
9.2 Die Initiation	90
9.3 Wie gibt man Reiki?	91
9.3.1 Die traditionelle Reikibehandlung	92
9.3.2 Intuitiv Reiki geben	95
9.3.3 Mit Reiki in der Aura arbeiten	102
9.3.4 Besondere Handpositionen	107
9.4 Selbstbehandlung mit Reiki	116
9.5 Reiki und Massage	118
9.6 Reiki und Körperarbeit	119
9.7 Wenn Gefühle befreit werden	120
9.8 Die Möglichkeiten des Reiki	122
9.9 Die Grenzen des Reiki	125
10 Der Kurs Reiki 2	**129**
10.1 Die Unterschiede zwischen Reiki 1 und Reiki 2	129
10.2 Symbole	130
10.3 Verbindung mit Symbolen aufnehmen	131
10.3.1 Symbole zeichnen	132
10.3.2 Mit Mantras auf Symbole einstimmen	134
10.3.3 Die Verbindung mit Symbolen erden	134
10.3.4 Mit dem Dritten Auge auf Symbole einstimmen	137
10.3.5 Durch Visualisieren einstimmen	137
10.3.6 Durch Kontakt mit dem Symbol einstimmen	137
10.4 Beschreibung der Symbole für Reiki 2	138
10.4.1 Die traditionellen Symbole	138
10.4.2 Andere Symbole, die man im Reiki verwenden kann	138
10.5 Der praktische Umgang mit Symbolen	150
11 Der Kurs Reiki 3	**157**
11.1 Grundlagen	158
11.2 Energie intensivieren	159
11.3 Symbole	163
11.4 Die Anwendung der Aum-Symbole beim Initiieren	167
11.4.1 Vom Hara aus arbeiten	168

11.4.2 Energie in den Fingerspitzen bündeln 169
11.4.3 Die blaue Nierenatmung 173
11.4.4 Farben atmen 175
11.5 Initiationsmethoden 175
11.5.1 Die Ausgangshaltung 175
11.5.2 Symbole in Chakren zeichnen 176
11.5.3 Blasen 177
11.5.4 Klopfen oder Versiegeln 178
11.5.5 Anheben 178
11.6 Die Reiki-Initiationen 179
11.7 Der Reiki-Unterricht 181
11.8 Besondere Gesichtspunkte 182
11.8.1 Initiieren in der Gruppe 182
11.8.2 Heilen beim Initiieren 183
11.8.3 Der Vorteil mehrtägiger Kurse 184

12 Die Entwicklung der Hellsichtigkeit 187
12.1 Licht und Dunkelheit, Oben und oben 192
12.1.1 Hellsichtig mit Oben und oben kommunizieren 196

13 Die Yod-Initiation 199
13.1 Die Yod-Symbole 201
13.2 Die Pflege der Yod-Initiation 202
13.3 Mit Yod arbeiten 203
13.4 In Yod initiieren 204

14 Die Melchisedek-Initiation 205

15 Das Violette Feuer 209

Zum Schluss *215*
Literaturverzeichnis *216*
Liste der Abbildungen *217*
Liste der Übungen *218*
Über die Autoren *219*

Danksagungen

Einigen Menschen danken wir besonders, die uns bei diesem Buch so gut geholfen haben: zuerst Kasper Martinot für die gute Zusammenarbeit bei der Textkorrektur. Dick van Veen danken wir für seine Güte und seinen Einsatz, der auch dieses Buch erst möglich gemacht hat.

Vorwort

Das vorliegende Buch ist ein Handbuch für alle, die Reiki geben wollen. Wer auf andere Weise mit heilender Energie arbeitet, findet hier ebenfalls viele nützliche Informationen. Im ersten Kapitel behandeln wir Themen, die eine Grundlage für das tiefere Verständnis des Reiki und der Arbeit mit Reiki bilden. Am Anfang steht eine allgemeine Erläuterung des Energiekörpers: Wie ist er aufgebaut, wie ernährt er sich, warum ist er oft unterernährt, wie kann Reiki ihn ernähren? Dann gehen wir auf das Mysterium der Reiki-Initiation ein, vor allem auf die Zusammenarbeit zwischen dem Schüler, dem Meister und den Kräften hinter dem Meister.

Wichtig sind auch die Faktoren, die bei Schüler oder Meister zum Misslingen der Initiation führen können. Glückt die Initiation, dann fließt die Energie durch den Kanal des Schülers. Dieser Kanal kann jedoch „verschlammen". Das ist gar nicht so selten, da er ja Teil unserer Erfahrung der Dualität ist. Wie und warum er blockiert wird und was dagegen zu tun ist, wird genau erklärt. Im letzten Kapitel des ersten Teils schlagen wir eine Brücke zur Erfahrung des professionellen Therapeuten und untersuchen einige wichtige Aspekte der Beziehung zwischen Heiler und Klient: den Umgang mit der Verantwortung und mit der Intimität sowie die energetische Kontamination und den Energieverlust.

Der mittlere Teil des Buches beschäftigt sich mit der Welt dessen, der Reiki gibt. Woher wissen wir, ob wir für eine Initiation reif sind, und wie finden wir einen Meister? Die drei typischen Grade des Reiki werden ausführlich und im Detail behandelt, ebenso die intuitive Arbeit mit Reiki und die Arbeit mit der Aura.

Bei vielen Menschen, die Reiki geben, nimmt die Hellsichtigkeit zu. Darauf gehen wir im dritten Teil ein, und zwar im Zusammenhang mit dem Wachsen hin zum Licht. Dazu gehören auch die dunklen Aspekte im Menschen und in seiner Umgebung. Weiterhin beschreiben wir drei Initiationen, die unserer Erfahrung nach besonders wertvoll sind: die Yod-Initiation, die Melchisedek-Initiation und die Initiation in das Violette Feuer.

Es war uns ein Anliegen, unser Thema möglichst genau und offen zu behandeln. Darum haben wir das Buch mit schönen Bildern der Reikisymbole ausgestattet, die sehr sorgfältig angefertigt wurden, während wir tief auf sie eingestimmt waren. Die Farben haben wir wegen ihrer Heilwirkung gewählt. Sie helfen uns, dem Symbol in seiner Ganzheit zu begegnen. Einige Symbole sind daher orangerot gemalt, um sie zu erden. Die tiefen Farben Blau und Violett stimulieren unsere höheren Fähigkeiten, sodass wir die Symbole klarer wahrnehmen können.

Bei aller Offenheit haben wir auch Grenzen gezogen. Die Informationen zum Reiki-Meister sind ausführlich und detailliert; aber auf einige für das Initiieren unentbehrliche Angaben haben wir verzichtet, damit Sie – der Leser – fachkundige, persönliche Begleitung suchen.

1 Die physische und die nichtphysische Welt

Der westliche Mensch versteht sich vor allem als physisches Wesen. Unsere Religionen weisen dem materiellen Körper eine unsterbliche Seele zu, meist ohne die Beziehung zwischen Körper und Seele genau zu beschreiben. Wir erfahren nur, dass gute Taten der Seele zu einem glücklichen Leben nach dem Tod verhelfen, während böse Taten sie zu Trübsal verdammen. Von einer Wechselwirkung zwischen Körper und Seele im irdischen Leben ist keine Rede, und wir hören auch nicht, wie die Seele den Körper beeinflusst. Die westliche Kultur, von der diese Religionen hervorgebracht und ein Bestandteil sind, legt seit langem großen Wert auf die sinnlich wahrnehmbare Welt. Im 19. Jahrhundert, also während der industriellen Revolution, erwies dieser Standpunkt sich mehr und mehr als richtig. Der Mensch entdeckte die Gesetze der Physik und war deshalb in der Lage, die materielle Welt nach seiner Vorstellung zu formen. Waren seine eigenen Sinnesorgane unzureichend, benutzte er Hilfsmittel wie Mikroskope, Teleskope, extrem feine Messgeräte und andere Apparate. Auch die Methoden der Medizin wurden immer raffinierter.

Dennoch entstand bereits Ende des 19. Jahrhunderts eine eindrucksvolle Gegenbewegung: die Theosophie mit der grundlegenden Überlegung: Jede Materie ist ein Ausdruck der geistigen Welt. Eben diese spirituelle Welt interessierte die Theosophen. Außergewöhnliche Seher gehörten dieser Bewegung an, deren bekannteste Spielart heute wohl die Anthroposophie ist. Trotz ihrer großen Persönlichkeiten war der Einfluss der Theosophie jedoch beschränkt, und sie konnte sich nicht gegen die herrschende Kultur durchsetzen, deren Hauptanliegen die materielle Welt war. In unseren Tagen ist ein deutlicher Umschwung erkennbar. Einerseits ist das Verlangen nach materiellem Wohlstand stark; andererseits fragen immer mehr Menschen, welche Kräfte das Physische lenken. Das enorme Interesse am Reiki ist daher kein Wunder.

Im Osten können wir die umgekehrte Entwicklung beobachten. Dort besteht seit vielen tausend Jahren ein tiefes Interesse an der nichtphysischen Welt. Als Folge der Kolonialisierung und der Globalisierung ist dieses Interesse jedoch im Laufe des letzten Jahrhunderts erheblich geringer und der Drang nach dem Materiellen viel größer geworden. Dennoch ist eine Menge Wissen über die nichtphysische Welt erhalten geblieben. Sie wird im Osten seit Urzeiten erforscht. Der Taoismus soll beispielsweise über 6000 Jahre alt sein. Im Westen verstärken wir unsere Sinnesorgane mit Hilfe der Technik; im Osten wollte man eine Welt erforschen, die unseren Sinnen unzugänglich ist. Dazu benutzte man feinstoffliche Sinnesorgane – 6000 Jahre lang. Die physikalische, chemische und medizinische Forschung ist dagegen kaum 200 Jahre alt, die psychologische nicht einmal 100 Jahre. Vieles, was wir von der nichtphysischen Welt wissen, stammt daher aus dem Osten, etwa das Wissen über Chakren, Meridiane und Auren.

1.1 Der nichtphysische Körper

Der Mensch hat zwei Körper: einen physischen und einen nichtphysischen. Letzteren nennen wir energetischen oder feinstofflichen Körper, weil er aus Energie besteht und mit den physischen Sinnesorganen nicht wahrnehmbar ist. Ein Aspekt des Energiekörpers gleicht dem materiellen Körper und heißt daher auch feinstoffliches Doppel oder Double. In diesem Doppel, das den physischen Körper durchdringt und einhüllt, spiegeln sich die Form und die Funktionen des materiellen Körpers wider. Es besitzt zum Beispiel ein Herz, einen Kreislauf, eine Verdauung, einen Hormonhaushalt und Sinnesorgane – jeweils auf der energetischen Ebene. Mit seinen Sinnesorganen können wir den Energiekörper wahrnehmen: Also mit den feinstofflichen Augen die feinstoffliche Welt sehen, und mit den feinstofflichen Ohren Informationen aus der feinstofflichen Welt hören („channeln").
Diese Art der Wahrnehmung nennen wir hellsichtig. Sie befähigte die östlichen Kulturen, die unsichtbare Welt zu erforschen und im Laufe von Jahrtausenden den Energiekörper des Menschen immer genauer zu untersuchen – eine eindrucksvolle Leistung. Was die Anatomie des

Energiekörpers anbelangt, unterscheiden wir die Aura, den Lichtkörper, die Chakren und die Meridiane. Darauf gehen die folgenden Abschnitte näher ein.

1.1.1 Die Aura

Die Aura ist ein Energiefeld, das den Menschen durchdringt und einhüllt. Sie reicht einige Meter über den physischen Körper hinaus. In unserer Praxis arbeiten wir daher auch in mehreren Metern Abstand vom materiellen Leib. Die Aura hat verschiedene Schichten, die unterschiedlich definiert werden, vielleicht deshalb, weil die Aura ziemlich komplex und die Wahrnehmung des Menschen begrenzt ist: Jeder nimmt nur einen Teil der Aura wahr. Deshalb beschränken wir uns in diesem Buch auf die Teile, über die eine gewisse Einigkeit besteht.

Das ätherische Doppel
Der physische Körper beeinflusst zuerst das ätherische oder feinstoffliche Doppel. Eine kranke Leber hat demnach ein anderes energetisches Doppel als eine gesunde. Aber das feinstoffliche Doppel hat auch Einfluss auf den materiellen Körper. Wenn ein krankes feinstoffliches Organ durch Reiki geheilt wird, sendet es einen starken Impuls aus, der den physischen Körper verändert. Das ist wichtig für den, der Reiki gibt, weil es hervorragende Behandlungsmöglichkeiten eröffnet. Darum gehen wir weiter unten ausführlich darauf ein.

Der emotionale Körper
Gefühle kennen wir vor allem als Erlebnisse. Aber das ist nur ein Aspekt. In der Psychologie ist eine Emotion ein starker Reiz, der für die Nerven bedeutsam ist. In der Biochemie gilt die Emotion als Strom von Chemikalien. Körperorientierte Therapien verlagern Gefühle in Organe und Gelenke. Für Taoisten ist eine Emotion die Energie, die ein Organ freisetzt. Je nach seiner Qualität erzeugt das Organ positive oder negative Energie. Ist die Leber entspannt, reagieren wir in einer bestimmten Situation ruhig und freundlich; ist sie überaktiv, werden wir gereizt oder wütend. Jedes Gefühl spiegelt sich in der emotionalen Schicht der Aura wider. Das gilt für Gefühle, die Sie jetzt haben, aber

auch für alle Gefühle, die Sie früher hatten und die nicht transformiert wurden. Positive wie negative Gefühle können sich in der Aura zusammenballen und rund um ein „Thema" immer stärker werden. Manchmal sind solche Ladungen in der Aura gut zu spüren. Es kann sein, dass wir schon aus einigen Metern Entfernung merken, ob jemand gereizt ist oder Wärme ausstrahlt, selbst wenn wir den Körper dieses Menschen noch nicht sehen. Man kann den Reikistrom auf diese emotionalen Klumpen lenken. Dafür gibt es, wie wir noch sehen werden, mehrere Methoden.

Der mentale Körper

Jeder Gedanke hat sein feinstoffliches Gegenstück in der mentalen Schicht der Aura. Auch dort kann Energie verklumpen. Wenn Sie zum Beispiel ständig denken: „Das schaffe ich nie!" oder „Ich bin ja so dumm!", dann bildet sich aus diesen Gedanken eine Auraschicht, die immer dicker und dichter wird und ihre eigene Wirklichkeit erzeugt. Auf der feinstofflichen Ebene strahlen Sie ein zunehmend negatives Selbstbild aus! Und gemäß dem kosmischen Gesetz „Was du aussendest, ziehst du an", fangen Sie dann immer mehr Ereignisse und immer intensivere Erlebnisse ein, die „beweisen", dass Sie Recht haben. So werden Sie immer brutaler mit Ihrer eigenen Wirklichkeit konfrontiert – bis Sie diese durchschauen und transformieren. Auch auf diese Klumpen kann der Reikistrom gerichtet werden.

Der Kausalkörper

Der Kausalkörper ist der Leib, den die Seele braucht. Die Seele inkarniert, um auf der Erde Erfahrungen zu sammeln, und dazu passt ein bestimmter Körper. Dieser „ideale Körper" ist der Kausalkörper. Ideal bedeutet hier nicht am schönsten, gesündesten oder klügsten, sondern: am besten geeignet für das Ziel und für diese Inkarnation (die zusammen mit allen anderen Inkarnationen das Ziel bestimmt). Der Kausalkörper wird also stark von karmischen Aspekten beeinflusst, und auf diese können wir den Reikistrom ebenfalls lenken. Bisweilen ist Karma auf der feinstofflichen Ebene heilbar und braucht sich dann nicht mehr mit der materiellen zu befassen. So kann die Genesung beschleunigt oder eine Krankheit verhindert werden.

Der spirituelle Körper
Der spirituelle Körper ist diejenige Schicht der Aura, die uns mit allem anderen verbindet. Wenn Sie auf diese Schicht eingestimmt sind, fühlen Sie sich „getragen" von der Energie des Seins. Für eine gründliche Heilung ist der spirituelle Körper sehr wichtig. Wenn Sie tiefes Leid mit dieser spirituellen Ebene verbinden, nimmt es eine neue Bedeutung an und wird erträglicher. Entfremdung und Einsamkeit sind Anzeichen für eine gestörte Verbindung mit dem spirituellen Körper. Die Yod-Initiation zielt darauf ab, die Verbindung zu erneuern. Darauf gehen wir weiter unten ein und zeigen auch, wie man zwischen dem Leid oder einem getrennten Teil und der spirituellen Ebene einen Kontakt herstellen kann.

Die Position der Auraschichten
Über die Lage der Auraschichten besteht keine Einigkeit. Die Meinungen dazu gleichen oft eher theoretischen Erwägungen als einer Beschreibung dessen, was wahrgenommen wird. Und selbst wenn Wahrgenommenes beschrieben wird, müssen wir bedenken, dass ein Mensch immer nur einen Teil des Ganzen erkennen und wiedergeben kann.
Im Allgemeinen liegt das ätherische Doppel eng am Körper an und strahlt nicht aus. Die Ausdehnung der anderen Körper hängt unter anderem von unserer Entwicklungsstufe ab. Wer oft emotional reagiert, hat meist einen ausgedehnten Emotionalkörper, und wenn dieser Mensch seine Gefühle nur wenig beherrschen kann und zu Gefühlsausbrüchen neigt, reicht der emotionale Körper weit über den physischen hinaus. Wer spirituell wenig entwickelt ist, hat auch einen kleinen spirituellen Körper. Ein wirklich spiritueller Mensch besitzt dagegen einen großen spirituellen Körper. Wer überwiegend vom Verstand gesteuert wird, hat einen größeren Mentalkörper als ein eher empfindsamer Typ.
Den Zustand jedes einzelnen Körpers können wir untersuchen; aber es ist ebenso wichtig herauszufinden, wie sie aufeinander abgestimmt sind. Dabei müssen wir sowohl an die relative Entwicklung der Körper denken als auch an ihre gegenseitige Kommunikation. Alle Körper müssen vollständig entwickelt und integriert sein und miteinander kommunizieren, damit wir harmonisch, glücklich und zufrieden leben können. Wenn ein Mensch einen großen spirituellen Körper hat, dessen Verbindung mit den anderen Körpern gestört ist, fühlt der Betroffene sich

nicht wirklich frei, weil er die Welt nicht voll und ganz erlebt. Wer einen starken Mentalkörper, aber ein unterentwickeltes Gefühlsleben hat, leidet an einer gestörten Kommunikation zwischen dem mentalen, spirituellen und emotionalen Körper. Und wer ständig von Gefühlen überwältigt wird, ist Sklave seiner Impulse. Wenn sich der emotionale, mentale und spirituelle Körper im Gleichgewicht befinden, sind wir innerlich ruhig, und unsere Weisheit kann wachsen.

1.1.2 Die Chakren

Die Chakren sind die Organe des Energiekörpers. Neben sieben Hauptchakren besitzen wir einige Neben- und viele kleine Chakren. Für Reiki sind vor allem die Haupt- und mehrere Nebenchakren wichtig.

Die Hauptchakren

An der Innenseite der Wirbelsäule verläuft ein Energiekanal, in den alle sieben Hauptchakren münden (siehe Abb. 1). Durch diesen Kanal fließt der Reikistrom in den Körper, und durch so kann er auch geerdet werden. Über die Chakren und den Energiekanal müssen wir Bescheid wissen, um den Reikikanal gesund erhalten und andere Menschen heilen zu können. Darum wollen wir dieses Thema ausführlich behandeln.

Das Kronenchakra

Das oberste Chakra ist das Kronenchakra. Man nennt es auch siebtes Chakra, weil die Hauptchakren vom Steiß (dem ersten Chakra) an gezählt werden. Es befindet sich in der Mitte des Kopfes an der senkrechten Energiebahn und strahlt nach oben aus. Dieses Chakra verbindet uns also mit dem Kosmos. Wenn es geschlossen ist, sind wir kein Reikikanal. Je weiter dieses spirituelle Chakra entwickelt ist, desto mehr empfinden wir uns als Teil eines größeren Ganzen. Um spirituell zu wachsen, müssen wir daher dieses Chakra öffnen.

Das Wurzelchakra

Der Gegenpol des Kronenchakras ist das Wurzelchakra am senkrechten Energiekanal in Höhe des Steißes. Es strahlt in die Erde aus und verbindet uns mit ihr. Dieses Chakra kann der Erde Lebenskraft entnehmen und negative Energie in die Erde leiten. Während das Kro-

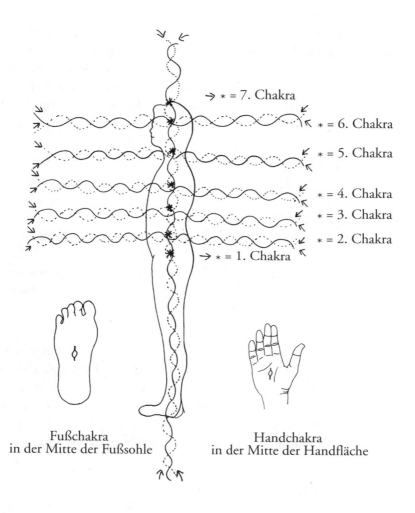

Abbildung 1:
Die Position der 7 Haupt- und der wichtigsten Nebenchakren

nenchakra am feinsten schwingt, hat das Wurzelchakra die langsamste Schwingungsfrequenz, da es den Kontakt mit der Materie herstellt. In den höchsten Chakren träumen wir und brauchen das Wurzelchakra für das praktische Handeln. Wenn Kronen- und Wurzelchakra gut zusammenarbeiten, können wir Träume verwirklichen. Die Energie der höheren Chakren strömt dann in und durch das Wurzelchakra. So kann eine Idee, die in den höchsten Chakren geboren wird, irdische Form annehmen. Auf die Erdung gehen wir in diesem Buch noch genauer ein.

Das Stirnchakra

Dieses Chakra liegt gleich unter dem Kronenchakra am senkrechten Energiestrom. Es strahlt nach vorn zwischen den Augenbrauen hindurch und auf der selben Höhe nach hinten. Das Stirnchakra steuert die mentalen Prozesse sowie die Augen und vermittelt uns Einsicht in uns selbst sowie Hellsichtigkeit. Eine Verklumpung in diesem Chakra kann zu plötzlicher Sehschwäche führen. Das geschieht beispielsweise, wenn wir etwas „nicht sehen wollen". Die Behandlung des sechsten Chakras kann dann eine rasche Heilung bewirken.

Das Kehlchakra

Am senkrechten Energiestrom in der Mitte des Nackens finden wir dieses nach vorn und nach hinten strahlende Chakra der Kommunikation. Eine Blockade führt dazu, dass wir uns nur mühsam ausdrücken können. Bei Menschen, die missbraucht wurden, ist dieses Chakra stark verstopft, vor allem wenn über den Missbrauch (lange Zeit) nicht gesprochen wird. Diese Blockaden lösen Verspannungen und sogar Tics im Genick aus.

Das Herzchakra

Das Herzchakra liegt auf der Höhe der Brustwarzen (bei Frauen dort, wo die Warzen sich vor der Entwicklung der Brust befanden). Es strahlt nach vorn und hinten aus und ist das Chakra der Liebe. Der ganze Kosmos ist von Liebe erfüllt, und jedes Wesen im Kosmos erfährt diese Liebe entsprechend seiner Eigenschwingung und seiner Form. Die Liebe auf der Erde ist die Liebe des Herzchakras. Also nehmen wir die Liebe auch im Körper wahr. Außerdem werden alle Erfahrungen, die mit Liebe zu tun haben, in diesem Chakra aufbewahrt, auch negative Gefühle wir Eifersucht, Hass und Groll. Im Herzchakra stehen wir zwischen Himmel und Erde.

Der Solarplexus

Der Solarplexus (das Sonnengeflecht) ist das dritte Chakra. Sein Zentrum liegt zwei Zentimeter über dem Nabel. Ein gut entwickeltes Sonnengeflecht ist etwas größer als eine Faust. Dies ist das Chakra des Ichs. Wenn es gesund ist, nehmen wir „frank und frei" unseren Platz in der Welt ein. Bei Menschen, die missbraucht wurden, ist das Ich mit Füßen getreten worden, und der Solarplexus ist oft unterentwickelt, sodass sie ihr Leben nicht vollständig im Griff haben.

Das Sexualchakra

Dieses Chakra liegt zwischen Nabel und Schambein. Es ist das Chakra der schöpferischen (Leben erzeugenden und kreativen) Energie sowie der Lebenslust, der Freude und der Vitalität, das alle fließenden Säfte steuert. Wenn das zweite Chakra stark blockiert ist, machen wir einen „ausgetrockneten" Eindruck.

Die Nebenchakren

Im Energiekörper gibt es darüber hinaus einige Nebenchakren. Für die Arbeit mit Reiki sind die Chakren im Handteller und in der Fußsohle am wichtigsten. Das Erstere ist ein bedeutsames Tor für den heilenden Energiestrom. Wenn Reiki aus den Händen strömt, so geschieht das zu einem großen Teil durch dieses Chakra.

Die Fußchakren befinden sich in der Mitte der Fußsohlen. Es sind Tore zur Erde, die Energie in die Erde leiten, ihr aber auch Energie entnehmen können. Sie sind für das Erden des Reikistroms und für die spirituelle Entwicklung von großer Bedeutung. Darauf gehen wir bei der Besprechung des Energiekanals näher ein.

1.1.3 Der Lichtkörper

In vielen Büchern ist von der Aura und den Chakren die Rede. Schon vor einigen Jahren haben wir festgestellt, dass sich über dem Kronenchakra und unter den Fußchakren noch viele andere Chakren befinden, mit denen die allgemein zugängliche Literatur sich kaum befasst –

vielleicht deshalb, weil der westliche Mensch sich eher auf der Entwicklungsstufe der sieben Hauptchakren als auf der Ebene der feineren Chakren befindet. Wenn wir den Lichtkanal außerhalb des Körpers kennen und öffnen, setzen wir damit eine spirituelle Entwicklung in Gang, die viele Menschen nicht ertragen. Darum wird dieses Wissen meist geheim gehalten und bleibt Eingeweihten und spirituell höher Entwickelten vorbehalten. Deshalb beschränken wir uns hier darauf, unsere eigenen Erfahrungen zu beschreiben. Für uns sind diese Chakren real, und wir arbeiten täglich mit ihnen, bei uns, bei Klienten und bei Kursteilnehmern. Für Teilnehmer an einem Reikikurs ist es wichtig, über die Funktion dieser Chakren Bescheid zu wissen.

Der Kanal
Alles ist Energie. Das bedeutet, dass der materielle Mensch und sein Energiekörper letztlich aus Energie oder Chi bestehen. Die Energie des Energiekörpers und die Energie des materiellen Körpers unterscheiden sich nur durch ihre Schwingungsfrequenz. Die Energie im physischen Körper hat eine viel niedrigere Frequenz als die Energie des Energiekörpers. Die kosmische Energie schwingt noch schneller; dennoch brauchen wir auch diese Energie als Nahrung und zur Kommunikation (siehe oben).
Die Chakren sind Transformatoren für die kosmische Energie: Sie senken ihre Frequenz auf ein für uns geeignetes Niveau. Das läuft in verschiedenen Phasen ab. Das Kronenchakra ist mit dem Kosmos am engsten verbunden. Es nimmt die kosmische Energie auf und dämpft ihre Frequenz. Auf dem Weg durch den Energiekanal zum Wurzelchakra wird diese Frequenz immer geringer, und im Wurzelchakra ist sie am niedrigsten. Darum steht dieses Chakra der Erde am nächsten. Es hilft uns, mit beiden Beinen fest auf der Erde zu stehen.
Innen an der Wirbelsäule verläuft ein Energiekanal, durch den Reiki strömt. Das Kronenchakra ist jedoch nicht der Anfang dieses Kanals, und die Fußchakren sind nicht sein Ende. Der Kanal ist ein Lichtkanal, der vom Kronenchakra bis in den Kosmos und von den Fußchakren bis tief in die Erde reicht. Entlang dieses Kanals befinden sich zahlreiche weitere Chakren, sowohl unten als auch oben. Wir bezeichnen sie als achtes, neuntes, zehntes, elftes und zwölftes Chakra.

Den Chakren in der Erde geben wir keine Namen; aber sie sind deshalb nicht weniger wichtig, denn auch sie sind mit einer gesunden und harmonischen spirituellen Entwicklung unlösbar verbunden.

Die Chakren oberhalb der Krone hängen eng mit der Hellsichtigkeit zusammen. Wir sind aber nur dann hellsichtig, wenn die höheren Chakren eine bestimmte Entwicklung durchlaufen haben. Mithilfe dieser Chakren nehmen wir auch Verbindung mit Engeln und mit besonderen Energieformen wie Kobolden, Elfen und Devas[1] auf.

Bei einer Initiation wird der Kanal geöffnet, sodass Reiki einströmen kann. Diese Energie fließt durch den Kanal in die Erde und unterwegs in die Teile des eigenen oder fremden Körpers, die sie nötig haben. Das kann beispielsweise durch die Hände geschehen.

Das Erden der Spiritualität

Den Kanal können wir uns als Wasserschlauch vorstellen. Wird dieser Schlauch irgendwo eingeklemmt, fließt weniger Wasser hindurch – Energie staut sich. Darum ist es wichtig, dass der gesamte Kanal frei ist, die höheren Chakren ebenso wie die tieferen. Leider ist das nicht immer der Fall: Oft sind die höheren und tieferen Chakren unterschiedlich entwickelt. Hier geht es uns um eine im Vergleich zu den unteren Chakren zu weit geöffnete Krone, also um eine nicht geerdete Spiritualität. Die Ursache liegt meist darin, dass wir hier auf der Erde nicht leben wollen oder können. Diese ungeerdete Spiritualität kann verschiedene Formen annehmen; das hängt unter anderem von der Reinheit der Seele ab. Abbildung 2 zeigt einige Beispiele, auf die wir nachfolgend näher eingehen.

---

[1] Devas (Sanskrit für „Strahlende") sind intelligente Lichtwesen, welche die Pflanzenwelt lenken. Jede Pflanzenart hat ihren eigenen Deva. Blütenarzneien enthalten die Essenz der Devas.

Abbildung 2 A

Bei diesem Menschen ist die Krone stärker geöffnet als die unteren Chakren. Da die Energie nicht nach unten strömen kann, staut sie sich im Kopf. Wir fühlen uns benommen oder schwindelig. Manchmal wird das sechste Chakra zu stark stimuliert, und wir denken immerzu. Da die Gedankenenergie in den tieferen Teilen des Körpers nicht verarbeitet wird, drehen die Gedanken sich im Kreis. Manche Menschen werden zu lebensfernen Theoretikern, die kaum zu echten Kontakten fähig sind, weil sie ständig vom Verstand her reagieren.

Abbildung 2 B

Dieser Mensch steht durch seine Seele gut mit der höheren astralen Welt im Kontakt, also mit der Ebene, auf der Seelen wohnen, die mit dem Licht verbunden sind. Er zieht sein Bewusstsein von dieser Welt zurück, weil er nicht hier sein will und weil er sich in der höheren Welt wohler fühlt. Bisweilen erschafft er in unserer Welt angenehme Fantasiewelten und kümmert sich zu wenig um das Leben auf der Erde.

Abbildung 2 C

Auch dieser Mensch zieht sich in die Astralwelt zurück. Seine Seele kennt diese Welt jedoch nicht, sondern ist nur mit der Welt unterhalb der astralen vertraut. Dort erkennen die Seelen Gott nicht, und weil sie das Licht nicht sehen, leben sie in der Dunkelheit, die grau bis pechschwarz sein kann. Das Selbstbild solcher Menschen ist völlig falsch: Sie glauben, sie seien mit dem Licht verbunden, aber in Wirklichkeit sind sie es mit den dunklen Kräften und lassen diese durch sich arbeiten. Ihr Verhalten ist manchmal unangemessen, und sie sind wenig sozial eingestellt. Da sie sich anderen überlegen fühlen, leben sie mitunter in „erhabener Isolation".

Abbildung 2 D

Dies ist ein gesunder Mensch, der weiß, woher er kommt, und dessen Seele das Leben bewältigen kann. Die höhere Energie strömt ungehindert bis zu den tieferen Chakren. Körper, Seele und Geist sind eins. Dies ist eine gute Grundlage für das Leben auf der Erde.

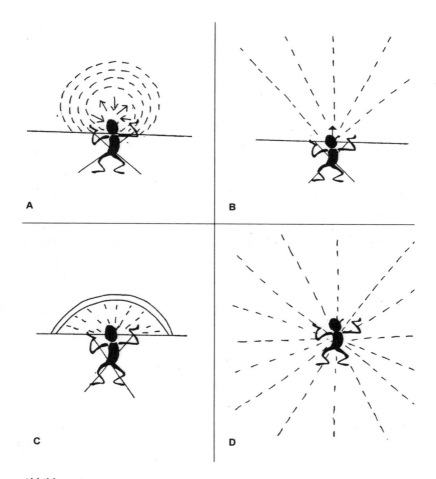

Abbildung 2:
Gleichgewicht und Ungleichgewicht zwischen Spiritualität und Erdung.

Das Öffnen und Schließen der Chakren und des Kanals
Der Energiekanal enthält viele Chakren, und alle reagieren auf die Umwelt. Zwei grundlegende Reaktionsmuster sind das Öffnen und das Schließen. Jedes Chakra kann unter dem Einfluss unserer Erfahrungen offener oder geschlossener gehalten werden und so den Reikistrom beeinflussen. Die Fähigkeit, Reiki zu geben, ist also nicht konstant. Wer Reiki gibt, muss daher erkennen, ob der Kanal eher offen oder eher geschlossen ist. Darauf gehen wir weiter unten ein. Die Diagnose des offenen oder geschlossenen Kanals und dessen Öffnung fassen wir unter dem Begriff „Pflege des Kanals" (Kapitel 4) zusammen.

1.2 Die Verbindung zwischen dem feinstofflichen und dem physischen Körper

Der Taoismus befasst sich vor allem mit der Beziehung zwischen dem energetischen und dem materiellen Körper, denn der Energiekörper ist die Mutter des physischen Körpers. Mit anderen Worten: Der physische Körper geht aus dem feinstofflichen hervor. Der materiell denkende westliche Mensch findet diese Idee ungewöhnlich; aber ein Heiler muss diese Beziehung verstehen. Der Ausgangspunkt ist die Entwicklung der Seele.

1.2.1 Die Seele und ihre Entwicklung

Alles im Kosmos, was wir mit Sinnesorganen wahrnehmen, ist lebendig. Das heißt, dass in allem, was wir wahrnehmen – von den Pflanzen bis zu den Sternen – eine geistige Kraft wohnt, die sich in der jeweiligen Form ausdrückt. Alle diese Erscheinungsformen entwickeln sich und sind in Bewegung. Eine von dieser Vielfalt ist die menschliche Seele. Die Seele ist eine sich entwickelnde Energie, die eine andere Form des Wachstums hätte wählen können. Sie hat sich jedoch dafür entschieden, eine Menschenseele zu werden. Zu finden ist sie in zwei Dimensionen. In der einen ist sie an einen Körper gebunden, in der anderen nicht. Die zweite Dimension ist die astrale Ebene, und sie ist für die Seele ebenso wirklich wie die Erde. Auch in der Astralwelt ist die Seele aktiv und entwickelt sich. Sie wohnt abwechselnd in einer der beiden Sphären und befindet sich zwischen zwei irdischen Existenzen in einem Zwischenstadium.

In der astralen Welt genießt die Seele eine Freiheit, die sie auf der Erde nicht kennt. Die Astralwelt ist nämlich psychoplastisch, das heißt, eine Seele kann alles erschaffen, was sie sich vorstellt. Wenn sie zum Beispiel glaubt, sie werde gehasst, gelangt sie in eine Welt voller Hass. Doch sobald sie diesen Irrglauben überwindet, ändert sich ihre Umgebung und sie wird geliebt. In gewisser Weise gilt das auch für die Erde: Wir erschaffen unsere eigene Wirklichkeit. Der große Unterschied ist die Festigkeit der irdischen Materie. Während sich in der astralen Welt alles im Nu verändern kann, dauert es auf der Erde oft Jahre und setzt große Anstrengungen voraus.

Im Zwischenstadium schmiedet die Seele Pläne für das nächste irdische Leben. Man nimmt an, dass eine Seele, die nur wenige Inkarnationen hinter sich hat, dabei intensiver beraten wird als eine Seele, die im Laufe vieler Inkarnationen gereift ist. Bei der Planung kommt auch das Karma ins Spiel. Das ist der Sammelbegriff für alles, was eine Seele in früheren Inkarnationen erlebt und noch nicht losgelassen oder verarbeitet hat. Dazu einige Beispiele:

Peter wurde in seinem vorigen Leben als Sechzehnjähriger während der NS-Zeit zum Militär eingezogen. Anfangs faszinierte ihn die Machtentfaltung; doch dann musste er die Schrecken des Krieges erfahren. Eine Granate zerfetzt seinen Körper.

Carla wurde in einem früheren Leben längere Zeit sexuell missbraucht. Sie verabscheut ihren Körper, ihre Weiblichkeit und rohe männliche Kraft.

Simone lebte während der Inquisition. Damals machte die Kirche Jagd auf vermeintliche Hexen und ließ Millionen von Frauen verbrennen. In jedem Dorf wurden Menschen umgebracht. Übernatürliche Fähigkeiten galten als Zeichen für Hexerei, und da Simone damals übersinnlich begabt war, hatte sie Angst vor diesem „Zeichen des Teufels". Diese Angst hat sie heute noch.

Peter, Carla und Simone sind schwer traumatisiert. Solche Traumata brennen sich tief in die Seele ein, und die bleibende energetische Ladung nennen wir Karma. Die Seele kann beschließen, in diesem Leben an einem bestimmten Teil ihres Karmas zu arbeiten. Simones Seele hat sich vielleicht vorgenommen, in diesem Leben ihre übersinnlichen Fähigkeiten zu akzeptieren und zu fördern und dadurch ihr Karma abzutragen.

Im Zusammenhang mit dem Karma sprechen Buddhisten vom „Anhaften". Demnach ist Karma alles, an dem wir noch haften. Solange wir an etwas haften, kann die Seele das irdische Leben nicht loslassen und muss sich reinkarnieren.

Der Gegenpol des Karmas ist das Dharma, die Summe aller Eigenschaften einer Seele. Mit diesen Eigenschaften kann sie ihr Karma überwinden. Betrachten wir auch dazu ein Beispiel:

Peter und Karl sind Brüder in den Zwanzigern. Sie sind in einer kühlen, feindseligen Umgebung aufgewachsen. Peter ist verschlossen und mürrisch, Karl hat trotz der Kälte seiner Eltern eine warme Ausstrahlung. Der Grund dafür kann nur das Dharma sein.

Die Materie ändert sich viel langsamer als der Geist, und eben deshalb ist die Erde eine gute Schule für die Seele. Weil alles so langsam geht und große Anstrengung verlangt, sind die Erfahrungen inniger. Das ist eine andere, tiefere Art des Lernens.

1.2.1 Die Energie ist die Mutter der Materie

Die Seele kommt auf die Erde, um zu lernen. Das ist nur möglich, wenn sie sich im Körper ausdrücken kann. Die Seele besteht aus sehr feinstofflicher, der Körper aus eher grobstofflicher Energie. Darum kann die Seele allein den Körper nicht steuern; sie braucht Hilfe. Diese Hilfe leistet eine Substanz, die zwischen Seele und Körper steht: der Energiekörper. Durch ihn drückt die Seele sich im Körper aus. Der Körper formt sich nach dem Energiefeld. Das bedeutet, dass ein gestörtes Energiefeld dem Körper auch kräftige Störimpulse zusendet.

Martin leidet an einem inneren Konflikt. Er will sich mit einer unangenehmen Situation nicht auseinander setzen. Sein Stirnchakra ist deshalb blockiert, und das hat negative Auswirkungen auf die Augen. Innerhalb weniger Tage sieht Martin schlechter. Wenn er die Blockade auflösen kann, erhalten die Augen wieder positive Signale, und das Sehvermögen bessert sich. Eine langfristigen Blockade kann dagegen zu bleibender Sehschwäche führen.

Es gibt viele energetische Therapien, die den Körper beeinflussen. Am wirksamsten ist wohl die Bioresonanztherapie. Sie geht davon aus, dass jeder Körperteil und jede seiner Funktionen eine eigene Frequenz oder Resonanz hat. Eine Krankheit wäre demnach eine „falsche Schwingung". Mit einfachen Geräten kann man nun die für jeden Körperteil angemessene Schwingung erzeugen und den Kranken damit bestrahlen oder durch ein Medium behandeln. Ein solches Medium kann beispielsweise Wasser sein. Der Klient nimmt täglich eine bestimmte Zahl von Wassertropfen ein, die mit der Frequenz eines gesunden Organs schwingen und das kranke Organ daran „erinnern", wie es schwingen muss. Der Energiekörper fängt die Schwingung ein, und der physische Körper wird gesund. Auf diese Weise sind schon viele Menschen geheilt worden, denen die Medizin nicht oder nur wenig helfen konnte.

2 Die Ernährung des Energiekörpers

Der Energiekörper braucht ebenso Nahrung wie der materielle Körper. Er ernährt sich mit einer Energie, die im Taoismus *Chi* und im Ayurveda *Prana* heißt. Diese Lebensenergie ist in der stofflichen Nahrung und im ganzen Kosmos enthalten. Wir können sie uns zuführen, indem wir essen oder indem wir sie durch die Chakren in die Aura lenken.

2.1 Die westliche Ernährung als Chi-Quelle

Nahrungsmittel, die mit Kunstdünger und Chemikalien behandelt wurden, sind arm an Chi. Das gilt erst recht für Pflanzen, die auf künstlichem Boden und unter künstlichem Licht im Gewächshaus gezogen werden. Pflanzen sind nämlich keine Chemiefabriken, sondern lebende Wesen, die ihre Form den Devas verdanken. Jede Pflanzenart hat ihren eigenen Deva, der jede einzelne Pflanze energetisch betreut. Der Deva projiziert ein feinstoffliches Bild auf die Pflanze, und diese entwickelt sich nach dem Bild. Dabei helfen auch andere Geistwesen mit, die Rudolf Steiner Elementargeister nannte (Steiner 1993). Es handelt sich um Lichtwesen, die dafür sorgen, dass Pflanzen sich nach dem Plan des Devas entwickeln. Dafür brauchen sie aber lebendige Erde, die mit Bakterien, Schimmelpilzen, Würmern und anderen Organismen gefüllt ist. In diesem Kräftespiel können die Devas und Elementargeister den Pflanzen helfen, zu energiereichen Lebewesen heranzuwachsen.

Der chemische Landbau tötet die lebendige Erde systematisch mit Kunstdüngern, die arm an Mineralien sind. Die Folge dieses Raubbaus sind schwache Pflanzen, die für viele Krankheiten und Schädlinge anfällig sind. Diese werden ebenfalls mit Chemikalien bekämpft, was die Anfälligkeit noch erhöht. Die Produkte des chemischen Landbaus sehen daher makellos aus, enthalten aber wenig Energie.

Der biologische Landbau bemüht sich um ein Milieu, in dem die kosmischen Kräfte ihre Aufgabe erfüllen können. Darum enthalten seine Produkte viel mehr Chi. Das lässt sich durch Aurafotografie, Kinesiologie und Pendeln nachweisen. In meinem Buch *Energetischer Schutz* gehe ich auf dieses Thema ausführlicher ein.[2]

Bei weitem der größte Teil der bei uns angebotenen Produkte ist energiearm. Wie viel Energie übrig bleibt, hängt außerdem von der Aufbewahrung und Zubereitung der Nahrungsmittel ab. Einige allgemeine Richtlinien sind:

Je frischer die Nahrung ist, desto mehr Chi enthält sie.
Je länger sie gekocht wird, desto mehr Chi geht verloren.
Aurafotos zeigen, dass Mikrowellen das Chi abtöten.

Am meisten Chi ist in biologisch angebauten, frischen und unverarbeiteten Produkten enthalten. Leider ist die Ernährung des durchschnittlichen Deutschen für das Energiesystem nicht optimal.

2.2 Die Aufnahme von Chi durch die Chakren und die Aura

Chi können wir auch durch die Chakren und durch die Aura aufnehmen. Das geschieht ständig. Der Chi-Gehalt der Umgebung ist sehr unterschiedlich – man vergleiche zum Beispiel eine Hütte in den Alpen mit einem Wolkenkratzer in New York, einen Wald mit dem Stadtzentrum von München oder den Strand mit einer Diskothek. In der Natur ist viel mehr Chi vorhanden als in einer Industriestadt. Der westliche Mensch lebt, wohnt und arbeitet in einer energiearmen Umwelt.

2.2.1 Die Aufnahme von Chi durch den senkrechten Kanal

Der Kosmos stellt uns Chi in unbegrenzter Menge zur Verfügung. Dieses Chi können wir durch den Energiekanal aufnehmen, der von unse-

---

[2] Siehe auch Findhorn-Gemeinschaft, Maclean 1994, Romunde 1988, Steiner 1992 und 1993, Tompkins 1984, Uyldert 1974.

rem Scheitel in den Kosmos reicht. Auch aus der Erde können wir Energie holen, und zwar durch die Fußchakren und das Wurzelchakra. Damit das gelingt, müssen die Verbindungen mit dem Kosmos und der Erde allerdings offen und aktiv sein. Das ist oft nicht oder nur in begrenztem Umfang der Fall. Eine offene Verbindung mit dem Kosmos setzt nämlich eine aktive Spiritualität voraus, und eine Verbindung mit der Erde erfordert eine tiefe Erdung, also den Willen, hier zu leben – einerlei, was geschieht.

Im Westen stand die Materie, der Gegenpol der Spiritualität, lange Zeit im Mittelpunkt. Die Kirchen erließen Dogmen, anstatt das Göttliche innerlich zu erleben, und die herrschenden Kulturen strebten und streben nicht nach einer aktiven Verbindung mit dem Kosmos. Im Osten war das Tausende von Jahren lang anders. Darum gibt es dort eine reiche Tradition von Methoden, die ein unmittelbares Erleben des Göttlichen ermöglichen (Yogananda 1991[3]). Eine aktive Verbindung der Krone mit dem Kosmos, also ein hoch entwickelter Kanal, ist dafür Voraussetzung. Auch im Westen besteht heute ein großes Bedürfnis nach einer solchen Verbindung mit dem Kosmos und ein enormes Interesse am Reiki. Das ist eine Reaktion auf die materiell orientierte Kultur und auf den Zeitgeist (das Zeitalter des Wassermanns).

Zusammenfassend können wir feststellen: Der westliche Mensch hat sich eine energiearme Umwelt geschaffen; er nimmt energiearme Nahrung zu sich; und ihm fehlt eine Tradition, die es ihm erlauben würde, sich auf die kosmische Energie einzustimmen. Darum haben viele Menschen einen unterernährten Energiekörper. Müdigkeit sowie geringe Vitalität, Lebensfreude und Widerstandskraft sind die Folgen.

2.3 Reiki ernährt das Energiesystem

Reiki hat eine ebenso einfache wie einzigartige Eigenschaft: Es ernährt den Energiekörper. Deshalb ist es eine hervorragende Antwort auf die Energiearmut in unserer Umwelt. Wir können Chi auf verschiedene Weise zu uns nehmen.

---

[3] Informationen über Yogananda finden Sie in seiner Biografie und auf der Website der Self-Realization Fellowship, die er 1920 gegründet hat (www.yogananda.srf.org).

Der Reikigeber

Beim Geber ist die senkrechte Verbindung geöffnet, sodass die kosmische Energie durch die höheren Chakren und die Krone einströmen und durch den Körper in die Erde fließen kann. Der Geber gleicht einem Flussbett, in dem Wasser fließt. Die aufgenommene Energie stärkt sein eigenes Energiesystem, aber sie kann auch durch ihn hindurch in einen anderen Menschen, in ein Tier oder in eine Pflanze strömen. Dafür gibt es mehrere Methoden.

Wenn der Geber die Hände auf den Körper des anderen legt oder in dessen Aura hält, fließt seine Energie in den anderen, sofern dieser sie benötigt. Das ist die bekannteste Form der Energieübertragung. Manchmal strömt die Energie nicht durch die Hände, sondern durch den Lichtkörper. Das kann jedoch nicht jeder Mensch gleich gut wahrnehmen. Es kann während einer Behandlung geschehen, aber auch, wenn wir uns auf der Seelenebene intensiv mit einem anderen verbinden. Dazu einige Beispiele:

Ein Kursteilnehmer erzählt von seinem kleinen Sohn. Während ich aufmerksam zuhöre, bekomme ich plötzlich eine Gänsehaut. Mir wird abwechselnd kalt und warm. Peters Sohn wird spontan geheilt.

Frau Sanders erkundigt sich am Telefon, ob Reiki etwas für sie sei. Sie erzählt in einem kurzen, aber intensiven Gespräch einiges aus ihrem Leben. Auch jetzt bekomme ich eine Gänsehaut und spüre eine deutliche Kälte. Das kann bisweilen Mitleid sein; aber in diesem Fall ist es eine Heilung.

Der Reikiempfänger

Wer Reiki empfängt, nimmt die Energie in sein Energiesystem auf. Das kann überall dort geschehen, wo er die Energie braucht. Meist wird die Energie durch Handauflegen übertragen und fließt dann in den Körperteil, auf dem die Hände liegen. Es kann sich um bestimmte Organe, Chakren, Meridiane, Akupunkturpunkte, Reflexzonen und so weiter handeln. Oft leiten wir Reiki in die Aura und in den Lichtkörper. Darauf kommen wir weiter unten zurück.

3 Initiationen

Reiki ist eine heilende kosmische Energie, die unbegrenzt vorhanden ist. Durch das Kronenchakra können wir sie aufnehmen und in die Hände fließen lassen. Den Kanal, durch den diese Energie strömt, nennen wir Energiekanal. Er ist meist nicht vollständig geöffnet – aber wir können ihn ganz öffnen. Das geschieht während einer Initiation, die einfach aussieht: Der Reikimeister arbeitet für kurze Zeit an einigen Chakren, und alles ist klar. Wer hellsichtig wahrnehmen kann, beobachtet jedoch viel komplexere Vorgänge, auf die wir in diesem Kapitel näher eingehen.

3.1 Das Mysterium der Initiation

Eine Initiation stimmt den Energiekanal auf eine Energiequelle ein. Derjenige, der initiiert, wird traditionell Meister genannt; der Initiierte heißt Schüler. Neben diesen beiden sind bei einer Initiation noch höhere Lichtwesen zugegen, also unsichtbare geistige Kräfte. Das können Seelen sein, die im Zwischenstadium leben oder sich nicht mehr zu inkarnieren brauchen, aber auch Engel, Erzengel und hohe Lichtwesen, deren Aufgabe es ist, Menschen zu begleiten. Diese Zusammenarbeit hat das Ziel, eine Verbindung zwischen dem Energiekörper des Menschen auf der Erde und den kosmischen Kräften herzustellen.

Es gibt viele kosmische Quellen, auf die wir uns einstimmen können. Eine davon nennen wir Reiki. Das Violette Feuer ist eine ganz andere Energie. Außer auf Energiestrahlen können wir uns auch auf Lichtwesen einstimmen, etwa bei der Melchisedek-Initiation auf die Weiße Bruderschaft, eine Gemeinschaft hoher Lichtwesen. Bei der Engel-Initiation stimmen wir uns auf die Ebene der Engel und Erzengel ein. Die meisten dieser Initiationen behandeln wir in diesem Buch.

In diesem Abschnitt geht es zunächst nur um die Initiation im Allgemeinen.
Bei jeder Initiation arbeiten wir im Energiekanal mit dem Ziel, diesen für eine Quelle zu öffnen. Viele Menschen glauben nun, wir seien entweder offen oder geschlossen und bei den Reiki-Initiationen werde der Kanal zu einem, zwei und drei Dritteln geöffnet. Das ist eine statische Vorstellung, die davon ausgeht, dass ein geöffneter Energiekanal immer offen bleibt. Ist das wirklich so? Vielleicht erkennen Sie sich in den folgenden Beispielen wieder:

Petra hat in den ersten Monaten nach ihrer Reiki-1-Initiation den Energiestrom deutlich gespürt. Ihre Hände wurden warum und prickelten. Auch ihre Klienten konnten den Energiestrom wahrnehmen. Seit einigen Monaten geschieht jedoch nichts mehr, wenn sie sich oder andere behandelt. „Strahle ich noch Reiki aus?", fragt sie sich.

Andreas gibt Thea Reiki. Ihm fällt auf, dass der Energiestrom bei Thea stärker ist als bei den meisten anderen Klienten.

Jacqueline berichtet, die Meditation vor einer Behandlung helfe ihr sehr: „Es ist, als fließe die Energie dann viel besser."

Karin findet, bei ihr ströme die Energie beim Geben besser, wenn sie eine CD mit einem Mantra auflegt: „Ich habe das Gefühl, dass das Mantra mich trägt."

Diese Beispiele zeigen, dass der Reikikanal atmet – er kann sich öffnen und schließen. Alles andere wäre sonderbar, denn wir leben ja in einer dualen Welt. Der Kanal entwickelt sich durch Öffnen und Schließen. Andernfalls wäre er in der Tat statisch – das einzig statische Phänomen auf der Erde.
Die Entwicklung des Kanals ist ein dynamischer Prozess, und die Initiation kann darin ein Höhepunkt sein. In diesem Augenblick wird der Kanal so weit geöffnet, wie es bei diesem Schüler, mit diesem Meister, in dieser Umgebung und in diesem Moment möglich ist. Es hängt also von vielen Faktoren ab, wie weit der Kanal sich bei einer Initiation öffnet. Infolgedessen unterscheiden wir Faktoren, die den Schüler, den

Meister, ihre Interaktion und die Umwelt betreffen. Das ist eine eher willkürliche Einteilung. In Wirklichkeit haben wir ein fließendes, dynamisches Ganzes vor uns.

Faktoren beim Schüler

Karma

Vera will in Reiki 2 initiiert werden. Sie empfindet ein starkes Verlangen nach der Initiation, hat aber auch Angst davor. Bei einer Rückführung muss sie erleben, wie eine ihr bekannte Frau als Hexe verbrannt wird. Seither hält ihre Seele übernatürliche Fähigkeiten für lebensgefährlich.

Karma ist die Summe aller unverarbeiteten Erfahrungen in früheren Existenzen. Es sind die Lektionen, die wir in irgendeinem Leben lernen müssen. Die Seele schmiedet Pläne für ihr Leben auf der Erde und legt fest, was sie lernen und an welchem Karma sie arbeiten will. Wenn die Seele gut inkarniert ist, lenkt sie den Menschen so, dass er seinem Karma begegnet. Vielleicht hat Veras Seele bewusst eine Konfrontation mit alten Ängsten herbeigeführt. Dann ist es sinnvoll, diese Ängste ans Licht zu bringen; denn wenn man sie nicht vor der Initiation behandelt, werden sie während der Initiation wahrscheinlich sehr heftig. Möglicherweise hätte Veras Seele den Erfolg der Initiation sogar verhindert. Deshalb müssen wir Furcht, die mit einer Initiation und übernatürlichen Fähigkeiten zusammenhängt, schon vor der Initiation ernst nehmen und abbauen.

Dharma

Petras Seele hat sehr lange in früheren Existenzen gelernt und übernatürliche Fähigkeiten erworben. Darin ist sie gereift. In einer alten Kultur war sie eine Kräuterfrau, bei einem afrikanischen Stamm Schamanin. In Indien hat sie die Meditation erlernt, in Tibet wurde sie in die Geheimnisse des Lichtkörpers eingeweiht. In diesem Leben hat sie noch nie von Reiki gehört, aber ein Artikel hat starkes Interesse ausgelöst. Sie weiß mit Herz und Seele, dass sie Reiki geben will. Im Kurs ereignet sich ein Wunder: Die Blume, die sie bereits ist, öffnet sich strahlend dem göttlichen Licht – die Heilerin in ihr ist geboren.

Karma und Dharma entscheiden in hohem Maße darüber, ob eine Initiation gelingt. Ein Mensch kann so belastet sein, dass er sich nicht oder nur wenig öffnet. Er kann aber auch mit den Früchten seiner früheren Existenzen derart gesegnet sein, dass sich der Quelle dankbar und voller Hingabe öffnet und sich nach der Initiation schnell und tief entwickelt. Karma und Dharma können gleichzeitig wirksam sein. In diesem Fall liegt ein klares Talent vor, das sich jedoch wegen der karmischen Last nur mühsam entfaltet.

Liebe

Peter war als Kind verwahrlost. Darum ist die Überzeugung, dass niemand ihn liebt, tief in ihm verwurzelt. Er macht einen zurückhaltenden, mürrischen Eindruck und steckt voller Groll.

Andreas hat die gleiche Kindheit hinter sich wie Peter. Aber er strahlt. Er hat die Liebe in sich selbst gefunden.

Marie hat ein offenes, warmes Herz. Für sie ist Liebe etwas Selbstverständliches.

Initiiert werden heißt, mit einer unermesslich großen Quelle der Liebe verbunden zu werden. Peter wird es schwer fallen, sich auf eine Initiation einzulassen, denn er glaubt ja, es gebe keine Liebe für ihn. Einen solchen Menschen kann man in Liebe baden, und er nimmt trotzdem keinen Tropfen auf. Bei Peter und Andreas sehen wir, welche Rolle Karma und Dharma spielen. Dass Andreas von seinen Eltern nicht zu Grunde gerichtet wurde, ist reines Dharma: Er ist innerlich fest davon überzeugt, dass er Liebe ist, und darum konnten seine Eltern ihm nichts anhaben.

Faktoren beim Meister

Die Verbindung nach Oben

Natürlich ist jeder Meister auch Schüler. Was für den Schüler gilt (siehe oben), das gilt demnach auch für den Meister. Die Verbindung mit der Quelle ist bei den einzelnen Meistern sehr unterschiedlich. Das liegt unter anderem an Dharma und Karma. Wichtig ist auch, wie wir im Westen mit der Meisterschaft umgehen. Bei uns kann jeder an ei-

nem Wochenende Reiki 1, 2 und 3 „machen". Aber so wird kein Meister geboren. Selbst wenn das Dharma groß und das Karma klein ist, verlangt die Entwicklung zur Meisterschaft Übung und Reifung.
Es ist ein Segen, dass esoterisches Wissen, das lange Zeit geheim war, heute im Westen jedem zugänglich ist. Aber wir müssen damit verantwortungsvoll umgehen. Im Osten dauert eine Ausbildung sehr, sehr lange, und der Schüler muss außergewöhnlichen Einsatz und enorme Disziplin mitbringen. Viele sind den Anforderungen nicht gewachsen. Im Westen haben wir auf diesem Gebiet keine Tradition, keine großen, erleuchteten Lehrmeister, nur eine sehr begrenzte Infrastruktur zur Wissensvermittlung und vor allem wenig Geduld und wenig Disziplin. Unserer Meinung nach sind westliche Meister zwar in unterschiedlichem Ausmaß auf die Quelle eingestimmt; aber der Entwicklungsgrad der großen Mehrheit verlangt nach Demut. Das gilt sicher auch für uns selbst.

Licht und Dunkel

Im Kosmos gibt es viele Kräfte, die gern mit uns Menschen zusammenarbeiten. Das sind zum Teil helle und zum Teil dunkle Kräfte. Eine Kraft bezeichnen wir als hell, wenn sie unseren freien Willen achtet, am göttlichen Plan für den Menschen arbeitet und uns aus Liebe unterstützt. Viele Kräfte verfolgen ihr eigenes Interesse (darauf gehen wir weiter unten ein). Jeder Mensch entwickelt sich innerhalb des Spiels heller und dunkler Kräfte – das ist nun einmal die Dialektik unseres Daseins. Denken Sie daran, wie viel Zeit das Fernsehen der Gewalt und dem Negativen widmet, und vergleichen Sie damit die Zeit, die für das Positive übrig bleibt. Das Dunkle fasziniert die Menschen.
Die Reikimeisterschaft ist eine Entwicklung hin zum Licht, und dabei begegnen wir unserer Neigung zum Bösen. Anders können wir nicht hell werden. Wenn der Kanal sich öffnet und die Hellsichtigkeit zunimmt, tut sich auch ein Tor für das Dunkle auf. Nur die Einsicht, der Mut und die Helligkeit eines Meisters wird mit dieser ständigen Herausforderung fertig. Dunkle Kräfte können sehr intelligent, schlau und verführerisch sein und sich sogar als Lichtwesen tarnen. Nicht jeder Meister kann helle und dunkle Kräfte mit Sicherheit auseinander halten. Wer von einem Meister initiiert wird, der mit dunklen Kräften verbunden ist, empfängt etwas anderes als jemand, dessen Meister auf die Quelle eingestimmt ist.

Meister gehen in der Regel davon aus, dass sie mit der Quelle verbunden sind, und sind daher oft nicht selbstkritisch genug. Sie vergessen dabei den freien Willen und die Tatsache, dass es auf der Erde nur Polaritäten gibt, darunter auch Licht und Dunkelheit. Einzig und allein ein wahrer, erleuchteter Meister steht über dieser Dualität. Der gewöhnliche Reikimeister ist nicht so weit.

Der Augenblick

Reikimeister Alexander ist niedergeschlagen. Seine Frau will sich von ihm scheiden lassen! Wut und Groll steigen in ihm auf, und seine Aura ist negativ geladen. Es gelingt ihm nicht, sich der göttlichen Kraft zu öffnen, mit der er verbunden ist, wenn er sich wohl fühlt.

Reikimeisterin Petra macht eine schwierige Lebensphase durch. Dennoch schafft sie es, sich mit dem Licht zu verbinden. Trotz aller Schwierigkeiten fühlt sie sich stark.

Petra und Alexander haben Probleme. Sie ist in der Lage, sich dem Licht zu öffnen, er nicht. Manchmal können wir unsere Lebensumstände nicht ändern; dennoch sind wir für unsere Einstellung verantwortlich. Ob Petra und Alexander „Licht strömen", liegt also allein an ihnen.
Jeder Mensch kann herausfinden, was ihm hilft, sich auf das Licht einzustimmen, und was ihm diesen Kontakt erschwert. Das zeigen auch die beiden folgenden Beispiele.

Sara will heute Abend initiiert werden. Sie weiß, dass sie Ruhe braucht, um sich mit der Quelle zu verbinden. Darum geht sie am Nachmittag spazieren. Anschließend duscht sie und meditiert. Sie fühlt sich wundervoll auf das Licht eingestimmt und ist bereit für den Abend.

Ted hat gestern Abend ausgiebig gefeiert und ist verkatert. In einer Stunde kommen seine neuen Kursteilnehmer. Ob er sich in diesem Zustand der Quelle öffnen kann? Jedenfalls spürt er derzeit keine Verbindung.

Die Interaktion zwischen Meister und Schüler

Wer initiiert werden will, muss sich nach Oben öffnen. Der Meister ist nur der Vermittler. Wenn der Schüler sich dem Meister verschließt, unterbindet er oft auch den Kontakt nach Oben. Nur wenn der Schüler sich beim Meister sicher fühlt, hat er den Mut, sich ihm zu öffnen. Darum sollte ein Meister sein Bestes tun, um dem Schüler ein Gefühl der Sicherheit zu vermitteln. Ob ein Schüler sich bei der Initiation sicher fühlt, hängt ebenso sehr von ihm ab wie vom Meister. Es kommt auch vor, dass der eine sich bei einem bestimmten Meister sicher fühlt, während ein anderer sich verschließt. Einige mögliche Ursachen wollen wir uns näher ansehen.

Berühren

Die Berührung hat großen Einfluss auf den Reikistrom. Bei einer Initiation und beim Heilen erkundigen wir uns immer, wie unser Gegenüber sich am leichtesten öffnet: wenn wir nur in seiner Aura arbeiten oder wenn wir ihn berühren. Viele Menschen glauben, die Berührung sei für sie das Beste, selbst wenn das nicht zutrifft. Zahlreiche Menschen sind nämlich auf die eine oder andere Art sexuell missbraucht worden – leicht oder stark, körperlich oder geistig. Für sie ist eine Berührung beängstigend, selbst wenn sie sich das Gegenteil noch so sehr wünschen. Bei unserer Arbeit begegnen wir auch vielen sehr gefühlvollen Menschen, denen es schwer fällt, ihre eigenen Grenzen zu sichern. Sie fühlen „mit allem und jedem" und lassen alles und jeden an sich heran. Das ist eine unangenehme Erfahrung. Wenn man diese Menschen berührt, ist es für sie noch schwieriger, ihre Grenzen zu schützen, und wenn sie es angestrengt versuchen, ziehen sie sich vor dem Therapeuten zurück. Darum ist es besser, solche Menschen aus einigem Abstand zu initiieren oder zu behandeln.

Einstellung

Paul initiiert Karin. Er hat als Missionar gearbeitet und wollte die Eingeborenen bekehren, ob es ihnen gefiel oder nicht. Karins Vater war autoritär, und sie hat einen starken Freiheitsdrang. Bei der Initiation erwacht der Missionar in Paul, und er will Karin zu ihrem Glück zwingen. Sie fühlt sich unwohl und versteht nicht, was geschieht.

Peter initiiert Sandra. Er überschwemmt sie mit seiner gesamten Energie. Sandra fühlt sich unsicher und sperrt sich.

Peter initiiert Maria mit der gleichen Einstellung wie bei Sandra. Maria findet das herrlich. Sie fühlt sich in Peters Nähe geradezu behütet. Das hat sie bei ihrem Vater immer vermisst. Sie öffnet sich ihm und damit nach Oben. (Trotz der „erfolgreichen" Initiation droht hier allerdings ein Abhängigkeitsverhältnis!)

Wenn der Meister sich seiner Einstellung bewusst ist, kann er die Qualität der Initiation verbessern. Darauf kommen wir in diesem Buch noch oft zurück. Hier wollen wir uns auf die Bemerkung beschränken, dass eine neutrale Einstellung am besten sein dürfte. Dabei darf der Schüler so sein, wie er ist. Er braucht sich nicht zu verändern und muss nichts beweisen. Diese Einstellung lokalisieren wir im spirituellen Herzen, dort wo das Herzchakra strahlt.

Die Umgebung
Zur Umgebung zählen das Zimmer, in dem initiiert wird, andere Menschen, Musik und so weiter. Sowohl der Meister als auch der Schüler sollten sich in der Umgebung wohl fühlen, sodass sie sich der subtilen Energie der Engel und Lichtwesen öffnen können, sofern diese anwesend sind. Jeder sollte wissen, welche Umgebung ihm hilft. Das Wichtigste ist, dass das Zimmer positive Energie ausstrahlt und dass man sich darin geborgen fühlt. Manche Räume sind mit heller Energie erfüllt, andere mit dunkler. Diesen Aspekt darf man keinesfalls unterschätzen.
Die Energie eines Raumes lässt sich verbessern, wenn wir Engel und Lichtwesen anrufen. Wenn sie richtig gebeten werden, kommen sie in großer Zahl und unterstützen die spirituelle Arbeit.
Auch das Verbrennen von Weihrauch reinigt die Energie. Wichtig dabei ist, dass der Weihrauch in der Absicht hergestellt wurde, die Verbindung mit dem Licht zu fördern. Leider ist das oft nicht der Fall. Unreiner Weihrauch verdirbt die Luft und die Energie in einem Raum. Ob der Weihrauch rein ist, erkennt man an den Gefühlen, die sich beim Verbrennen einstellen. Ein erhebendes Gefühl beweist, dass der Weihrauch rein ist.
Auch brennende Kerzen reinigen die Energie im Zimmer und erleichtern den Kontakt mit dem Licht. Das ist einer der Gründe dafür, dass wir so gern Kerzen anzünden.

Musik hilft uns sehr, die höheren und tieferen Chakren zu öffnen. Chakren schwingen mit ihr. Goldene Musik, die der Begegnung mit dem Göttlichen entspringt, ist ein Segen für alle, die sich dem Licht öffnen wollen. Die Qualität der Musik erkennt man an der Wirkung auf den Menschen. Wenn Musik uns still und friedlich macht, fördert sie die Meditation. Denken Sie daran, dass auch spirituelle Musik auf verschiedenen Ebenen gesungen werden kann. Ein und dasselbe Mantra kann zum Beispiel auf der Ebene des Herzens oder der Krone gesungen werden, aber auch aus einer tiefen, unmittelbaren Gotteserfahrung heraus. Am wirksamsten ist Musik, die höhere Schwingungen erzeugt. Allerdings kann nicht jeder Mensch jede Schwingungsfrequenz erreichen, denn wir sind spirituell unterschiedlich entwickelt. Wenn die Musik für Sie „zu hoch" ist, also aus einer für Sie zu innigen Gotteserfahrung heraus gesungen wird, können Sie nicht mitschwingen. Gute Musik hilft Ihnen, eine höhere Frequenz zu erreichen und dennoch vollständig auf der Erde zu bleiben.

Die anwesenden Menschen haben einen großen Einfluss auf die Energie im Zimmer. Wenn Sie an einem Reikikurs teilnehmen, können die anderen Sie positiv oder negativ beeinflussen. Vielleicht erinnert ein Teilnehmer Sie an ein Erlebnis in Ihrer Kindheit, und Sie reagieren entsprechend darauf. Das kann die Gruppenenergie aus dem Gleichgewicht bringen. Darum legen wir großen Wert darauf, diese Energie zu harmonisieren. Oft helfen wir den Teilnehmern ohne Worte, sich in ihr eigenes Licht zu hüllen, sich weniger auf andere einzustimmen und die Verantwortung für das eigene Wohlbefinden zu übernehmen. Die Energieübertragung lässt daraufhin meist nach, und alle können sich der Quelle öffnen. Eine ausgewogene Gruppenenergie kann für den Einzelnen eine große Hilfe sein.

Natürlich beeinflussen die Kursteilnehmer auch die Kursleiter. Da sie innerlich verwundet sind, versuchen sie auf der feinstofflichen Ebene, den Reikimeister aus seinem Licht zu stoßen. Diese Prozesse müssen wir kennen und ansprechen. Weiter unten kommen wir darauf noch einmal zurück.

Die Initiation ist also ein komplexer und dynamischer Vorgang mit vielen Möglichkeiten und Fallstricken. Ein Reikimeister muss sich all dieser Phänomene bewusst sein, damit die Initiation gelingt.

3.2 Die Wirkung der Initiation

Die Öffnung nach Oben hat auf den Energiehaushalt des Menschen eine tief greifende Wirkung, und da der Energiehaushalt alle Aspekte unseres Lebens beeinflusst, wird der Umfang dieser Wirkung verständlich. Wenn der Energiekanal sich öffnet, fließt Energie in unser Energiesystem, und das hat erhebliche Folgen:

- Der körperliche und der feinstoffliche Körper werden vitaler und können sich daher besser heilen. Das kann dazu führen, dass Sie krank werden, Fieber oder Durchfall bekommen und so weiter. Das sind die Methoden des Körpers, um Krankheitserreger und Schlacken zu beseitigen.
- Auch der emotionale Körper bekommt mehr Energie. Das kann die Gefühle verwirren. Auch das ist ein Reinigungsprozess, der aber unangenehm sein kann. Entscheidend ist, wie gut Sie mit befreiten Gefühlen umgehen können. Manchmal ist Hilfe willkommen und notwendig.
- Der Mentalkörper profitiert ebenfalls von der einströmenden Energie. Alte Vorurteile („Ich schaffe es nie!") verlieren möglicherweise an Kraft. Das kann große Veränderungen im Leben auslösen.
- Der spirituelle Körper erquickt sich am Strom göttlicher Energie. Das ist ein Fest für die Seele. Der innere Frieden wird tiefer – Sie fühlen sich wirklich zu Hause.

Wenn das Licht intensiver strömt, weckt es unbewusste und verdrängte Gedanken und Gefühle. Das kann jeder Mensch nur bis zu einem bestimmten Punkt ertragen; dann leistet er Widerstand, weil er Angst hat, sich selbst zu begegnen. Die Folge ist, das wir uns erschöpft fühlen. Wir brauchen Mut, Aufrichtigkeit und Lauterkeit, um uns immer wieder selbst zu prüfen und zu fragen, warum das Licht aufgehört hat zu fließen. Wer sich seiner Angst wirklich stellt und auch auf der unbewussten Ebene dazu bereit ist, wird reich belohnt: Das Licht fließt weiter, und die Müdigkeit verschwindet wie Schnee an der Sonne.
Wer seinen Kanal immer weiter öffnen und dabei wachsen will, sollte sich um dessen Pflege kümmern. Darum geht es im nächsten Kapitel.

4 Die Pflege des energetischen Kanals

Der energetische Kanal empfängt Energie aus dem Kosmos. Er verläuft vom Kosmos durch die Krone, entlang der Wirbelsäule und durch die Beine und Füße in die Erde. Es gibt viele Möglichkeiten, diesen Kanal in Stand zu halten, worauf wir ausführlich eingehen wollen.

4.1 Die Einstimmung auf hohe Schwingungen

Unsere Gesellschaft setzt uns ständig niedrigen Schwingungen aus. Da unsere Chakren dazu neigen, mit ihrer Umgebung zu schwingen, brauchen wir viel geistige Kraft, um in dieser Umwelt eine hohe Schwingungsfrequenz aufrecht zu erhalten. Der Kanal kann sich sowohl auf höhere als auch auf tiefere Schwingungen einstimmen. Manchmal genügt schon die Anwesenheit höherer Schwingungen, um ihn weiter zu öffnen. Darum ist es wichtig, dass der Reikigeber sich in hohe Schwingungen hüllt. Zum Glück gibt es diese überall.

Reikigeber um Hilfe bitten
Wer einem Menschen Reiki gibt, der bereits initiiert ist, kann sich auf einfache Weise selbst daran erinnern, dass er ein Kanal ist. Wenn beide Kanäle sich aufeinander einstimmen, blühen sie geradezu auf. Eine ganze Gruppe von Reikigebern kann diese Wirkung noch verstärken. In einer meditativen, spirituellen Atmosphäre gelingt das besser als während eines geselligen Zusammenseins.

Spirituelle Bücher lesen
Die Lektüre von Büchern, die spirituell inspiriert sind, hat eine erhebende Wirkung. Das liegt zum Teil an ihrem Inhalt, aber wohl noch viel mehr an den Schwingungen, die sie ausstrahlen. Zurzeit lesen wir ein Buch von Yogananda, einem indischen erleuchteten Meister, der schon vor Jahrzehnten gestorben ist (Yogananda 1991). Aber wenn wir

ab und zu etwas von ihm lesen, spüren wir ihn und seine Quelle um uns herum und fühlen uns gesegnet.

Die Einstimmung auf einen erleuchteten Meister

Die Einstimmung auf einen wahrhaft erleuchteten Meister ist eine schöne Methode, den Energiekanal zu öffnen. Dabei müssen wir uns auf eine hohe, reine Quelle einstimmen, etwa Jesus, Maria oder Buddha. Wichtig ist, dass es sich um eine hohe und reine Quelle handelt, bei der wir uns wohl fühlen. Als Beispiel haben wir ein Foto des jungen Yogananda abgedruckt (Foto 1*), der sowohl im Osten als auch im Westen ein sehr bekannter und geliebter Meister ist.[4]

Buddhabilder

Buddhabilder werden häufig benutzt, um eine Verbindung mit dem höheren, transpersonalen Selbst herzustellen. In vielen Ländern werden Buddhastatuen seit vielen Jahrhunderten hergestellt. Sie zeigen uns, dass in jedem Menschen ein göttlicher Funke wohnt, und fordern uns auf, diesen Funken zu entfachen. Die Qualität solcher Bilder und Statuen ist unterschiedlich. Viele stammen aus einer Massenproduktion unter erbärmlichen Verhältnissen. Andere werden von hohen Mönchen, Lamas oder sogar erleuchteten Meistern kreiert, also von Menschen, die selbst zum Buddha geworden sind. Solche Bilder haben auf den Betrachter eine viel stärkere Wirkung als jene, die aus Profitsucht hergestellt wurden. Wenn Sie ein Bild einer Buddhastatue (siehe Foto 2) mit reiner Ausstrahlung in der Meditation betrachten, stellen Sie auf der subtilen Ebene eine Verbindung mit dem Schöpfer der Statue her. Auch das ist ein Grund, sich auf ein Bild einzustimmen, das Reinheit und innere Kraft ausstrahlt. Es kann sich um sehr schöne und hohe Schwingungen handeln.

Übung 1: Einstimmung des Kanals auf höhere Schwingungen

1. Konzentrieren Sie sich auf den Kanal. Wie weit ist er geöffnet?
2. Wenden Sie eine der folgenden Methoden an:
   - Lesen Sie eine oder mehrere Seiten eines spirituellen Buches, das Sie lieben.

---

[4] Informationen über Yogananda finden Sie in seiner Biografie und auf der Website der Self-Realization Fellowship, die er 1920 gegründet hat (www.yogananda.srf.org).
* Der farbige Bildteil befindet sich hinter Seite 208.

- Verbinden Sie sich mit einer hohen Quelle, die Sie lieben: Jesus, Buddha, Engel, Devas, erleuchtete Meister und so weiter.
- Konzentrieren Sie sich auf ein Buddhabild mit hoher Schwingung.
3. Konzentrieren Sie sich noch einmal auf den Kanal. Hat er sich verändert?

Übung 2: Öffnen des Kanals in einer Gruppe von Reikigebern

Diese Übung eignet sich für zwei oder mehr Reikigeber.
1. Jeder Reikigeber konzentriert sich auf seinen Kanal.
2. Alle geben einander paarweise 15 Minuten lang Reiki, ohne sich darauf zu konzentrieren. Plaudern Sie miteinander, scherzen Sie, und seien Sie vor allem nicht spirituell.
3. Jeder Reikigeber konzentriert sich dann erneut auf seinen Kanal.
4. Meditieren Sie zusammen, um die Energie zu ändern.
5. Geben Sie einander wieder 15 Minuten lang Reiki, diesmal aber konzentriert und in innerer Stille. Tiefer Respekt vor dem Anderen ist notwendig.
6. Jeder Reikigeber konzentriert sich wieder auf seinen Kanal.
7. Sprechen Sie über Ihre Erfahrungen.

4.2 Ungleichgewichte und Blockaden im Energiekanal

Ungleichgewichte und Blockaden können wir auf verschiedene Weise wahrnehmen. Zunächst können wir prüfen, wie wir uns fühlen; das ist sozusagen eine klinische Diagnose. Dann können wir den Zustand des Energiekanals hellsichtig erfassen. Und schließlich lässt sich dieser Zustand auch auspendeln oder testen.

4.2.1 Die Klinische Diagnose

Die Erdung
Eine wichtige und häufige Störung im Energiekanal ist die fehlende Erdung. Das bedeutet, dass die Verbindung der Seele mit dem Körper unzureichend ist. Die Seele ist dann hauptsächlich in den höheren Chakren anwesend (im 6. oder 7. oder sogar in noch höheren) und hat mit dem Herzen und dem Bauch viel weniger Kontakt. Wenn der Kanal offen ist, strömt zwar einige Energie in den Kopf, aber sie fließt

nicht nach unten in die Erde. Dann fühlen wir uns benommen, und es fällt uns schwer zu handeln, zum Beispiel den Haushalt gut zu organisieren. Auch das Lernen wird schwierig. Normalerweise übermitteln die tieferen Chakren dem Körper die Informationen des 6. und 7. Chakras, aber das klappt nur teilweise, wenn die Verbindung mit den tieferen Chakren schlecht ist. Die Folge ist, dass die Gedanken sich im Kreis drehen, weil nichts mit ihnen geschieht.

Krämpfe in den Chakren
Wenn Chakren verkrampfen, können Schmerzen im Körper die Folge sein:

- Krämpfe im 7. und 6. Chakra können Kopfschmerzen auslösen und das Sehvermögen schwächen.
- Krämpfe im Kehlchakra schnüren oft die Kehle ein und führen zu Verspannungen in den Hals- und Schultermuskeln. Wer sich schlecht ausdrücken kann, leidet immer an einem verkrampftem Kehlchakra.
- Krämpfe im Herzchakra werden als Druck aufs Brustbein oder Schmerzen zwischen den Schulterblättern wahrgenommen. Hier geht Energie um Liebesschmerzen. Auch zu flache Einatmung und vor allem zu flache Ausatmung ist ein typisches Symptom.
- Krämpfe im Solarplexus äußern sich als Bauchschmerzen. Der Bauch ist verhärtet oder gar stark gebläht. Weitere Symptome sind Aggressivität und mangelndes Durchsetzungsvermögen.
- Krämpfe im 2. Chakra führen zu Störungen der Sexualität und der Kreativität. Schmerzen im Kreuz und Nierenbeschwerden können die Folge sein.
- Krämpfe im 1. Chakra verhindern, dass wir im Alltag zurechtkommen. Schmerzen im Steiß und in den Beinen sind weitere Symptome.

4.2.2 Hellsichtiges Wahrnehmen des Energiekanals

Der Energiekanal ist ein energetisches Phänomen. Darum können wir ihn auch hellsichtig untersuchen. Die Zahl der dafür geeigneten Übungen ist ebenso groß wie unsere Fantasie. Deshalb bringen wir hier nur ein paar Beispiele. Es gibt verschiedene Möglichkeiten, den Energiestrom wahrzunehmen. Informationen über den Zustand des Energiekanals können wir gewinnen, indem wir hellsehen, hellhören, hellwissen und hellfühlen.

Anzeichen für ein Nachlassen des Energiestroms
Was liegt näher, als auf die Signale des Energiestroms zu achten? Die folgenden Beispiele zeigen, was gemeint ist:

Peter erlebt den Energiestrom als Prickeln in den Händen. In letzter Zeit bleibt dieses Prickeln aus.

Tina ist daran gewöhnt, dass ihre Klienten auf eine Behandlung deutlich reagieren, entweder emotional oder mit einem Wärmegefühl an der Stelle, wo Tina die Hand auflegt. In letzter Zeit bleiben diese Reaktionen aus. Fließt die Energie noch?

Normalerweise weiß Sandra, wo sie die Hände am besten auflegt. In letzter Zeit ist sie jedoch unschlüssig, wenn sie jemanden behandelt.

Dieter hat sich bisher nach einer Behandlung wohl gefühlt, aber in letzter Zeit ist er danach müde oder hat keine Lust.

Die meisten Reikigeber wissen nicht, was sie tun sollen, wenn der Energiestrom nachlässt. Oft hören sie einfach auf, Reiki zu geben. Die Signale müssen wir zwar ernst nehmen, aber es gibt viele Möglichkeiten, den Kanal wieder zu öffnen!

Hellsichtiges Wahrnehmen des Kanals

Die richtige Ausgangsbasis

Sandra prüft ihren Kanal. Dabei konzentriert sie sich auf den Solarplexus, denn dort will sie ein guter Kanal sein. Vor dem inneren Auge sieht sie einen sehr hellen Kanal.

Peter hat eine autoritäre Schwester mit starken übersinnlichen Fähigkeiten. Als Peter seinen Kanal untersucht, sieht er zu seiner Überraschung einen schwachen Energiestrom – obwohl die Energie gut fließt, wenn er jemanden behandelt.

Die obigen Beispiele zeigen, dass eine hellsichtige Wahrnehmung nicht unbedingt richtig sein muss. Sie setzt nämlich die richtige Einstellung voraus. Störfaktoren können Einflüsse von außen sein, aber auch die Wahrnehmung tieferer Schichten des Ichs, etwa von Gefühlen, Begierden oder Denkmustern. Die Hellsichtigkeit ist eine Antenne, die Informationen von anderen empfängt. Sie muss jedoch auf das höhere Wissen und auf eine äußere Quelle abgestimmt sein. Auf dieses Thema kommen wir noch einige Male zurück.

Im Energiesystem gibt es große unbewusste Anteile, in denen wir uns minderwertig fühlen oder gern Superman sein wollen. Wenn wir von diesen Anteilen her wahrnehmen, ist das Bild immer verzerrt. Es ist nur dann realistisch, wenn wir das Wahrgenommene nicht beurteilen. Dazu ist nur das spirituelle Herz und das Kronenchakra fähig. Das spirituelle Herz ist der Teil des Herzchakras, der auf der spirituellen Ebene strahlt. Dort ist das Herz frei von mentalen oder emotionalen Reaktionen auf Erfahrungen der Liebe und der Lieblosigkeit. Auf dieser Ebene lieben wir alles, was uns begegnet. Hier ist die Wahrnehmung klar. Meist sehen wir das spirituelle Herz einen Meter vor dem Brustbein.

Im Kronenchakra ist der Mensch mit dem All verbunden, sofern dieses Chakra weit genug offen ist. Die Verbindung mit dem All wird nicht von Urteilen getrübt; darum ist auch das Kronenchakra eine gute Ausgangsbasis für die hellsichtige Wahrnehmung.

Wenn wir durch das spirituelle Herz oder das Kronenchakra wahrnehmen, ist eine ausreichende Erdung wichtig. Die Erdung „übersetzt" die Wahrnehmung in unsere menschliche Sprache und sorgt dafür, dass wir die Informationen auf der Erde anwenden können. Die Erdung können wir fördern, indem wir regelmäßig die Farbe Rot in der Krone und im spirituellen Herzen visualisieren.

Der in Yod Initiierte kann sich beim hellsichtigen Wahrnehmen auf ihn einstimmen. Auch hier ist es wichtig, das Yod-Symbol gut zu erden, wie es im Abschnitt über die Yod-Initiation beschrieben wird. Die Yod-Symbole werden dort visualisiert, wo man hellsichtig wahrnehmen will.

Wer mit dem Violetten Feuer arbeitet, richtet es auf die Krone, das Dritte Auge und das spirituelle Herz, um sich auf das hellsichtige Wahrnehmen vorzubereiten. Die Initiation besprechen wir später.

Übung 3: Die Grundhaltung beim hellsichtigen Wahrnehmen

Entnehmen Sie dieser Übung die Elemente, die Sie benötigen.
1. Entspannen Sie sich. Sinken Sie im Bauch zusammen. Erden Sie sich.
2. Öffnen Sie die Verbindung zu Yod. Lassen Sie die Yod-Symbole durch den Kanal strömen.
3. Konzentrieren Sie sich auf das spirituelle Herz und/oder das Kronenchakra. Seien Sie dort behutsam und liebevoll anwesend.
4. Schicken Sie die Yod-Symbole an diese Orte.
5. Reinigen Sie diese Orte mit dem Violetten Feuer.
6. Konzentrieren Sie sich auf das Stirnchakra. Visualisieren Sie dort die Essenz des Goldes, dann die Essenz des Diamanten.
7. Beginnen Sie nun mit der hellsichtigen Wahrnehmung.

Übungen für das hellsichtige Wahrnehmen des Kanals

Nachfolgend beschreiben wir einige Methoden, um den Kanal hellsichtig wahrzunehmen.

Übung 4: Den Zustand des Kanals hellsichtig wahrnehmen

1. Nehmen Sie die Grundhaltung ein.
2. Konzentrieren Sie sich auf den Kanal von der Krone bis zum Steiß.
3. Lassen Sie Licht im Kanal leuchten, von der Krone nach unten. *Sie können das Licht sehen, fühlen oder wissen (denken). Das gilt für die gesamte Übung.*
4. Prüfen Sie nun das Licht im Kanal. *Wie stark fließt es durch den Kanal? Befindet sich irgendwo ein Hindernis? Sie können den Strom sehen, fühlen, wissen oder hören.*
5. Achten Sie dann darauf, wie das Licht durch die Fußchakren in die Erde fließt. *Strömt es hindurch? Gibt es einen Unterschied zwischen links und rechts?*
6. Prüfen Sie jetzt, wie das Licht durch die Schultern und Arme in die Hände strömt. *Gibt es irgendwo ein Hindernis oder einen Unterschied zwischen links und rechts?*
7. Lassen Sie dann das Licht aus der Erde in den Kanal strömen. *Wie sieht der Strom aus? Erreicht er die Krone?*

8. Konzentrieren Sie sich auf die Fußchakren. *Strahlen sie?* Gehen Sie etwas tiefer. *Befindet sich zehn Zentimeter unter den Füßen noch Licht im Kanal? Auch in zwanzig Zentimetern Tiefe?* Gehen Sie allmählich tiefer, und prüfen Sie, wo noch Licht vorhanden ist.
9. Konzentrieren Sie sich auf den Lichtkanal oberhalb der Krone. Sehen Sie, wie das Licht durch die Krone einströmt und durch die Füße in die Erde fließt. Prüfen Sie dann die höheren Chakren. Beginnen Sie einige Zentimeter über der Krone, und gehen Sie dann etwa einen Meter höher. *Wo strahlt das Licht? Wo ist es schwächer? Wo ist der Kontakt unterbrochen?* Verändern Sie in diesen Chakren nicht zu viel; sie haben ihre eigene Entwicklung.

4.3 Blockaden öffnen

Jeder Mensch hat Blockaden im Energiekanal. Man kann sie in drei Gruppen einteilen:

- Zur ersten Gruppe gehören die Blockaden, die verhindern, dass wir zu viel kosmische Energie aufnehmen. Die Menschen können sehr unterschiedliche Energiemengen vertragen. Wenn wir zu viel und vor allem zu hohe Energie aufnehmen, kann das Energiesystem großen Schaden nehmen. Darum gibt es diese Sicherheitsvorkehrungen.
- Die zweite Gruppe von Blockaden sorgt dafür, dass wir nicht wahrnehmen, was wir nicht wahrnehmen wollen. Hier geht es um Erlebnisse, die wir lieber verdrängen, und um Einsichten, die wir noch nicht akzeptieren wollen. Diese Blockaden verhindern auch eine zu starke oder zu schnelle Entwicklung der übersinnlichen Fähigkeiten.
- Die Blockaden der dritten Gruppe stören unsere Entwicklung in einem bestimmten Bereich. Es sind alte Denk- und Verhaltensmuster, die einst sinnvoll waren, uns jetzt aber hemmen.

Die zwei ersten Arten von Blockaden sind zweckmäßig, und darum sollten wir an ihnen nicht herumpfuschen. In diesem Abschnitt geht es um die dritte Gruppe. Wenn wir im energetischen Kanal arbeiten, dürfen wir dabei nicht schneller vorgehen, als der betreffende Mensch es verkraftet; andernfalls beseitigen wir womöglich Blockaden, die er noch braucht. Das ist kein Fortschritt, sondern ein Rückschritt!

Aber woher wissen wir, welche Blockaden wir entfernen dürfen und welche nicht? Das lässt sich nicht genau festlegen, aber wir können einige Hinweise geben.

Beim hellsichtigen Wahrnehmen bestimmt unsere Absicht, was wir wahrnehmen. Die Absicht ist ein sehr wirksamer Filter. Ein positives Motiv wäre zum Beispiel: „Ich will auf allen Ebenen die Blockaden sehen, an denen ich ohne Bedenken arbeiten kann." Wichtig ist, wo dieser Wille seinen Ursprung hat. Wenn er aus dem Bauch kommt, ist das Ich die Quelle. Das ist eine tiefe, emotionale Ebene, die Probleme heraufbeschwört. Stammt der Wille dagegen vom emotionalen Herzen, ist seine Quelle Liebe und Verbundenheit mit dem Ganzen. Darum sollten wir vom spirituellen Herzen ausgehen, wenn wir hellsichtig wahrnehmen wollen, welche Blockaden im Energiekanal wir öffnen dürfen.

Achten Sie genau auf die Signale, die Sie empfangen, und nehmen Sie diese Signale ernst. Wenn Sie das Gefühl haben, etwas nicht ertragen zu können, hören Sie am besten auf. Menschen ändern sich Schritt für Schritt und selten in großen Sprüngen. Nehmen Sie sich also selbst ernst, wenn Sie spüren, dass es genug ist. Sonst besteht die Gefahr, dass das Abwehrsystem noch heftiger reagiert. Wenn Sie versuchen, Blockaden zu beseitigen, die Sie noch brauchen, versucht das Abwehrsystem, das zu verhindern. Dieses System hat viele Möglichkeiten, uns zu beschützen, zum Beispiel Muskelkrämpfe, Gelenksteife, hormonelle Störungen, Organstörungen und sogar Krankheiten. Wenn Sie den Befehl „Genug ist genug!" nicht befolgen, gilt das Gesetz „Weniger ist mehr!". Nachfolgend wollen wir uns einige Methoden ansehen, mit denen man Blockaden auflösen kann.

Anwesenheit in der Blockade

Die bewusste Anwesenheit in der Blockade ist eine scheinbar einfache, aber sehr wirksame Methode. Als körperorientierte Therapeuten arbeiten wir oft mit dieser Technik. Warum ist sie so effektiv? Nun, wo eine Blockade ist, wollen wir uns nicht bewegen. Eine Blockade ist ein Aspekt, gegen den wir uns sträuben. Er hemmt den Energiestrom und stört die Atmung. An dieser Stelle sind wir „nicht anwesend" und entwickeln uns nicht weiter. Wenn wir an diesem Ort einfach nur anwesend sind, nehmen wir mit der Blockade Kontakt auf, der sich spontan vertieft. Gefühle, Gedanken und Bilder stellen sich ein, und wenn wir sie akzeptieren, wird die Blockade immer lebendiger – und irgendwann ist sie keine mehr. Es ist vorteilhaft, sich vom spirituellen Herzen aus in die Blockade zu begeben. Von dort aus können wir den Teil von uns, den wir bisher abgelehnt haben, liebevoll betrachten. Die Heilung ist dann schneller, angenehmer und tiefer, als wenn der Ausgangspunkt eine niedrigere Ebene ist.

In die Blockade atmen

Der Körper verfügt über eine sehr wirksame Methode, um eine Blockade beizubehalten: Er atmet an ihrem (physischen) Sitz nicht. Wenn wir nun dort bewusst atmen, versetzen wir die Blockade in Bewegung. Man kann diese Methode gut mit der oben beschriebenen kombinieren. Wichtig dabei ist, bewusst ein- *und* auszuatmen. Bei manchen Menschen versteift sich der Brustkorb in der Position der Einatmung. Sie müssen tiefer ausatmen ... und noch tiefer. Die gelöste Fixierung des Brustkorbes wirkt befreiend.

Mitunter ist es schwierig, den Bauch oder den Brustkorb zu bewegen, wenn man dort lange Zeit nicht geatmet hat. Das liegt einerseits daran, dass wir noch nichts fühlen wollen, andererseits daran, dass die Atmungsmuskulatur verkrampft ist. Dann empfiehlt es sich, einige Tage oder sogar Wochen lang mehrmals täglich die richtige Atmung zu üben. Dadurch lockern sich die Muskeln, und wir gewöhnen uns an die korrekte Atmung. Anfangs können dabei Muskelschmerzen auftreten.

Eine spezielle Atemtechnik ist die Verbindung zwischen Brust- und Bauchatmung: Brust und Bauch heben und senken sich gleichzeitig. Atmen Sie durch die Nase ein und durch den Mund aus. Wenn das nicht geht, leiden Sie an einer Zwerchfellblockade. Dadurch verhindert der Körper bei vielen Menschen eine Verbindung zwischen Bauch und Brust. Wenn der Brustkorb gesenkt bleibt, während der Bauch einatmet, kann die Energie aus dem Bauch nicht nach oben fließen. Dann nehmen wir die Gefühle im Bauch nicht wahr. Werden Bauch- und Brustatmung miteinander verbunden, lösen sich die fixierten Gefühle, sodass wir sie besser wahrnehmen und ausdrücken können. Konzentrieren Sie sich auf die Blockade, und atmen Sie zugleich mit dem Bauch und mit der Brust. Atmen Sie tief durch den offenen Mund aus. Brust und Bauch senken sich gleichzeitig. Wichtig ist die tiefe Ausatmung. Achten Sie auf eine ausreichende Pause vor dem nächsten Einatmen. Wenn die Finger prickeln oder der Mund sich steif anfühlt, so ist das ein Zeichen dafür, dass Sie zu schnell eingeatmet haben. Das ist zwar nicht gefährlich, aber oft unangenehm. Brechen Sie in diesem Fall die Übung ab.

In die Blockade lächeln
Das Lächeln in eine Blockade ist eine Tausende von Jahren alte taoistische Methode, die in *Energetischer Schutz* (Delnooz 2002) ausführlich beschrieben wird. Sie ist einfach, wirksam und überall anwendbar.

Übung 5: Lächeln in die Blockade

1. Entspannen Sie sich, und nehmen Sie Kontakt mit dem spirituellen Herzen auf.
2. Lächeln Sie innerlich. Heben Sie dabei die Mundwinkel leicht an.
3. Konzentrieren Sie sich auf die Blockade.
4. Lächeln Sie die Blockade an.
5. Beobachten Sie, wie das Lächeln die Blockade beeinflusst.
6. Tun Sie das so lange, wie Sie sich dabei wohl fühlen.

Auf Gold und/oder einen Diamanten einstimmen
Alles auf der Erde wird von geistigen Kräften getragen. Auch Steine, Mineralien und Metalle (im Folgenden einfach Steine genannt) sind mit den Kräften, die sie geformt haben, energetisch verbunden – sie *sind* Kräfte! Die heilende Wirkung der Steine geht von der Kraft hinter ihnen aus. Diese Kraft bezeichnen wir als Essenz des Steins, mit der wir uns direkt verbinden können.

Öffnen Sie dem Stein Ihr Herz, und bitten Sie ihn, Sie mit seiner Mutter zu verbinden. Die Mutter ist seine Essenz, weil diese Essenz ihm seine geistige Form vorgegeben hat. Bitten Sie den Stein in Ihr Herz, und konzentrieren Sie sich auf die Blockade. Lassen Sie zu, dass der Stein in ihr Herz kommt, den Kontakt herstellt und wirkt. Die Wirkung ist erstaunlich, wenn Sie einmal gelernt haben, sich mit der Essenz des Steins zu verbinden, und sich nicht von seinen äußerlichen Eigenschaften ablenken lassen. Steine sind nicht aus Stein; sie sind lebende Essenzen, deren Form den Gesetzen der Erde folgt.

Jeder Stein hat seine eigene geistige Kraft, so wie jede Blume ihren Deva hat. Die Form des Steins ist kein Zufall, sondern sie richtet sich nach seiner Essenz. Wenn wir die Form innerlich betrachten, begreifen wir den wahren Wert des Steins. Nehmen wir Gold als Beispiel. Dieses Metall ist makellos und kaum zu verändern. Gold bleibt sich selbst immer treu. Menschen sind dagegen soziale Wesen, die sich durch Interaktionen mit anderen und mit deren Wünschen verändern. Manche Menschen gehen dabei zu weit und verlieren ihre eigene Essenz. Sie wissen nicht mehr, wer sie sind. Für sie ist Gold ideal, weil es sie anspornt, sie selbst zu sein. Gold sagt: „Ich bin in Ordnung, weil ich bin, wie ich bin."

Viele Blockaden sind im Grunde nur ein Streit zwischen dem, was wir sein wollen, und den Erwartungen der anderen. Gold hilft uns, mit der eigenen Seele Kontakt aufzunehmen und die Einflüsse anderer abzuwehren. So bekommen wir mit unserem Leben besser klar. Der Diamant hat ganz andere Eigenschaften und steht dem Gold dennoch nahe. Er ist die härteste natürliche Substanz auf der Erde. Er birgt alle Farben in sich und zeigt uns, dass wir tief im Inneren mit dem Kern verbunden sind. Während das Gold uns auffordert, mit der Seele verbunden zu bleiben, ermutigt uns der Diamant, mit dem Wesensstern Verbindung aufzunehmen. Der Wesensstern ist die Essenz, aus der die Seele stammt. Er steht über dem menschlichen Leid und ist daher eine große Hilfe im Leben.

Gold verbindet uns mit der Seele, der Diamant verbindet die Seele mit ihrer Quelle. Darum ist die Abstimmung auf Gold und Diamant eine vorzügliche Methode, um Blockaden zu beseitigen.

Übung 6: Mit Gold und Diamant an einer Blockade arbeiten

1. Entspannen sie sich, und nehmen Sie mit dem spirituellen Herzen Kontakt auf.
2. Öffnen Sie das Herz für die Essenz des Goldes. Seien Sie dankbar für ihre Anwesenheit. Immer wenn Sie sich mit einer geistigen Kraft verbinden, ist die Dankbarkeit für ihr Vorhandensein eine schöne und wirksame Methode.
3. Konzentrieren Sie sich auf die Blockade, und lassen Sie die Essenz des Goldes hineinströmen. Das können Sie denken, visualisieren, fühlen, wissen oder sogar zeichnen oder malen. Lassen Sie zu, dass das Gold in der Blockade strahlt.

4. Wiederholen Sie diese Schritte einige Male, um die Symbolik des Goldes besser zu verstehen: „Ich darf in meinem inneren Konflikt ich selbst sein."
5. Konzentrieren Sie sich nun auf die Essenz des Diamanten und auf seine Schönheit.
6. Lassen Sie den Diamanten in Ihrem Wesensstern strahlen. Beobachten Sie, wie der Diamant und der Wesensstern sich verbinden und zu einem strahlenden Stern werden. Spüren Sie, wie dieser Stern aus dem Kosmos auf Sie scheint.
7. Empfangen Sie das Geschenk des Sterns in der Blockade. Während Sie mit Gold und Diamant verbunden sind, können Gefühle, Bilder und Gedanken freigesetzt werden. Nehmen Sie sie als Geschenk an, und lassen Sie sie dann los.

Reiki in die Blockade fließen lassen

Konzentrieren Sie sich auf die Blockade. Empfangen Sie dort Reiki. Falls das nicht gelingt, begeben Sie sich an den Rand der Blockade, und öffnen oder verstärken Sie die Verbindung mit dem spirituellen Herzen. Konzentrieren Sie sich vom spirituellen Herzen aus auf die Blockade. Jetzt sind Sie in einem neutralen Zustand. Die Blockade darf bleiben, aber sie darf sich auch verändern. Empfangen Sie Reiki, und lassen Sie zu, dass die Energie vom Rand her in die Blockade fließt, und zwar so stark, wie es nötig ist. Zulassen bedeutet hier, dass die Energie nicht aus Ihrem niederen Willen stammt, sondern im Einklang mit dem Göttlichen empfangen wird. Wenn Sie bei einem anderen Menschen an einer Blockade arbeiten, kann es sinnvoll sein, die Aura zu behandeln. Darauf geht das Kapitel über Reiki 1 ein.

Der Blockade Reikisymbole anbieten

Im Kapitel über Reiki 2 beschreiben wir, mit welchen Symbolen man arbeiten kann. Darum beschränken wir uns hier auf einige Anmerkungen. Blockaden im Energiekanal lassen sich auch mit Reikisymbolen behandeln. Vergessen Sie nicht, dass ein guter Kanal unter den Füßen mit dem Kronenchakra und den Chakren darüber harmoniert. Mara ist ein geeignetes Symbol, um den Kanal in und unter den Füßen zu öffnen.

Blumen in den Chakren visualisieren

Auf dem Energiekanal befinden sich viele Chakren. Ist eines von ihnen blockiert, können Sie es öffnen, indem Sie es sich als aufblühende Blume vorstellen. Sie können sich von einer Blume finden lassen oder eine auswählen, etwa nach der Farbe. Als Farbe eignet sich die Farbe des

Abbildung 3:
Die Krone öffnet sich Gott wie eine weiße Lotosblüte.

Chakras oder eine Farbe, die auf das Chakra einwirkt. Auf die Farben gehen wir später noch genauer ein.

Sie können sich auch von den speziellen Kräften einer Blume leiten lassen. Darüber lesen Sie im Abschnitt über Blütenarzneien mehr. Hier befassen wir uns nur mit dem roten und weißen Lotos. Der Lotos ist eine besondere Pflanze. Seine Wurzeln graben sich in den Schlamm, die prächtige Blüte treibt auf dem Wasser. Sie lehrt uns, die Krone in der Begegnung mit der Erde zu öffnen. Der Lotos symbolisiert das Gleichgewicht zwischen Erde und Kosmos. Daran können wir uns ein Vorbild nehmen, indem wir die Lotosblüte in den Chakren visualisieren und dankbar annehmen, was ihre Essenz uns lehrt.

Übung 7: Chakren mit sich entfaltenden Blüten öffnen

Nehmen Sie die Grundhaltung ein.
1. Konzentrieren Sie sich auf den Energiekanal.
2. Konzentrieren Sie sich dann auf die Hauptchakren. Beginnen Sie mit dem Wurzelchakra, und gehen Sie langsam nach oben bis zum 7. Chakra.
3. Prüfen Sie den Zustand des Chakras. Sie können ihn sehen, wissen, fühlen oder hören. Sie können sich die Chakren auch als Blüten vorstellen. Sind es Knospen oder weit offene Blüten? Sind sie welk oder gesund? Welche Chakren wollen behandelt werden?
4. Nehmen Sie wahr, für welches Chakra es gut ist, daran mit der Technik der sich öffnenden Blüte zu arbeiten.
5. Beginnen Sie mit den Fußchakren: Visualisieren Sie darin rote Lotosblüten. Lassen Sie diese Blüten durch ihre Form und ihren Zustand zeigen, in welchem Zustand die Fußchakren sind. Lassen Sie diese Chakren dann langsam aufgehen: Blatt für Blatt öffnen die Lotosblüten sich unter den Füßen, genau so weit, wie es gut für sie ist.
6. Öffnen Sie dann auf die selbe Weise die anderen Chakren. Visualisieren Sie in der Krone eine weiße Lotosblüte (siehe Abbildung 3; dort ist die Blüte jedoch über der Krone).
7. Gehen Sie einige Zentimeter über die Krone, und visualisieren Sie dort zuerst eine rote, dann eine violette und schließlich eine weiße Lotosblüte.
8. Gehen Sie 20 Zentimeter unter die Fußchakren. Prüfen Sie die dortigen Lotosblüten. Lassen Sie diese Blüten so weit aufgehen, wie es gut für sie ist. Akzeptieren Sie es, wenn die Blüten sich nicht oder nur wenig öffnen. Diese Akzeptanz ist spirituell; Zwang kommt aus dem Ich und ist sehr töricht.
8. Sobald die Chakren, die 20 Zentimeter unter den Füßen liegen, sich entspannt und geöffnet haben, wenden Sie sich dem Kanal oberhalb der Krone zu. Prü-

fen Sie, wo Sie arbeiten sollten – 5, 10, 15 oder 20 Zentimeter über der Krone. Nehmen Sie diese Informationen ernst, und gehen Sie nicht höher, als es gut für Sie ist. Visualisieren Sie dort eine violette Lotosblüte, die sich so weit öffnet, wie es gut ist. Seien Sie dankbar für ihre Hilfe.

Abwandlung für das 2., 3., 4. 5. und 6. Hauptchakra
- Konzentrieren Sie sich auf den Kontakt des Chakras mit dem Energiekanal an der Wirbelsäule. Das Chakra strahlt sowohl vorn als auch hinten.
- Prüfen Sie, ob das Chakra vorn und hinten gleichmäßig strahlt.
- Lassen Sie die Lotosblüte vorn und/oder hinten aufgehen, so weit es gut für Sie ist. Diese Technik ist besonders wirksam. Genug ist genug, zu viel ist weniger!

Mit Farben in Blockaden arbeiten

Farben sind kraftvolle Schwingungen, mit denen wir Blockaden im Energiekanal transformieren können. Die Methode ist einfach: Lassen Sie die gewünschte Farbe in der Blockade strahlen, und lassen Sie zu, dass sie ihr Werk tut. Woher wissen Sie, welche Farbe geeignet ist? Wie bringen Sie die Farbe zum Strahlen? Die Antwort finden Sie in den folgenden Abschnitten.

Die richtige Farbwahl

Jedes Chakra hat seine eigene Grundschwingung, die wir als Farbe wahrnehmen können. Die Farben der Aura sind von anderer Art als die Farben in der stofflichen Welt und haben eine andere Schwingungsfrequenz. Darum ist es schwierig, bestimmte Farben zu beschreiben – wir assoziieren sie immer mit den Farben der materiellen Welt. Die Schwingungsfrequenz der Aura und der Chakren lässt sich am besten mit der Frequenz einer stofflichen Farbe vergleichen, durch die Licht scheint. So können Sie sich die Farbe der Chakren vorstellen, nicht wie den Anstrich der Tür. Die Hauptchakren haben folgende Grundfarben:

Wurzelchakra: durchscheinendes Rot
Sexualchakra: durchscheinendes Orange
Solarplexuschakra: durchscheinendes Gelb
Herzchakra: durchscheinendes Grün

Kehlchakra: durchscheinendes Hellblau
Stirnchakra: durchscheinendes Kobaltblau
Kronenchakra: durchscheinendes Violett oder Weiß

Diese Grundfarben kann man sich als Hauptfarben gesunder Chakren vorstellen. Ein Chakra strahlt allerdings in vielen Dimensionen. Die genannten Farben gelten vor allem für die physisch-energetische Dimension. Auf der emotionalen oder mentalen Ebene haben die Chakren eine andere Farbe. Auf der spirituellen Ebene ist jedes Chakra mit allen Dimensionen verbunden und hat daher alle Farben.

Wenn ein Chakra blockiert ist, ändert es seine Farbe: Es ist weniger hell, und man sieht dunkle Stellen. Sie können es aufhellen, indem Sie ihm seine Grundfarbe anbieten. Das gilt auch dann, wenn Sie wahrnehmen, dass der Energiekanal in einem bestimmten Chakra schlecht fließt. Manchmal braucht ein Chakra eine andere Farbe als seine eigene. Dazu einige Beispiele:

Peter ist schlecht geerdet. Seiner Seele fällt es schwer, auf der Erde zu leben. Wir bieten zuerst Violett an, dann die Grundfarbe. Peter entspannt sich sichtbar. Seine Energie lässt nach. Er war in der Wurzel nicht mit seiner Spiritualität verbunden. Indem wir seinem Kronenchakra Violett anbieten, stellen wir diese Verbindung her. Jetzt erinnert er sich daran, dass er auch auf der Erde mit dem Ganzen verbunden ist, und die Seele akzeptiert das Leben auf der Erde.

Maria „schwebt". Wir bieten der Krone Rot an, um sie besser zu erden. Maria ist noch weniger geerdet als Peter. Hätten wir ihrem Wurzelchakra Violett angeboten, wäre das zu viel für sie gewesen – sie ist von ihrer Wurzel noch zu weit entfernt.

Susanne fühlt sich manchmal spirituell, ein andermal recht gut geerdet. Sie kann beide Aspekte schlecht verbinden. Der Krone bieten wir Rot und der Wurzel Violett an und wechseln dann die Farben in rascher Folge, um sie miteinander zu verbinden.

Alternativ können Sie Kontakt mit der Blockade aufnehmen und sich die richtige Farbe zeigen lassen. Es können sich dann auch andere Farben als die Grundfarben einstellen. Vertrauen Sie darauf, dass die Farbe richtig ist, und akzeptieren Sie ihre Wirkung.

Eine Farbe aktivieren
Am einfachsten ist es natürlich, sich eine Farbe zeigen zu lassen. Daneben gibt es noch weitere Methoden:

- Visualisieren Sie die Farbe. Wenn Ihnen das schwer fällt, können Sie einen Gegenstand mit der gewünschten Farbe betrachten oder sich an ihn erinnern. Auch ein geschliffener Kristall ist hilfreich. Hängen Sie ihn ans Fenster, und wenn die Sonne hindurchscheint, strahlt er kleine Flecken in allen Regenbogenfarben ins Zimmer. Da er sich immer ein wenig bewegt, tanzen diese Farben über den Boden, die Wände und die Decke. Es ist besonders schön, sich auf diese sehr hellen Farben einzustimmen.
- Sie können Farben nicht nur sehen, sondern auch denken, wissen oder fühlen.
  Denken: Sie denken: „In meinem Wurzelchakra strahlt ein rotes Licht."
  Fühlen: Sie fühlen, wie das rote Licht im Chakra strahlt.
  Wissen: Sie wissen, dass das rote Licht im Chakra strahlt.
- Sie können die Blockade mit der gewünschten Farbe bestrahlen.
- Sie können Wasser unter eine Lampe mit der gewünschten Farbe stellen und es nach einigen Stunden trinken.
- Sie können Kleider mit der gewünschten Farbe anziehen.
- Nahrungsmittel mit der gewünschten Farbe bringen diese Farbe tief in den Körper hinein.

Yod in einer Blockade

Yod ist die Verbindung zwischen dem Wesensstern, der Seele, dem Stirn- und Herzchakra. Man übermittelt Yod durch seine Symbole (siehe Farbbilder 12 und 13). Lassen Sie diese Symbole in einer Blockade strahlen, und betrachten Sie sich dann in dieser Blockade selbst. Die Yod-Initiation beschreiben wir ausführlich in Kapitel 13. Hier geht es nur darum, wie man mit Yod Blockaden entfernt.

Übung 8: Mit Yod an einer Blockade arbeiten
1. Nehmen Sie die Grundhaltung ein.
2. Empfangen Sie die Yodsymbole aus dem Wesensstern und aus der Seele über das Kronenchakra (7. Chakra) und das Stirnchakra (6. Chakra).
3. Lassen Sie die Symbole durch den Energiekanal in die Erde fließen. Empfangen Sie die Symbole in der Erde – *denn die Erde sind Sie* –, und lassen Sie sie dann zurück ins Herz fließen.
4. Strahlen Sie die Symbole vom Herzen ins Herzchakra aus, sowohl in den hinteren als auch in den vorderen Teil.
5. Empfangen Sie die Symbole noch einmal aus der Erde im Herzen. Und noch einmal. Und noch einmal, bis Sie spüren, dass Sie die Symbole im Herzen wirklich akzeptiert haben.
6. Lassen Sie die Symbole dann in die Blockade ausstrahlen.

Das Violette Feuer

Das Violette Feuer ist eine hohe Energie, die Blockaden transformieren, also ihre Schwingung erhöhen kann. Sobald die Frequenz höher ist, besteht das alte Problem nicht mehr – denn das hatte eine tiefere Frequenz. Die Einstimmung auf das Violette Feuer, die Symbole und deren Anwendung beschreiben wir ausführlich in Kapitel 15.

Homöopathie, Blüten- und Edelsteinarzneien

In diesem Buch geht es um die Arbeit am Energiesystem. Mit energetischen Arzneien lassen sich Blockaden in diesem System sehr gut beeinflussen. Energetische Arzneien sind Substanzen, die nur feinstoffliche Schwingungen in sich bergen. Meist werden die Schwingungen auf ein Medium (Wasser, Wasser mit Alkohol, neutrale Tablette) übertragen. Wenn wir Tropfen oder Tabletten einnehmen, bieten wir dem Energiekörper eine bestimmte Schwingung an, und der Energiekörper reagiert darauf. Er kann sie ablehnen oder als Heilreiz annehmen. Die Blüten- und Edelsteinarzneien übertragen auch positive Botschaften. Sie sagen zum Energiekörper: „Schau mal, so kannst du sein." Homöopathische Arzneien übermitteln negative Botschaften: „Sieh mal, was du anrichtest." Sie zeigen uns auf einer subtilen Ebene, was auf unteren Ebenen schief geht.

Homöopathie

Homöopathische Arzneien gibt es in verschiedenen Potenzen. Je höher die Potenz ist, desto feiner ist die Schwingung des Mittels. So können wir auch die subtilen Ebenen des Energiesystems behandeln. Da diese Arzneien eine negative Botschaft übermitteln, lösen sie anfangs oft eine „Erstverschlimmerung" der Symptome aus. Darum ist die sachkundige Auswahl der Arzneien sehr wichtig. Es ist nicht einfach, das homöopathische Bild richtig zu diagnostizieren, weil diese Bilder komplex sind. Man braucht dazu eine gründliche Ausbildung, viel Erfahrung und eine gute Intuition. Wenn Sie Blockaden im Energiesystem homöopathisch behandeln wollen, sollten Sie also einen erfahrenen und gut ausgebildeten klassischen Homöopathen aufsuchen.

Blütenarzneien und Edelsteinelixiere

Sowohl Blütenarzneien als auch Edelsteinelixiere übermitteln positive Botschaften. Darum eignen sie sich auch für die Selbstbehandlung, sofern wir wissen, wie man damit umgeht. In meinem Buch *Energetischer Schutz* (Delnooz 2002) habe ich dieses Thema ausführlich behandelt.

Im Handel sind Hunderte von Blütenarzneien erhältlich. Alle sprechen einen bestimmten Aspekt des Menschen an und eignen sich besonders gut für die Arbeit auf der seelischen Ebene. Die moderneren Systeme legen großen Wert auf die Entwicklung der Spiritualität, der Erdung, der Sexualität, des Ichs, der Liebe, der Kommunikation und der Einsicht. Dazu einige Beispiele:

Weinrebe (Vitis vinifera, engl. Vine)

Diese Bachblütenarznei verbindet den niederen Willen mit dem höheren Selbst und hilft uns, den niederen Willen loszulassen, wenn wir an der Entwicklung des Energiekanals arbeiten.

Götterblume (Dodecatheon hendersonii, engl. Shooting Star)

Diese FES-Arznei eignet sich für Seelen, die sich eher im Kosmos zu Hause fühlen als auf der Erde. Sie hilft der Seele, den Körper nicht mehr als Gefängnis zu betrachten, sondern als Chance.

Weiße Waldrebe (Clematis vitalba, engl. Clematis)

Die Weiße Waldrebe, ebenfalls eine Bachblütenarznei, hilft dem Tagträumer, seine Fähigkeiten auf der Erde zu nutzen. Sie fördert die Inkarnierung bei Menschen, die gern in ihrer Fantasiewelt leben.

Nachtkerze (Oenothera hookeri, engl. Evening Primrose)
Wer ohne Liebe aufgewachsen ist oder als Ungeborener nicht willkommen war, hat vielleicht große Schwierigkeiten, sich eng an andere zu binden. Diese FES-Arznei hilft der Seele, tiefe Schmerzen zu überwinden.

Die liegende Acht

Die liegende Acht ist ein Symbol, durch das Energie strömt (siehe unten stehende Abbildung und Farbabbildung 1). Es hat eine große Heilwirkung. Für die Arbeit damit gibt es zwei grundlegende Methoden. Bei der ersten lassen wir das Symbol in eine Blockade fließen. Sie können sich dabei vorstellen, dass die Acht ein endloser Energiestrom ist. Wenn Sie diesen Energiestrom visualisieren, wissen, denken oder fühlen, beginnen Sie immer links oben. Sie können das Symbol auch mit den Händen strömen lassen. Dabei bewegen Sie eine Hand im Blockadegebiet so, als würden Sie eine liegende Acht malen. Befindet sich die Blockade im Körper, können Sie sich vorstellen, dass die Finger Energie in Form von Laserstrahlen abgeben. Anfangs ist es oft schwer, in einer Blockade eine liegende Acht fließen zu lassen; aber nach einiger Zeit geht es viel besser, und die Energie strömt wieder. Das ist zugleich das Zeichen dafür, dass die Behandlung beendet ist.

Sie können dem Energiestrom auch bestimmte Eigenschaften mitgeben. Gold und Diamant sind gute heilende Qualitäten, ebenso Farben wie Violett, Blau und Weiß. In der Regel wirken Symbole besser, wenn man sie sich dreidimensional vorstellt. Manchmal werden sie dadurch sogar zu stark und lösen eine Gegenreaktion aus. Darum ist es ratsam, immer mit der zweidimensionalen Version des Symbols zu beginnen und die dreidimensionale allmählich zu verstärken. Hören Sie auf, wenn es genug ist.

Die zweite Methode nutzt die besonderen Eigenschaften der beiden Schleifen des Symbols. Diese können nämlich eine unzulängliche Verbindung zwischen zwei Gebieten verbessern. Darum nennen wir diese Technik „verbindende Acht". Dabei setzt man in jede Schleife einen der Teile, die miteinander verbunden werden sollen. Beide Teile werden re-

Abbildung 4: Die liegende Acht

spektiert und bleiben völlig frei; sie behalten ihre Eigenheiten, aber sie kommunizieren miteinander. Die Schleifen können kleine und große Gebiete aufnehmen, wie die folgenden Beispiele zeigen:

Klaus hat eine Besprechung mit seinem Chef. Die beiden verstehen sich noch nicht sehr gut. Klaus setzt sich selbst in die eine Schleife und seinen Chef in die andere. Während des Gesprächs visualisiert er immer wieder, ob die Energie in der liegenden Acht noch fließt, und verstärkt sie bei Bedarf. Die Besprechung verläuft friedlich.

Elke spürt eine Verspannung im hinteren Teil ihres Herzchakras. Sie weiß, dass sie diese Verspannung durch die Vorderseite des Chakras lösen muss; aber das gelingt ihr nicht, weil das Herzchakra zu dicht ist. Also lässt sie zuerst die liegende Acht im verspannten Gebiet fließen (die erste Methode), und sobald sich der Energiestrom dieser Acht erhöht hat, geht sie zur Methode der verbindenden Acht über. Sie setzt den verspannten Bereich in die eine Schleife und lässt die andere um das Gebiet der Verspannung herumfließen. Wenn die Energie strömt, schiebt sie die zweite Schleife ein Stückchen weiter nach vorn. So macht sie weiter, bis die blockierte Energie wegfließen kann. Wenn sie vorher spürt, dass es genug ist – dass sie zurzeit nicht weiterkommt –, hört sie auf.

Wenn Sie die zweite Technik wie im oben beschriebenen Beispiel benutzen, können Sie die zweite Schleife auch vorn am Körper nach außen fließen lassen. Während Sie die Schleife nach oben schieben, verbinden Sie eine Schicht der Aura nach der anderen. Diese sehr wirksame Methode hat aber auch ihre Tücken. Bei jedem Menschen gibt es in der Aura – und erst recht in blockierten Bereichen – Teile seiner selbst, mit denen er nicht gut klar kommt. Dort ist eine Menge Einfluss anderer Menschen vorhanden. Wenn Sie sich nun mit einem solchen Gebiet verbinden, haben Sie vielleicht das Gefühl, einen Teil von sich selbst zu verlieren. Daran sollten Sie denken und Vorkehrungen treffen. Wenn Sie die verbindende Acht im Kehl- und Stirnchakra anwenden, stimulieren Sie die Entwicklung übersinnlicher Fähigkeiten sehr stark. Auch das ist nicht immer erwünscht. Seien Sie vor allem nicht gierig!

4.4 Chakren im Kanal verbinden

Manchmal fließt ein Kanal nicht gut, weil zwei Chakren schlecht miteinander kommunizieren. So kann zum Beispiel der Strom zwischen dem dritten und vierten Chakra blockiert sein. Dann sind das Herz und das Ich schlecht miteinander verbunden. Die verbindende Acht kann die Kommunikation zwischen dem Herz- und dem Solarplexuschakra wieder in Gang bringen. Dabei können Sie die Methode schöpferisch weiterentwickeln.

Lassen Sie die liegende Acht zuerst die (hinteren) Kontaktstellen der Chakren verbinden und sich dann langsam nach vorn bewegen. Dort, wo der Strom zäher fließt, verweilen Sie etwas länger. Gehen Sie so weit nach vorn, wie es gut für Sie ist, beispielsweise einen halben Meter in die Aura hinein.

Benutzen Sie die verbindende Acht zuerst für die Chakren selbst. Im Beispiel oben werden zunächst das Solarplexus- und das Herzchakra, jeweils für sich, horizontal mit Aspekten des Chakras verbunden. Sobald die Chakren gut fließen, verbinden Sie sie wie beschrieben miteinander: von der (hinteren) Kontaktstelle nach vorn.

Bisher haben wir die liegende Acht zum Heilen benutzt. Sie eignet sich aber auch für die Diagnose. Dabei visualisieren Sie, wie das Symbol zwischen zwei Chakren fließt. So können Sie den gesamten Kanal abtasten und unter anderem feststellen, ob er ausreichend offen ist, um die heilende Energie aus dem Herzchakra aufzunehmen, die er durch die Hände des Therapeuten empfängt. An einigen Punkten ist diese Energie oft blockiert: knapp vor der Schulterkuppe, in der Achsel, im Ellbogen, im Handgelenk, in der Hand und im Energiekörper der Hand. Alle diese Punkte können Sie durch die liegende Acht mit dem Herzen verbinden. Dort wo die Acht mühsam fließt, setzen Sie sie auch therapeutisch ein. Natürlich können Sie ihr darüber hinaus bestimmte Qualitäten beifügen.

4.5 Den gesamten Kanal durchströmen

Eine schöne Methode, um den gesamten Kanal zu pflegen, ist das Durchströmen mit Energie. Auch hier können Sie der Energie bestimmte Eigenschaften mitgeben.

- Der Kanal verläuft vom Kosmos über das Kronenchakra durch die Füße in die Erde und vom Herzchakra (oder Schulterblattchakra) durch die Schultern und Arme in die Hände.

- Beachten Sie bei der Arbeit stets Ihre Grenzen. Wer zu schnell vorgeht, kann tief fallen!

- Wenn Sie mit dem Kanal als Ganzem arbeiten, können Sie den Chakren oberhalb der Krone und unterhalb der Füße besondere Aufmerksamkeit widmen. Achten Sie dabei genau auf die Grenzen.

- Sie können den Kanal mit vielen heilenden Eigenschaften durchströmen: mit Reiki, Reikisymbolen, der Essenz des Goldes oder des Diamanten, dem Yod-Symbol und dem Violetten Feuer. Sie alle wirken heilend.

5 Der Einfluss der Geber-Empfänger-Beziehung auf den Energiestrom

In vielen Büchern über Reiki wird behauptet, der Reikistrom sei intelligent und wisse immer, wo er gebraucht werde. Unserer Erfahrung nach ist die Wahrheit viel komplexer. Es gibt nämlich viele Faktoren, die den Reikistrom beeinflussen. Ein wichtiger Faktor ist der Kontakt zwischen dem Geber und dem Empfänger. Darum geht es in diesem Kapitel. Zunächst wollen wir uns einige Beispiele ansehen.

Maria hatte einen sehr autoritären Vater. Sie empfängt Reiki von Peter. Peter ist ein Mann, der sich durchs Leben kämpfen musste. Wenn es ein Problem gibt, packt er es mit großem Kampfgeist an. Maria gefällt ihm, und er will ihr gern helfen. Er weiß, wo sie Reiki braucht, und legt die Hände auf diese Stelle. Als wir ihn nach ein paar Minuten fragen, was er fühlt, berichtet er, dass nicht viel geschieht. Das stimmt. Maria spürt Peters Kampfgeist und reagiert darauf so wie immer: Sie zieht sich zurück. Das hat sie als Kind gut gelernt. Wir erklären Peter die Situation und raten ihm, sein Motiv zu ändern, also nicht aus Streitlust, sondern aus Freundlichkeit zu behandeln. Eine halbe Minute später fließt die Energie. „Das hat mir noch niemand gesagt", meint Peter.

Andreas ist ein Berührungstyp und weiß daher genau, dass man mit Berührungen behutsam umgehen muss. Als er Karin behandelt, geht alles gut, bis er die Hände – ganz vorsichtig – auf ihr Herzchakra legt. Sofort hört der Energiestrom auf. Wir nehmen hellsichtig wahr, dass Karin sich verkrampft, und reden darüber. Karin erzählt, dass sie sich nicht gern zwischen den Brüsten berühren lässt. Andreas beschließt daher, ihr Herzchakra in der Aura zu behandeln, und tritt einen Meter zurück. Er findet einen guten Platz zum Heilen. Hinterher erklärt Karin, sie sei erleichtert darüber, dass sie sich aussprechen konnte. Sie weiß aus Erfahrung, wie viel Platz sie braucht, um sich sicher zu fühlen.

Mira behandelt Martin. Miras Mutter war eine kühle Frau, und Mira hat ein starkes Bedürfnis nach Wärme und Kontakt. Als sie Martin behandelt, strömt wärmende Liebe von ihr zu ihm. Martin wird verspannt. Seine Mutter wollte immer in seiner Nähe sein – und diese Frau ist auch so. Er muss aufpassen und sie nicht zu nahe an sich heranlassen. Zwischen beiden fließt kein Reiki.

Später übt Mira mit Klaus. Er öffnet sich gern, als er Miras Wärme spürt, und er genießt die Wärme. Der Energiestrom ist stark.

Peter behandelt Mira, hat aber das Gefühl, dass es nicht klappt. Diesen Eindruck haben wir ebenfalls. Wir raten Peter, vom Herzen aus mit Mira Kontakt aufzunehmen. Er versucht es, aber es geschieht nichts. Wir nehmen wahr, dass er seine Herzenergie diesmal etwas weiter strömen lässt, dass sie aber im Handgelenk blockiert wird. Als er sich dessen bewusst wird, springt er in die Tiefe und lässt seine Herzenergie durch die Hand fließen. Mira atmet hörbar auf und entspannt sich.

Alle Empfänger brauchten Reiki dort, wo der Geber seine Hand auflegte. Dennoch strömte die Energie nicht. Die Ursache war die Reaktion des Empfängers auf die Absicht des Gebers. Der Empfänger zog sich zurück, und der Energiestrom hörte auf. Das ist ein wichtiges Phänomen beim Übertragen von Energie. Wenn der Empfänger sich vom Geber zurückzieht, verschließt er sich oft auch der heilenden Energie. Anders gesagt: Wenn die horizontale Energie nicht fließt, wird die horizontale Beziehung schwierig. Die Behandlung ist sehr aussichtsreich, wenn Geber und Empfänger sich dieses Problems bewusst sind. Der Geber kann sich auf den Empfänger einstimmen, indem er ihn fragt, was er braucht, um sich zu öffnen.
Wer nicht daran gewöhnt ist, energetische Interaktionen zwischen Menschen wahrzunehmen, wundert sich vielleicht über diese Ausführungen. Aber was geschieht denn auf der sichtbaren Ebene zwischen Menschen? Sie reagieren ständig aufeinander! Die feinstoffliche Ebene ist ein Spiegelbild der sichtbaren. Ein großer Teil der Interaktionen spielt sich im energetischen Bereich ab, und wer mit Energie arbeitet, sollte wissen, was auf dieser Ebene geschieht.

Die oben angeführten Beispiele können wir auch im Rahmen der Therapie analysieren. Therapeuten sprechen von Übertragung und Gegenübertragung. Übertragung ist die Reaktion des Klienten auf den Therapeuten, Gegenübertragung ist der umgekehrte Vorgang. Hier handelt es sich um besondere Reaktionen, nämlich um die Augenblicke, in denen wir den anderen nicht mehr neutral sehen, sondern ihn mit jemandem, den wir kennen, identifizieren, oft mit der Mutter, dem Vater, dem Bruder, der Schwester oder dem Partner. Wir reagieren dann beispielsweise auf den Therapeuten oder Klienten so, als wäre er unser Vater. Martin verkrampft bei Mira, weil er in ihr seine Mutter sieht.
Die Beispiele zeigen, dass Menschen sich manchmal zurückziehen, wenn der Therapeut sich in bestimmter Weise verhält. Jeder Klient hat eben seine eigenen Wunden – aus diesem Leben und aus früheren Existenzen – und reagiert entsprechend auf den Therapeuten. Es ist daher unmöglich, einen Verhaltenskodex zu formulieren, der es allen Klienten ermöglicht, sich zu öffnen und offen zu bleiben. Dennoch gibt es eine Grundhaltung, die Klienten selten zum Rückzug veranlasst.

Die neutrale Haltung
In der neutralen Haltung ist der Therapeut in seinem spirituellen Herzen anwesend. Das spirituelle Herz befindet sich dort, wo das Herzchakra in der spirituellen Schicht der Aura strahlt. Wenn das Herzchakra gut mit dieser Schicht verbunden ist und der Therapeut von dort aus behandelt, profitiert die Therapie davon.

Der Therapeut ist von seinen eigenen Schmerzen frei
Jeder Mensch kennt Leid in seinem Herzen: Er wird abgelehnt, er empfindet Groll oder Hass, weil er nicht geliebt wird. Manchmal sind die Schmerzen unmittelbar sichtbar, dann wiederum sind sie maskiert, etwa als Forderungen an den andern oder als Fürsorglichkeit, die man selbst so sehr vermisst hat. Wir bezeichnen dies als emotionales oder kleines Herz. Wer als Therapeut vom kleinen Herzen aus behandelt, muss mit entsprechenden Reaktionen rechnen.
Im spirituellen Herzen sind wir mit der Krone verbunden, mit dem Ganzen. Dann stehen wir über den Wunden des kleinen Herzens. Die-

se sind zwar noch da, aber viel weniger schmerzhaft. Darum reagieren wir auch viel weniger aus den Schmerzen heraus, und der Klient spürt, dass er mehr Raum hat.

Mitgefühl
Wenn ein Klient Schmerzen hat, reagiert der Therapeut möglicherweise emotional, also mitleidig darauf. Dann ist der Klient in seinen eigenen Schmerzen weniger frei. Ein mitfühlender Therapeut akzeptiert in seinem spirituellen Herzen die Schmerzen des Klienten liebevoll als Teil des Weges, den dieser Mensch gehen muss. Dadurch bekommt der Klient viel Raum, in dem er seinen Schmerzen begegnen kann.

Spirituelle Liebe befreit
Wenn ein Therapeut kühl oder kalt ist, reagieren manche Klienten darauf durch Übertragung. Das spirituelle Herz ist neutral, das heißt liebevoll, ohne etwas zu fordern. Ein Klient, der unter Mangel an Liebe leidet, zieht sich dann nicht zurück und hat auch weniger Gelegenheit, abhängig zu werden, weil der Therapeut ja über seinem eigenen Verlangen nach Liebe steht. Ein Klient, den seine Mutter mit Liebe erstickt hat, erlebt den Freiraum als Segen.

Vom spirituellen Herzen aus akzeptiert der Therapeut den Weg des Klienten als dessen eigenen Weg. Dadurch zieht er sich ganz von selbst weiter aus der Energie des Klienten zurück. Der Klient darf in jeder Hinsicht sein, wie er ist. Auch das schafft Raum.

6 Typische Fehler von Reikigebern

Die meisten Reikigeber arbeiten im privaten Rahmen mit Reiki. Der Kontakt, den sie eingehen, gleicht in mancher Hinsicht dem von Menschen, die beruflich mit Reiki arbeiten oder Menschen auf andere Weise helfen. Ein Therapeut weiß in gewissem Umfang, was zwischen ihm und dem Klienten schief gehen kann. Wir können getrost behaupten, dass es einige typische Fallstricke für Therapeuten gibt. Einige von ihnen besprechen wir nachfolgend, sofern sie auch für die Amateure unter den Reikigebern wichtig sind.

6.1 Verantwortung

Klient: „Mir tut es so weh im Herzen."
Therapeut: „Dagegen wollen wir schnell etwas tun." Oder: „Davon werde ich Sie gleich befreien."

Klient: „Heute habe ich wenig gefühlt."
Therapeut: „Das ist aber schade."

In diesen Beispielen ist der Geber für das Ergebnis verantwortlich. Der Klient wartet voller Hoffnung. Viele Klienten gehen zum Therapeuten, damit er sie von ihren Beschwerden befreit. Das ist ganz natürlich – aber Seelen wollen im Leben etwas lernen. Darum sind sie ja auf der Erde. Eine Seele lernt aus jeder Erfahrung, und wenn sie eine schwierige Situation herbeigeführt hat, dann deshalb, weil sie daraus lernen will. Wenn nun der Therapeut die Verantwortung für das Problem übernimmt, lernt der Klient nichts mehr. Vielleicht lassen seine Schmerzen nach – aber was nützt das der Seele? Sie muss jetzt eine neue Situation schaffen, um ihre Lektion zu lernen. Die Kunst des Therapeuten besteht also darin, einen Kontakt mit dem Klienten herzustellen, aus dem die Seele lernt. Das setzt vor allem voraus, dass der Klient die Verantwortung für seine Situation selbst übernimmt. In diesem Rahmen kann der Therapeut ihm Hilfe anbieten. Diese ist auch erwünscht, denn der Klient wird ja mit seinem Problem nicht allein fertig, und es ist nicht falsch, von oder mit jemandem etwas zu lernen. Wenn der Klient die Verantwortung für seine Situation übernimmt, kann er aus der angebotenen Hilfe das Beste machen.

Manche Klienten neigen dazu, die Verantwortung für ihren Zustand auf den Therapeuten zu übertragen. Das liegt zum Teil an der traditionellen Rollenverteilung zwischen Arzt und Patient, bei welcher der Patient passiv bleibt und der Arzt allwissend ist. So sind ganze Generationen von Menschen mit ihrer Krankheit umgegangen. Es ist daher nicht verwunderlich, dass viele Klienten zu passiv sind, wenn sie einen Reikigeber aufsuchen. Da viele Menschen nicht daran gewöhnt sind, eigene Entscheidungen zu treffen – etwa im Beruf –, ist es für sie auch nicht selbstverständlich, beim Therapeuten ihr Leben selbst in die Hand zu nehmen.

Der Reikigeber arbeitet mit Energie. Mitunter empfängt er auch Informationen auf übernatürlichen Wegen. Dem Klienten, der solche Fähigkeiten nicht besitzt, kommt das wie Zauberei vor. Je weniger der Klient mit den Behandlungsmethoden vertraut ist, desto abhängiger ist er vom Therapeuten. Manche Klienten übernehmen die Verantwortung nur scheinbar, wie das folgende Beispiel zeigt.

Frau Sanders leidet an einer schweren chronischen Krankheit. Obwohl sie völlig erschöpft ist, besucht sie mindestens drei alternative Therapeuten in der Woche. Mit erstaunlicher Gewissenhaftigkeit schluckt sie jeden Tag zahlreiche energetische Arzneien und Ergänzungsmittel. Neue Medikamente lösen bei ihr immer Beschwerden aus. Das werten ihre Therapeuten und sie selbst als Beweis dafür, dass die Mittel „wenigstens etwas bewirken". Seit Jahren bekommt Frau Sanders immer wieder die gleichen Arzneien von durchaus fachkundigen Therapeuten, ohne dass ihr Zustand sich ändert. Offensichtlich lösen neue Arzneien bei ihr Beschwerden aus, weil ihr System die Wirkung dieser Mittel blockiert. Auf einer niedrigen Ebene hängt sie derart an ihren Beschwerden, dass sie die Arzneien gar nicht wirken lassen will. Auf der persönlichen Ebene sieht es so aus, als übernehme sie die volle Verantwortung für ihre Krankheit. Aber der Schein trügt.

Die Fähigkeiten des Klienten

In der Regel verfügt ein Klient über Fähigkeiten, mit denen er die Therapie aktiv unterstützen kann. Sobald man mit ihm darüber spricht, kann er sie auch nutzen und das traditionelle Verhältnis zwischen Arzt und Patient (der Arzt handelt, der dumme Patient hält den Mund) überwinden. Es ist sehr sinnvoll, dass der Therapeut und der Klient ein Team bilden und dass beide ihre Fähigkeiten nutzen, um dem Klienten beizubringen, was notwendig ist. Wenn ein Klient seine Fähigkeiten nicht nutzt, sind oft mangelnde Vertrautheit mit der Situation und Scheu die Ursache. Dann sollte ihn der Therapeut dazu ermutigen, alles zu tun, was ihm helfen kann. Dazu einige Beispiele aus der Reikipraxis:

Peter, ein Klient, ist in Yod initiiert und hat einen guten Kontakt mit Yod. Zu Beginn der Behandlung stimmt er sich auf Yod ein. Jetzt ist er mit seinem Kern verbunden.

Petra merkt, dass sie sich zurückzieht, wenn Paul sie bei der Behandlung am Bauch berührt. Sie bittet ihn, ihre Aura zu behandeln.

Maria kommt wegen ihrer Bauchschmerzen in die Praxis. Sie weiß, dass sie in schwierigen Situationen keine Entscheidungen trifft, und will das lernen. Darum bittet sie den Therapeuten, dies als Thema der Behandlung zu wählen.

Inge merkt, dass während der Behandlung nichts geschieht. Anstatt passiv abzuwarten, fragt sie sich aufrichtig, warum nichts geschieht.

Behandlungspositionen

Man kann Reiki geben, während der Empfänger liegt, sitzt oder steht. Der Unterschied ist gering. Manchmal hat die Position aber Einfluss darauf, wie gut der Klient mitarbeitet. Wer liegt, neigt eher zu Passivität als jemand, der sitzt. Ein Klient, der seine Verantwortung gern auf den Therapeuten überträgt, sollte daher sitzen.

Abhängigkeit

Bisweilen entsteht zwischen Klient und Therapeut ein Abhängigkeitsverhältnis. Meist ist der Klient vom Therapeuten abhängig, aber manchmal ist es umgekehrt. Wer abhängig ist, versucht, den Kontakt beizubehalten; aber das ursprüngliche Ziel des Kontaktes – die Hilfe zur Selbsthilfe – wird in den Hintergrund gedrängt. Der Klient beharrt darauf, dass er weiter Hilfe benötigt und dass er den Therapeuten braucht, um sein Leben zu bewältigen.

Einige Klienten gehen dabei sehr weit und klammern sich geradezu an den Therapeuten. Vor allem wenn Reiki im privaten Rahmen gegeben wird, rufen diese Klienten zu oft an, reden viel zu lange oder suchen den ständigen Kontakt auf andere Weise. Oft ziehen sie eine Sitzung und die ganze Behandlung in die Länge.

Am besten ist es, eine Abhängigkeit gar nicht erst aufkommen zu lassen. Wenn ein Klient nicht auf seinen eigenen Beinen stehen will, sollte man ihn klar und deutlich darauf hinweisen. Das mag hart erscheinen, aber es ist notwendig. Das gilt auch für den Abbruch der Behandlung, falls der Klient nicht bereit ist, seine Abhängigkeit zu überwinden. Es ist deshalb auch sinnvoll, zu Beginn einer Behandlung ein klares Ziel zu formulieren und später regelmäßig zu prüfen, welche Fortschritte gemacht worden sind. Sobald das Ziel erreicht ist (sofern es erreichbar ist), wird die Behandlung beendet.

6.2 Reiki und Intimität

Reikigeber legen bei der Behandlung meist die Hände auf den Klienten. Die Wirkung ist meist viel intensiver, als Geber und Empfänger sich bewusst sind. In unserer westlichen Kultur sind Berührungen eher selten und wenig spontan. Es ist nicht üblich, dass Menschen, die sich nicht kennen, einander anfassen. Aber genau das geschieht beim Reiki.

Jeder Geber sollte wissen, dass etwa zehn Prozent der Bevölkerung sexuell missbraucht wurden. Ein großer Teil des Restes wurde auf der feinstofflichen Ebene sexuell missbraucht. Ein solcher Missbrauch liegt vor, wenn jemand in Gedanken, in Gefühlen oder allein auf der Ebene des zweiten Chakras sexuell mit einem anderen verkehrt, also ohne Liebe und ohne dass der andere es aus Liebe will.

Es ist kein Wunder, dass der sexuelle Missbrauch in unserer Gesellschaft so häufig vorkommt, körperlich und energetisch. Unser Erbgut stammt noch aus der viktorianischen Zeit, in der sexuelle Lust ein Tabu war. Unsere Kirchen haben dieses Tabu gefördert. Heute erleben wir eine Gegenreaktion, und jeder sexuelle Reiz wird ausprobiert. Die Trennung zwischen Herz, Spiritualität und Sexualität ist noch nicht überwunden. Hinzu kommt, dass unsere Kultur sehr am Materiellen orientiert ist. Anstatt nach tiefen Bindungen zu streben, suchen die Menschen nach körperlichen Reizen. Der sexuelle Missbrauch greift tief in alle Aspekte der Persönlichkeit ein. Er ist Sex über die Person hinweg. Wer missbraucht wurde, entwickelt starke Überlebensstrategien, die schwer zu durchbrechen sind, weil sie unter traumatischen Umständen erlernt wurden. Diese Strategien melden sich jedes Mal sofort, wenn sie aktiviert werden. Sie sind zwar bei jedem Menschen anders, aber es gibt einige Gemeinsamkeiten.

Ein Reikigeber sollte wissen, dass ein Mensch, der missbraucht wurde, sich auf der energetischen Ebene fast immer unsicher fühlt und sich daher zurückzieht. Das ist eine Last für den Empfänger, und es blockiert den Zustrom heilender Energie. Meist ist es dann viel besser, in der Aura zu arbeiten. Am besten fragt man den Klienten vor Beginn der Behandlung, ob er berührt werden möchte. Leider stimmt die Antwort ziemlich oft nicht mit den tatsächlichen Verhältnissen auf der tieferen Ebene überein. Das ist nicht verwunderlich, denn die meisten Menschen geben die Antwort, die gesellschaftlich erwünscht ist, und in dieser Situation „sollen" sie sagen, das der Reikigeber sie berühren darf. Es wäre ja widersprüchlich, um eine Behandlung zu bitten, sich dann aber nicht berühren zu lassen. Oft wollen Menschen berührt werden, weil sie lernen wollen, Berührungen zuzulassen. Aber auf der tieferen Ebene verlässt sie dann der Mut, und sie ziehen sich zurück. Viele sind sich dessen gar nicht bewusst.

Aber es wird noch komplizierter. Oft lassen Klienten sich an bestimmten Körperstellen gern berühren, an anderen nicht. Damit kommt ein Therapeut zurecht, wenn er intuitiv auf die Signale achtet. Wir stimmen uns auf einen Klienten immer so ein, dass wir darum bitten, hellsichtig mitgeteilt zu bekommen, ob er in diesem Augenblick Reiki braucht *und auch aufnehmen kann*. Das ist ein einfacher, aber wirksamer Filter.

Ob und wo ein Mensch berührt werden möchte, hängt auch vom Motiv des Gebers ab. Wenn beim Therapeuten Sexualität, Seele und Herz nicht im Spirituellen verbunden sind, spürt der Klient immer eine gewisse Spannung. In solchen Fällen ist es ratsam, auf Berührungen zu verzichten, die den Geber oder Empfänger in sexuelle Erregung versetzen könnten. Das kann für bestimmte Körperstellen, aber auch für den ganzen Körper gelten. Die Geschlechtsorgane werden nie auf der physischen Ebene behandelt, und ein Mann berührt nie die Brüste einer Frau. Manchmal ist es aber möglich, die Hände zwischen die Brüste auf das Herzchakra zu legen. Hier muss der Therapeut spüren, was angemessen ist, und bei Bedarf die Klientin fragen.

Natürlich gibt es auch Menschen, die sich gern berühren lassen. Der Grund ist oft ein Verlangen nach Zärtlichkeit. Dagegen ist nichts einzuwenden; aber ein Therapeut sollte sich fragen, welchen Platz Zärtlichkeiten in der Behandlung haben. Manche Klienten wollen sich hauptsächlich deshalb behandeln lassen, weil sie Zuwendung brauchen. Geht der Therapeut darauf ein und legt eine Stunde lang liebevoll die Hände auf den Klienten, kann ein Abhängigkeitsverhältnis die Folge sein – oft auch wechselseitig. Bisweilen braucht man Mut, um aufrichtig zu entscheiden, ob eine Situation erwünscht oder unerwünscht ist. Der Therapeut sollte genau wissen und deutlich machen, was er tut.

6.3 Energiekontamination und Energieverlust

Petra behandelt Stefan. Anfangs fühlte sie sich frisch und fit. Im Laufe der Behandlung wird sie immer müder.

Karin hat vor einer halben Stunde eine Behandlung beendet. Plötzlich wird sie müde.

Peter hat einige Klienten behandelt. Als er nach Hause kommt, ist er ziemlich gereizt und will niemanden um sich haben.

Als Martin an Eva denkt, bekommt er prompt Kopfschmerzen und niest.

Als Karin Silvia besucht, bekommt sie plötzlich Bauchschmerzen. „Komisch, dass mir das bei Silvia immer passiert!", denkt sie.

Tanja findet Marianne sympathisch, aber wenn sie eine Stunde bei ihr ist, fühlt sie sich jedes Mal erschöpft.

In diesen Beispielen geht es um energetische Kontamination (Verschmutzung) und energetische Erschöpfung. Viele Menschen haben damit Probleme, sind sich dessen aber kaum oder gar nicht bewusst. Sie merken zwar, dass sie plötzlich müde werden, sich leer fühlen oder an unerklärlichen körperlichen Symptomen leiden, aber sie bringen diese Beschwerden nicht mit energetischen Wechselwirkungen in Verbindung. Darum geht es hier nämlich.

Jeder Mensch unterhält energetische Beziehungen zu allen Menschen in seiner Umgebung, nicht nur zu seinen Bekannten, sondern auch zu Leuten, denen er auf der Straße begegnet und kurz ins Auge schaut. Der andere muss nicht einmal in der Nähe sein, denn Energie lässt sich von Entfernungen nicht beeinflussen. Denken wir an jemanden, senden wir energetische Wellen zu ihm. Auch wenn wir auf jemanden böse oder in jemanden verliebt sind, werden die Gefühle ohne Rücksicht auf die Entfernung auf den Energiekörper des anderen übertragen. Aber wir stehen auch mit nichtmenschlichen Wesen in energetischem Kontakt, etwa mit Schutzgeistern, Seelen, die „Oben" sind, Engeln und Devas. Das sind in der Regel positive Kontakte, die beide Parteien aus freiem Willen eingehen. Es gibt „Oben" aber auch viele Wesen, die sich auf Kosten der Menschen ein wenig selbst verwirklichen wollen. Sie missachten manchmal den freien Willen oder verstoßen gegen den göttlichen Plan. Auch das gehört zur energetischen Kontamination. Damit befasst sich das Kapitel über Hellsichtigkeit. Hier gehen wir nur auf feinstoffliche Beziehungen zwischen lebenden Menschen ein.

Der Energieverlust ist einer jener Vorgänge, die während einer Behandlung auftreten können. Wer einem anderen Reiki gibt, steht in einer intensiven feinstofflichen Beziehung zu ihm. Da er dem anderen helfen will, geschieht oft viel mehr als eine Energieübertragung. Manche Menschen geben sogar ihre Lebenskraft, und einige tun das regelmäßig, etwa wenn sie das Leiden eines anderen nicht ertragen können. Es gibt auch Therapeuten, die ihre Lebenskraft beim Behandeln hergeben. Das sagt einiges über sie selbst. Der Grund kann beispielsweise die innere Überzeugung sein, dass man nur dann wertvoll ist und ein Existenzrecht hat, wenn man anderen seine ganze Kraft opfert. Diese Einstellung kann eine Seele bereits mit auf die Erde bringen, aber sie kann sich auch durch die Kontakte mit anderen Menschen bilden. Wer nach einer Behandlung müde ist, hat möglicherweise einen Teil seiner Lebenskraft gegeben.

Die energetische Kontamination ist ein anderer Vorgang, der ebenfalls häufig bei einer Behandlung auftritt. Ein Therapeut wird energetisch verschmutzt, wenn er unreine Energie vom Klienten aufnimmt und in seinem eigenen Energiesystem speichert. Klare Symptome dafür sind das Gefühl, schmutzig zu sein, und das Bedürfnis, zu duschen, sich umzuziehen, das Zimmer zu lüften oder den Klienten endlich loszuwerden.

Eine energetische Kontamination ist ungesund. Sie raubt Vitalität. Wer häufig kontaminiert wird, macht etwas falsch. Ein Therapeut muss sich des Problems bewusst sein und Vorkehrungen treffen. Der erste Schritt ist das Eingeständnis, dass er etwas falsch macht. Danach kann er untersuchen, warum er es tut, und etwas dagegen unternehmen. Unser Buch *Energetischer Schutz*[5] ist ganz diesem Thema gewidmet. Es enthält eine Fülle praktischer Ratschläge, die Ihnen helfen, die Vorgänge zu verstehen und zu lernen, mit ihnen besser umzugehen.

---

[5] Delnooz, Fons: Energetischer Schutz, 143 S., Windpferd Verlag, Aitrang, 2001.

7 Bin ich reif für eine Initiation?

Menschen können in verschiedenen Reikigraden, in Yod, in Melchisedek, im Violetten Feuer und in der Engelsphäre initiiert werden. Potentielle Kursteilnehmer stellen sich mit Recht die Frage: „Bin ich reif dafür?" Viele Reikimeister gehen davon aus, dass jeder, der zu ihnen kommt, um initiiert zu werden, von göttlicher Hand gelenkt wurde. „Nichts geschieht zufällig" ist eine oft gehörte Bemerkung. Unserer Meinung nach sollte man damit etwas vorsichtiger sein.
In unser säkularen Gesellschaft sind viele Menschen auf der Suche nach einem Sinn. Reiki bringt uns mit der anderen, unsichtbaren Welt in Kontakt, und viele Suchende wollen mit dieser Welt unbedingt Verbindung aufnehmen. Die Tiefe ihres Verlangens ist jedoch kein Maßstab für die Fähigkeit, sich nach Oben zu öffnen. Manchmal ist die Sehnsucht eben deshalb so groß, weil ein Mensch von der anderen Dimension getrennt ist.
Ob jemand reif für eine Initiation ist, hängt von vielen Faktoren ab. Dass das Gleichgewicht zwischen Karma und Dharma wichtig ist, haben wir bereits erwähnt. Dharma ist die Summe aller Eigenschaften, die der Seele zur Verfügung stehen, und Karma ist die Summe aller noch nicht gelernten Lektionen des Lebens.
Wie können Sie feststellen, ob Sie reif für eine Initiation sind? Gehen Sie in der Stille nach innen, und legen Sie diese Frage Ihrem Herzen und Ihrer Seele vor. Empfangen Sie dann die Botschaften der Intuition. Vielleicht wissen oder fühlen Sie die Antwort sofort, vielleicht kommt sie in einem Traum, vielleicht aber auf andere Weise erst nach ein paar Tagen. Wichtig ist, dass Sie bereit für die Wahrheit sind – einerlei, wie sie lautet. Nur dann können Sie die Antwort empfangen.
Sie können die Frage auch mit Hilfe der Kinesiologie beantworten, die auf der Annahme gründet, dass jeder Reiz jeden Muskel beeinflusst. Auf diese Weise kann man dem Körper fast jede Frage vorlegen. Ent-

scheidend ist, dass die Frage korrekt und neutral gestellt wird. Das Ergebnis hängt auch davon ab, wie lauter der Tester und wie kreativ der Fragesteller ist. Es gibt heute viele Kurse über Kinesiologie, aber deren Qualität ist sehr unterschiedlich, vor allem was den Einsatz der Intuition anbelangt.

Kontraindikatonen
Es gibt einige klare allgemeine Kontraindikationen. Sie betreffen die Sicherheit des Schülers und den Nutzen der Initiation. Wer jahrelang Rauschgift konsumiert, schädigt den Körper und die Verbindung mit der Seele erheblich. Die einzelnen Teile sind nicht genügend miteinander verbunden. Wird ein Rauschgiftkonsument initiiert, öffnet sich der Kanal nach Oben, sodass negative Energien einströmen können. Drogensüchtige müssen sich unbedingt gut erden. Nach der Flucht in die Droge muss das Leben auf der materiellen Welt neu gelernt werden. Eine Initiation nützt dabei nichts.
Wer eine Initiation verarbeiten will, braucht eine einigermaßen gesunde Persönlichkeit. Menschen, die nicht verarbeiten können, was freigesetzt wird, sollte man lieber nicht initiieren.

Frau Reich ruft an und fragt, ob es gut für sie ist, sich in Karuna 1, 2 und 3 initiieren zu lassen. Der Kurs dauert vier Tage. Wir wissen, dass Frau Reich gerade dabei ist, eine sehr schwierige Jugend zu verarbeiten. Sie hat tiefe Wunden. Bei einer früheren Initiation haben wir gemerkt, dass man große Sachkunde und Sorgfalt braucht, um sie so zu begleiten, dass sie im Leben weiterkommen kann. Ein viertägiger Kurs ist viel zu viel für sie. Außerdem weiß sie nicht, wie gut der Meister auf sie eingehen kann. Wir raten ihr, kleinere Schritte zu tun und sich von Fachleuten begleiten zu lassen.

Manche Menschen spüren nach der ersten Initiation nichts und wollen deshalb so schnell wie möglich die nächsten Initiationen anschließen, sogar die Meisterinitiation.

Jan hat die Initiation in Usui 1 und 2 empfangen. Er spürt gar nichts. Darum will er bei uns weitermachen und den Meistergrad empfangen. Wir empfehlen ihm, zuerst herauszufinden, warum er nichts spürt, und daran zu arbeiten. Während der Sitzungen lernt Jan, die Botschaften sei-

ner Gefühle zu verstehen. Jetzt kann er mit seinen früheren Initiationen etwas anfangen.

Manche Leute sammeln Initiationen wie Briefmarken. Ihnen geht es mehr ums Haben als ums Sein. Initiationen sind jedoch eine Brücke zwischen hier und Oben. Sie öffnen Vorhänge, um Licht auf die Erde zu bringen. Wer sich initiieren lässt, um nach Oben zu flüchten, sollte sich fragen, wie sinnvoll das ist.
Die Melchisedek-Initiation (Kapitel 14) setzt oft sehr intensive Prozesse in Gang. Darüber muss man sich im Klaren sein. Wer das nicht will, sollte auf diese Initiation verzichten.

8 Die Wahl des Reikimeisters

Sie haben von Reiki gehört und sind neugierig geworden. Sie lesen ein Buch darüber und unterhalten sich auf einer Party mit einer Freundin über Reiki. Eines Tages wollen Sie ebenfalls Reiki empfangen oder anderen geben. Sie wollen also initiiert werden. Darum suchen Sie einen geeigneten Reikimeister.
Um dieses Thema geht es in diesem Kapitel. Manche Menschen brauchen nicht lange zu suchen, etwa weil sie durch Gespräche mit einem Freund Vertrauen zu dessen Meister gefasst haben. Wir wollen Menschen helfen, die einen Reikimeister suchen und nicht so genau wissen, worauf sie achten sollten.
Wer einen Reikimeister sucht, steht vor zwei Fragen: Welcher Schule soll der Meister angehören und wer ist für mich geeignet? Beide Fragen sind nicht leicht zu beantworten; aber wir wagen einen bescheidenen Versuch.

Reikischulen
Vor hundert Jahren empfing und entwickelte Usui ein System, das die Reikigabe regelt. In seinem Leben initiierte er etwa siebzehn Meister. Damals wurde das Wissen noch mündlich überliefert; erst in den letzten Jahren wird immer mehr Wissen niedergeschrieben. Aber in diesen Büchern wird die Entwicklung des Reiki ganz unterschiedlich dargestellt, und es ist äußerst schwierig für den Leser, die historischen Fakten zu erschließen.
In den ersten Jahrzehnten wurde Reiki mit großer Sorgfalt übertragen. Der Meistertitel war besonders fähigen und lauteren Menschen vorbehalten. Diese Meister wuchsen allmählich in ihre Aufgabe hinein, aber nur wenige waren so weit entwickelt, dass sie nach den damaligen Anforderungen Meister werden konnten.
Anscheinend gelangte Reiki etwa zu Beginn des Zweiten Weltkriegs in den Westen. Auch in dieser Phase wurden zunächst wenige zu Meistern

initiiert. Erst in den letzten Jahrzehnten änderte sich das, und heute kann von Meisterschaft im ursprünglichen Sinn keine Rede mehr sein. Zwar werden Menschen in den dritten Grad eingeweiht, aber sie sind bestimmt keine Meister im traditionellen Sinn. Man stellt viel geringere und manchmal gar keine Anforderungen an diese „Meister". Insofern ist es bedauerlich, dass der Begriff „Meister" überhaupt noch gebraucht wird. Ein anderer Ausdruck wäre angezeigt.

Im Westen werden jährlich Hunderte, vielleicht sogar Tausende von Menschen in den dritten Grad – den so genannten Meistergrad – eingeweiht. Einige von ihnen haben tatsächlich Kontakt nach Oben und besitzen gewisse übersinnliche Fähigkeiten, die sie auch einigermaßen anwenden können. So gesehen können sie auch initiieren. Allerdings haben diese Initiationen einen anderen Charakter als einst. Viele „Meister" besitzen jedoch keine einzige der genannten Fähigkeiten. Da sich die Bezeichnung „Meister" für Inhaber des dritten Grades eingebürgert hat, bleiben wir dennoch bei diesem Ausdruck – ohne die Vorbehalte zu vergessen.

Einige dieser vielen Meister sind mehr oder weniger hellsichtig und wissen daher, wie man kraftvoller mit Reiki arbeiten kann. Manchmal empfangen sie Informationen, die ihren Quellen zufolge verloren gegangen waren. Es kann sich um Symbole, Initiationsriten und sogar um Strahlen handeln. Immer wieder gründen Meister auf der Basis solcher Informationen neue Schulen. In den Niederlanden gibt es derzeit nur wenige Schulen von Bedeutung, in Amerika ist die Vielfalt erheblich größer.

Manche Schulen bieten außer den Initiationen in Reiki und andere Strahlen noch weitere Initiationen an. Dabei geht es häufig um alte Kräfte, denen man den Mantel der neuen Schule umhängt. Wir wollen drei dieser Initiationen – Yod, Melchisedek und Violettes Feuer – besprechen, weil sie unserer Erfahrung nach in unserer westlichen Gesellschaft besonders wertvoll sind. Alle drei können sehr starke Prozesse in Gang setzen. In den Kapiteln 13, 14 und 15 erfahren Sie mehr darüber.

In der traditionellen Strömung, die Furumoto folgt, wird dagegen ausschließlich mit Reiki gearbeitet, und die Zahl der Symbole ist begrenzt. Viele Meister dieser Schule sind Mitglied eines Berufsverbandes, dessen Honorarsätze hoch sind, bei Reiki 3 sogar extrem hoch.

Die Wahl der Schule

Das Verhältnis zwischen den Schulen ist nicht immer das beste. Manche Leute glauben fest daran, dass ihre Schule besser ist als die anderen. Wir wollen darüber kein Urteil fällen, sondern nur einige Hinweise geben.

Nicht alles, was von Oben kommt, ist rein!
Einige Zweige des Reiki wurden von Medien gegründet, die behaupten, ihr Wissen von Oben empfangen zu haben. In der Regel stimmt das auch; aber Oben ist bisweilen nur oben. Es gibt im Kosmos viele Kräfte, die sich um die Entwicklung der Menschen kümmern. Einige dieser Kräfte sind rein, etwa die Engel und die Weiße Bruderschaft. Es gibt jedoch auch viele Kräfte, die ihre eigenen Interessen verfolgen. Sie können sehr gering entwickelt, aber auch sehr intelligent sein, und mitunter missbrauchen sie Medien. Auch Gründer von Reikischulen können also Helfershelfer solcher Kräfte sein. Darum ist es wichtig, einschätzen zu können, ob die gewählte Schule eine reine Quelle hat oder nicht. Im Kapitel über Hellsichtigkeit beschreiben wir, wie man dunkle Quellen entlarven kann.

Meister ist nicht gleich Meister
Meister unterscheiden sich in ihrer Fähigkeit, den Reikikanal anderer zu öffnen. Die Kraft eines Meisters ist dabei wichtiger als die „Kraft" der Schule.

Die Wahl des Meisters

Usui und seine ersten Nachfolger haben nur wenige Menschen zu Meistern geweiht. Im Westen werden jährlich zahllose Menschen zu Meistern initiiert. Während die Ausbildung früher sehr lange dauerte und hohe Anforderungen an den Schüler stellte, sind heute nach unserem Wissen auch die besten Ausbildungen recht kurz. Fast alle Meister werden an Wochenenden initiiert und danach kaum oder gar nicht betreut. Bei einigen Menschen fällt die Initiation auf fruchtbaren Boden; andere haben keine oder nur wenige Vorkenntnisse, weil sie bis zur Meisterinitiation gar nichts spüren oder weil die drei Grade an einem einzigen Wochenende zu erwerben sind. Kurz gesagt: Die Qualität der Meister ist unterschiedlich. Sehen wir uns einmal an, welche Gesichtspunkte bei der Wahl eines Meisters wichtig sind.

Kann der Meister heilen?
Kann der Meister selbst heilen? Wie zuverlässig sind die Informationen darüber? Wer nicht heilen kann, ist kein Meister!

Weiß der Meister, was energetisch geschieht?
Bei einer Initiation laufen komplexe energetische Prozesse ab. Damit beschäftigt sich dieses ganze Buch. In welchem Umfang versteht der Meister, was vor sich geht? Kann er den Schülern sein Wissen vermitteln?

Ist der Meister auch ein Lehrer?
Manche Menschen können gut heilen und initiieren, sind aber schlechte Lehrer. Die Fähigkeit, andere in der Anwendung von Reiki zu schulen, ist jedoch sehr wichtig. Von wem sollte man es sonst lernen, und wem sonst könnte man Fragen dazu stellen? Natürlich kommt es auch darauf an, was der Schüler erreichen will. Wer Reiki nur als einfache Technik des Handauflegens mit wenigen Positionen betrachtet, braucht keinen intensiven Unterricht. Wer dagegen Reiki als Beruf ausüben will, so wie wir, erwartet von einem Meister viel mehr.

Es ist sehr nützlich, wenn der Meister genau erklärt, was beim Reikigeben auf der vertikalen und horizontalen Ebene geschieht. Das verdeutlichen die folgenden Beispiele.

Peter gibt als Kursteilnehmer Reiki. Als die Energie reichlicher zu strömen beginnt (was der Meister hellsichtig wahrnimmt), fragt der Meister: „Was spüren Sie jetzt in Ihren Händen? Was hat sich in der letzten Minute geändert?" Peter berichtet, was er fühlt, und der Meister erklärt ihm, dass er die stärker werdende Energie gespürt hat.

Peter gibt Reiki. Plötzlich fließt keine Energie mehr in die eine Hand, wohl aber in die andere (was der Meister hellsichtig wahrnimmt). Der Meister fragt: „Ist die Empfindung jetzt in beiden Händen verschieden? Wie war es kurz davor?" Peter schildert, welchen Unterschied er spürt. Der Meister erklärt ihm, was er eben erlebt hat: dass die Energie die Hände unterschiedlich durchströmen kann.

Peter gibt Sandra Reiki. Er wird unruhig und spult die Behandlung hastig ab. Auf einmal fließt keine Energie mehr. Der Meister (der das hellsichtig wahrnimmt), fragt Sandra und Peter, was sie fühlen. So finden die beiden heraus, dass Sandra sich zurückgezogen hat, als Peter zu schnell arbeitete, und dass sie keine Energie mehr einließ.

Wenn die Kursteilnehmer genügend Feedback bekommen, lernen sie, wie man die subtile Sprache der Energieübertragung und die einzelnen Vorgänge erkennt und in Worte fasst. So lernen Menschen schnell. Diese Art des Feedbacks ist für die Teilnehmer sehr nützlich. Auch das ist eine der pädagogischen Fähigkeiten, über die ein Meister verfügen sollte.

Wie erfahren ist der Meister?
Manche Reikimeister haben keinerlei therapeutische Erfahrung. Man kann heute Automechaniker sein und morgen Reikimeister. Wer würde sein Auto einem Monteur anvertrauen, der nur einen Wochenendkurs hinter sich hat? Außerdem sind manche Meister noch Anfänger, während andere seit Jahren mit Reiki arbeiten. Einige arbeiten ganztags, andere nur gelegentlich.

Wie geht der Meister mit den Erfahrungen der Kursteilnehmer um?
Beim Initiieren, beim Verarbeiten der Initiation und beim Üben mit Reiki können heftige Reaktionen auftreten. Es ist wichtig, dass der Meister die Schüler dabei mit Rat und Tat unterstützt. Diese Fähigkeit erwirbt man im Laufe von Jahren durch Schulung und durch Erfahrung im Umgang mit Menschen. Manche Menschen haben diese Grundlage schon, wenn sie mit Reiki beginnen; bei anderen ist sie kaum oder gar nicht entwickelt.

Wie empfindsam und hellsichtig ist der Meister?
Manche Reikimeister wissen kaum oder überhaupt nicht, was sie tun. Sie nehmen einfach nicht wahr, was im Energiesystem geschieht, und sind daher auf Informationen ihrer Schüler angewiesen. Andere Meister spüren auf die eine oder andere Weise wenigstens teilweise, was geschieht. Einige Meister sind sehr empfindsam und hellsichtig.

Wie rein ist der Meister?
Der Weg zur Liebe führt auf der Erde durch Licht und Dunkelheit. Das gilt für uns alle. Denken Sie einmal daran, wenn Sie Zeitung lesen oder fernsehen. Das Interesse an der Dunkelheit ist enorm. Nur die höchsten erleuchteten Meister unterliegen den Einflüssen des Lichts und der Dunkelheit nicht mehr – sie stehen darüber. Davon sind Reikimeister weit entfernt. Sie sind gewöhnliche Menschen, die ein

bisschen mit Energie arbeiten können und mit dem Streit zwischen dem Licht und der Dunkelheit konfrontiert sind. Drücken wir es noch deutlicher aus: Wir finden den Weg zum Licht erst, wenn wir entdeckt haben, wo wir dunkel sind, denn nur wenn wir unsere eigene Dunkelheit überwunden haben, kann das Licht scheinen. Wie bewusst geht der Meister damit um? Wie schätzen Sie ihn in dieser Hinsicht ein?

Was sagt Ihre Intuition?
Manche Menschen spüren genau, ob ein Meister zu ihnen passt oder nicht. Vielleicht ist es nicht der „beste" Meister im oben beschriebenen Sinn; aber für einen bestimmten Menschen kann er dennoch geeignet sein, weil beide zueinander passen.

Was kostet die Initiation?
Die Kosten für Initiationen sind sehr unterschiedlich. Schon das Thema löst bei Meistern und Schülern oft heftige Gefühle aus. Wenn der Meister sich mehr mit seinem Honorar als mit der Energie beschäftigt, stimmt etwas nicht. Allerdings braucht ein Meister, der eine kleine Praxis hat, einen ordentlichen Stundenlohn, damit er sein Auskommen hat. Am besten treffen Sie in Bezug auf das Honorar eine Wahl, bei der Sie sich wohl fühlen, und denken dann nicht mehr ans Geld, damit Sie nicht von der Arbeit, um die es geht, abgelenkt werden.

9 Der Kurs Reiki 1

Die einzelnen Reikischulen haben unterschiedliche Regeln, was den Inhalt und die Form ihrer Kurse anbelangt – sie lassen dem Meister teils mehr, teils weniger Freiheit. Eine Schule legt fast alles fest, eine andere nur die Form der Initiation. Beide Systeme haben offensichtliche Vorteile und Nachteile. Auch das Niveau der angebotenen Kurse ist sehr unterschiedlich. Das hängt auch mit der Qualität des Meisters und mit seiner Auffassung vom Reiki ab: Für den einen ist es eine ziemlich einfache Methode, für den anderen ein Beruf, den man im Laufe der Zeit mit viel Mühe erlernt. Für uns ist Reiki ein Beruf, und darum sind die Kurse, die wir hier beschreiben, unser eigenes, einmaliges Produkt, das Ergebnis unserer Stärken und Schwächen. Diese Kurse passen genau zu uns, weil wir sie für uns entwickelt haben. Morgen können sich unsere Kurse verändern, weil wir uns geändert haben. Deshalb können sie kein Modell für andere sein.

Wer am Kurs Reiki 1 teilnimmt, findet in diesem Kapitel eine Menge Informationen über die Arbeit mit Reiki. Der Reikimeister kann unseren Kurs für seine eigene Arbeit verwenden. Er kann als Spiegel dienen, der vielleicht zeigt, dass die eigene Methode, die sich von unserer vielleicht erheblich unterscheidet, gut ist. Vielleicht finden Sie etwas darin, was Sie in Ihre eigene Arbeit aufnehmen können. Wir haben dieses Kapitel für Menschen geschrieben, die noch nicht viel von Reiki wissen. Dennoch können auch erfahrene Meister einiges daraus entnehmen.

9.1 Die Meditation zu Beginn

Unser Kurs beginnt immer mit einer Meditation, die meist gechannelt wird und zielgerichtet ist. Sie macht allen klar, warum sie zusammengekommen sind. Die Vorteile sind vielfältig. Menschen, die einander nicht kennen, sind in der Gruppe zunächst nervös. Wenn man mit der üblichen Vorstellungsrunde anfängt, wird die Atmosphäre immer mental, und die Teilnehmer ziehen sich auf ihren Verstand zurück. Beginnt man dagegen mit einer Meditation, haben die Teilnehmer dazu keine Gelegenheit. Sie entspannen sich, weinen die ersten Tränen, erden sich und öffnen ihre höheren Chakren – und schon steht der Kurs. Ein schöner Anfang!

9.2 Die Initiation

Am Ende der Meditation ist der Raum mit herrlicher Energie erfüllt. Wir spüren die Anwesenheit von Engeln und Lichtwesen. Die Atmosphäre ist feierlich. Die Teilnehmer sind still und in sich gekehrt. Das ist ein günstiger Zeitpunkt für die Initiation. Es ist gut, still zu bleiben und sofort mit den Initiationen zu beginnen.
Ein Meister initiiert einen Kursteilnehmer. Früher war die Prozedur geheim, und jede Initiation wurde individuell erteilt. In einem Kurs fand sie beispielsweise hinter einem Vorhang oder in einem anderen Zimmer statt. Manche Schulen machen es heute noch so, aber in letzter Zeit legen immer mehr Meister keinen Wert mehr auf Geheimhaltung, und dabei sucht jeder seine eigene Form. In einer Schule bilden die Teilnehmer einen Kreis, wenden einander aber den Rücken zu. Dann gibt es zwar keine Geheimnisse, aber auch keine Interaktion. Auch bei uns bilden die Kursteilnehmer einen Kreis, sehen sich jedoch an. Wir bitten sie, aufmerksam zu sein und ihr Herz zu öffnen. Außerdem bitten wir sie, denjenigen, der gerade initiiert wird, zu tragen, also tief innen zu begreifen, dass dieser Mensch während der gesamten Initiation das sein darf, was er ist. So entsteht in der Gruppe ein tiefes Mitgefühl und eine intensive, hohe Energie. Die Teilnehmer dürfen verletzlich sein, und der Boden für tiefreichende Prozesse ist bereitet.
Wir initiieren gemeinsam. Zuerst stellen wir uns vor den Kursteilnehmer und stimmen uns auf ihn ein. Wir fragen ihn, was ihm am besten hilft, sich zu öffnen – ob wir ihn berühren oder in der Aura arbeiten sollen. Dann heilen wir gemeinsam. Dadurch gewöhnt sich der Teilnehmer an unsere Nähe, an seine Verletzlichkeit und an die hohe Energie. Wir geben ihm etwas Zeit, sich in dieser einzigartigen Situation sicher zu

fühlen. Wir heilen, was den Teilnehmer daran hindern könnte, sich der Initiation so tief wie möglich zu öffnen. Während dieser Heilungsphase werden bisweilen starke Gefühle frei. Wenn wir wahrnehmen, dass der Teilnehmer so tief verbunden und offen ist, wie es in diesem Augenblick gut für ihn ist, beginnen wir mit der Initiation. Eine(r) von uns erteilt die Reiki-Initiation, der oder die andere achtet auf die Energie des Initianden und hilft ihm, wenn Hilfe ihm nützt. Es gibt verschiedene Arten von Hilfe, zum Beispiel Heilen, das Aussprechen eines Schlüsselsatzes, Hilfe beim richtigen Atmen oder genügend Raum, um Gefühle auszudrücken. Nach der Reiki-Initiation vertauschen wir die Rollen. Wer unterstützt hat, initiiert nun, und wer initiiert hat, unterstützt. Wir beenden die Initiation zusammen.

Solche Initiationen dauern lange, oft eine halbe Stunde pro Teilnehmer. Meist initiieren wir einige Stunden ohne Pause. Für viele Kursteilnehmer ist dies ein einmaliges Erlebnis. Sie sind stundenlang einem hohen Energiefeld ausgesetzt. Während sie auf uns warten, erleben sie, wie andere initiiert werden und eine tiefe Verbindung mit sich selbst eingehen. Dabei entsteht auch bei ihnen ein natürlicher Raum, in dem sie sich selbst begegnen können.

Am Ende der Initiationen ist die Gruppe still. Wir schließen mit einer kurzen Meditation, meist ein Augenblick des Dankens. Dann machen wir eine Stunde Pause und gehen – wenn das Wetter es erlaubt – ins Freie, um durchzuatmen. Nachmittags und am zweiten Tag geht es um Reiki in Theorie und Praxis. Dies ist auch das Thema der folgenden Abschnitte.

9.3 Wie gibt man Reiki?

Ihre Frau oder Ihr Mann hat Bauchschmerzen. Sie legen ihr oder ihm die Hände auf den Bauch. Die Hände werden warm und prickeln. Sie spüren, dass Energie fließt. Nach einiger Zeit lässt der Energiestrom nach. Es ist genug in diesem Augenblick und an diesem Ort.

Reiki fließt durch die Hände nach außen. Wenn ein Mensch Reiki braucht, kann man die Hände auf die Stelle legen, wo es benötigt wird. Wenn keine Blockaden vorhanden sind, beginnt der Reikistrom rasch zu fließen. Die Hände werden warm oder auch ziemlich kalt, und vielleicht prickeln sie. Nach einiger Zeit lässt der Energiestrom nach. Es ist genug. Dies ist die Grundlage der Reikigabe. Vielen gefällt eben diese Einfachheit, und Reikimeister geben das System oft auf dieser Ebene weiter. Häufig fügen sie ein paar einfache Richtlinien hinzu, damit klar ist, wo, wie lange und wie oft man behandelt. Diese Heilmethode kann sehr wirksam sein. Da die Arbeit mit Reiki auf ihre einfachste Form reduziert wird, ist sie für sehr viele Menschen zugänglich. Auch das ist ein Vorteil. In unserer Praxis haben wir jedoch festgestellt, dass die Arbeit mit Reiki viel komplexer ist, als eben dargestellt. Weil wir diese Komplexität verstanden haben und auf dieser Grundlage Reiki geben, können wir besondere Prozesse in Gang setzen.

Die einfachste Methode besteht darin, dass man die Hände in einer festgelegten Reihenfolge auf bestimmte Stellen legt. Aber es gibt auch andere Techniken, die unserer Erfahrung nach wirksamer sind, wenn sie auch dem Geber mehr abverlangen. Er muss sorgfältig auf die Sprache der Energie achten. Diese Sprache ist subtil und doch sehr kraftvoll. Um sie zu verstehen, müssen wir nach innen gehen und still werden. Im Kurs gehen wir dann auf die intuitive Arbeit und die Arbeit in der Aura ein. Alle drei Themen werden nachfolgend besprochen. Zum Schluss behandeln wir besondere Punkte zum Heilen, die so genannten *touch points*.

9.3.1 Die traditionelle Reikibehandlung

Die traditionelle Reikibehandlung gilt dem ganzen Körper. Man beginnt am Kopf, geht über den Rücken zu den Füßen und anschließend vorn vom Gesicht zu den Füßen. Die Stellen, auf die man die Hände legt, stimmen in den Reikibüchern im Großen und Ganzen überein. Wir arbeiten anders, weil wir die intuitive Arbeit vorziehen (siehe Abschnitt „Intuitiv Reiki geben" weiter unten in diesem Kapitel). Wer sich für die traditionellen Handpositionen interessiert, findet sie in vielen Büchern über Reiki.

Das Handauflegen
Vor der Behandlung fragen wir den Empfänger, wie er die Energie am besten aufnehmen kann: wenn wir die Hände knapp über den Körper

halten, oder wenn wir sie auf den Körper legen. Im letzteren Fall legen wir die Hände ruhig und entspannt auf.

Hans gibt seiner Frau Reiki. Er will es unbedingt richtig machen und „alles geben". Sein Körper verspannt sich, die Hände werden straff, die Adern auf dem Handrücken treten hervor. Wir erklären Hans, dass die Reikigabe einfacher ist, wenn er sich der Gnade des Reikistroms ausliefert, anstatt „anzugreifen". Außerdem hemmen alle körperlichen Verspannungen den Strom heilender Energie.

Wenn man die Hände zum Körper führt, wird die Aura ein wenig eingedellt. Das kann unangenehm sein, vor allem wenn sich an dieser Stelle der Aura Energie staut oder wenn der Klient sich unsicher fühlt. Darum sollte man die Hände schräg in die Aura gleiten lassen.

Petra hat Kopfschmerzen hinter der Stirnmitte. Mark, der sie behandelt, führt die Hand von einer Stelle 50 Zentimeter über ihrem Kopf zu ihrem Stirnchakra. Während er das tut, schwillt der Schmerz an. Der Grund ist, dass Mark die flache Hand in einer einzigen, schnellen Bewegung zur verspannten Stelle geführt hat. Hätte er die Hand langsam und schräg herangeführt, wäre es wahrscheinlich nicht zu diesem Vorfall gekommen.

Dauer und Häufigkeit der Behandlung

Oft bringt man frisch initiierten Reikigebern bei, wie lange sie die Hände auflegen sollen. Die empfohlene Zeitspanne ist unterschiedlich, aber es handelt sich immer um einige Minuten je Position. Manche Reikigeber glauben dann, dies sei die einzig richtige Methode. In Wirklichkeit kann niemand festlegen, wie lange die Hände auf einem bestimmten Körperteil liegen sollen. Entscheidend ist, ob die Energie fließt oder nicht, und der Kursteilnehmer muss lernen, das zu spüren. Wer den Energiestrom noch nicht wahrnehmen kann oder sich nicht sicher ist, kann die Behandlungsdauer je Position anfangs schätzen. Im Abschnitt über die intuitive Arbeit mit Reiki beschreiben wir, wie man die Energie wahrnehmen kann.

In Büchern über Reiki findet man allerlei Ratschläge darüber, wie lange eine Behandlung dauern und wie oft und in welchen Abständen man sie wiederholen soll. Auch viele Meister vertreten einen bestimmten Standpunkt. Wir sind fest davon überzeugt, dass es keine festen Regeln gibt.

Ein Reikigeber muss respektieren, was geschieht; er muss darauf achten und danach handeln. Das bedeutet, dass manche Behandlungen recht kurz sind, während andere sogar viele Monate dauern können. Das hängt von vielen Faktoren ab, die wir in diesem Buch mehr oder weniger ausführlich behandeln. Hier wollen wir nur auf einige von ihnen eingehen. Der erste Faktor ist äußerst wichtig und hat weitreichende Folgen für die Behandlung. Das Leben ist für die Seele eine Schule, aber sie kann ihre Aufgabe nur dann erfüllen, wenn sie vollständig inkarniert ist, und nur dann arbeiten Seele und Körper harmonisch zusammen. Schlecht inkarnierte Menschen sind im Leben oft unglücklich. Sie fühlen sich hier nicht zu Hause. Wenn ihre Krone ausreichend geöffnet ist, versuchen sie, nach Oben zu fliehen. Sie wollen lieber in der Astralwelt leben als auf der Erde. Wenn diese Menschen Reiki empfangen, erkennen sie die Energie aus der höheren Welt und nutzen sie, um in diese Welt zu gelangen, nicht aber, um ihr Leben hier auf der Erde zu bewältigen.

Reiki kann einem gut inkarnierten Menschen helfen, seine Pflicht auf der Erde in Übereinstimmung mit seiner Seele zu erfüllen. Dann ist Reiki sinnvoll. In diesem Fall kann man Reiki häufig geben. Wird Reiki jedoch benutzt, um nach Oben zu flüchten, ist es nicht hilfreich.

Die Dauer der Behandlung hängt natürlich auch mit den Beschwerden zusammen. Akute Kopfschmerzen beim Partner kann man innerhalb von Minuten stillen. Bei chronischen Schmerzen kann es länger dauern. Chronische Beschwerden haben oft etwas mit Aspekten der Persönlichkeit zu tun, mit denen wir nicht gern konfrontiert werden und die wir deshalb nicht oder wenig ändern wollen. Eine Therapie ist dann nur sinnvoll, wenn der Klient bereit ist, sich seinen Problemen zu stellen. Die Ursache oder die Funktion der Beschwerden kann bei der intuitiven Behandlung als Filter dienen. Will der Klient die Beschwerden wirklich loswerden? Wenn nicht: Sind die Gründe dafür zu ermitteln? Beschwerden haben bisweilen strategische Gründe, das heißt sie ermöglichen es dem Körper, tiefere Schmerzen oder ernstere Störungen zu verhindern.

Die Behandlungsdauer hängt außerdem mit den Fähigkeiten des Teams Geber-Empfänger zusammen. Menschen unterscheiden sich stark in ihrer Fähigkeit, andere zu behandeln oder eine Behandlung aktiv anzunehmen. Wie könnte man da feste Regeln aufstellen? Was ein Team in zehn Minuten schafft, erreicht ein anderes vielleicht nie.

9.3.2 Intuitiv Reiki geben

Es ist einfach, intuitiv Reiki zu geben. Der Geber stimmt sich auf den Empfänger ein und achtet auf die Botschaften seiner Intuition. So erfährt er, wo er die Hände auflegen muss und wie lange. Die Qualität der Behandlung hängt von der Qualität der Intuition ab. Auf die Entwicklung der intuitiven oder hellsichtigen Fähigkeiten gehen wir in einem eigenen Kapitel ein. Hier wollen wir nur einige Grundbegriffe erklären und die intuitive Behandlung beschreiben.

Intuitives Wahrnehmen
Intuitiv wahrnehmen heißt, ohne Sinnesorgane wahrnehmen. Das ist ein anderer Ausdruck für hellsichtig wahrnehmen. Das geschieht nicht von allein, sondern es ist eine Aktivität des Energiekörpers und findet unter anderem in den Chakren des senkrechten Kanals statt, vorausgesetzt, dass die Chakren und der Energiekanal über der Krone eine bestimmte Entwicklungsstufe erreicht haben.
Es gibt verschiedene Arten des intuitiven Wahrnehmens. Wir können hellsehen, hellfühlen, hellwissen, hellriechen und hellhören. Oft stammen die Botschaften aus mehreren Quellen.

Marion behandelt ihre Tochter Ellen. Mit geschlossenen Augen nimmt sie bei Ellen einen dunklen Fleck am Knie wahr. Sie weiß sofort, worauf dieser Fleck hinweist.

Karin behandelt ihre Schwester. Sie weiß, wo sie die Hände auflegen muss, und sie weiß auch, wann es genug ist. Sie fühlt es nicht, aber sie weiß es und vertraut auf ihr Wissen.

Sophie behandelt Peter. Auf einmal spürt sie im linken Knie einen stechenden Schmerz. Aus Erfahrung weiß sie, dass ihre Energiekörper Peters Schmerzen wahrnehmen. Deshalb weiß sie auch, dass die Zeit günstig ist, um das Knie zu behandeln.

Fred behandelt Klaus. Er hört, dass er sich dem Kehlchakra zuwenden muss. Mit dem inneren Auge sieht er, dass dort ein großer Energiestau ist. Er spürt, wie seine Kehle verkrampft. Jetzt weiß er, dass er Klaus' Zustand hellsichtig wahrnimmt. Er hört, dass die Blockade etwas mit Wut zu tun hat, und fragt Klaus während der Behandlung: „Kann es sein, dass du wütend bist?"

Zusätzliche Informationen durch intuitives Wahrnehmen

Wer würde gern auf seine Augen verzichten? Wer wollte die Welt der Energie betreten, ohne sie wahrzunehmen? Aber genau das tun viele Menschen. Darum stoßen sie überall an, werfen alles um und fallen ins Wasser – ohne viel davon zu merken. Wer einmal den Luxus der Wahrnehmung auf der energetischen Ebene genossen hat, will nicht mehr darauf verzichten. Wir können einen Teil der anderen Welt hellsichtig wahrnehmen. Diese Welt beeinflusst den materiellen Körper und die Gefühle ebenso real und spürbar wie die physikalische Welt. Für alle, die mit Energie arbeiten, ist Hellsichtigkeit unentbehrlich. Man kann diese Fähigkeit entwickeln, und ein gutes Feedback in einem Kurs fördert diese Entwicklung enorm.

Der Beginn einer intuitiven Behandlung

Bevor wir mit der Behandlung beginnen, sorgen wir dafür, dass wir uns in einem optimalen Zustand befinden, um die Energie gut zu empfangen und so klar wie möglich wahrzunehmen, was energetisch geschieht. Im Kurs besprechen wir die Vorbereitung Punkt für Punkt. Das soll nicht heißen, dass es keine andere Methode gibt. Wir wollen nur einige Anregungen geben, und jeder Reikigeber kann selbst entscheiden, was für ihn nützlich ist.

Raum schaffen

Sowohl der Geber als auch der Empfänger müssen sich für die Behandlung Zeit nehmen. Das heißt zum Beispiel, dass das Telefon abgestellt wird und die Kinder oder andere Leute das Behandlungszimmer nicht betreten. Ein echter Behandlungsraum ist von großem Vorteil. Er muss gut gepflegt sein, sodass man darin eine angenehme Atmosphäre erzeugen kann. In diesem Raum fühlt man sich wohl und kann zu sich selbst finden; aber man darf sich auch gehen lassen. Weihrauch, Kerzen, spirituelle Musik und vielleicht ein kraftvolles Buddhabild stärken die positive Energie.

Wasser

Wenn wir Wasser trinken, kann die Energie im Körper besser fließen. Es ist daher eine gute Angewohnheit, beim Heilen einen Krug Wasser bereit zu stellen und genügend Wasser zu trinken.

Das Gespräch vor dem Heilen
Vor der Behandlung führen wir meist ein Gespräch. Manchmal handelt es sich um eine zwanglose Plauderei mit vielen Tassen Tee und dem Austausch von Neuigkeiten. Wenn beide Seiten das wollen, ist es in Ordnung. Manchmal kommt es dazu jedoch nur, weil der Geber zu wenig Durchsetzungsvermögen hat. Wenn eine klare Absprache besteht, darf man schnurstracks auf das Ziel zusteuern. Dann weiß jeder genau, warum man zusammengekommen ist. Allerdings sollte man vor der Behandlung genau wissen, worum es geht. Das heißt, dass das Anliegen des Klienten so exakt wie möglich formuliert werden muss. Das klingt selbstverständlich, aber unseren Kursteilnehmern fällt es nicht immer leicht. Manchmal halten sie sich selbst und den Geber mit ihrer ersten Formulierung ein bisschen zum Narren. Im Grunde wissen sie recht gut, was sie wollen, wollen es aber nicht rundheraus sagen. In solchen Fällen muss der Geber darauf dringen, die Wahrheit zu erfahren. Manche Klienten bitten um eine Behandlung, obwohl ihre Beschwerden recht vage sind. Sie wissen selbst nicht so genau, warum sie gekommen sind. Dann ist es wichtig, zum wahren Kern vorzustoßen. Je genauer das Problem definiert wird, desto besser kann der Geber sich intuitiv darauf abstimmen. Er nimmt dann Signale wahr, die ihm sagen, wo und wie er am besten heilen kann. Das Vorgespräch ist häufig kurz und bündig. Mitunter brauchen wir jedoch mehr Zeit, um das Anliegen klar zu formulieren. Es lohnt sich, dafür etwas mehr Zeit zu opfern.
Vor der Behandlung fragen wir den Klienten auch, ob er sich leichter öffnet, wenn wir ihn berühren, oder ob wir in der Aura arbeiten sollen. Sobald das Gespräch abgeschlossen ist, steht die erste Hälfte der Behandlung fest. Die Qualität dieses ersten Teils bestimmt weitgehend den Erfolg der Behandlung, denn das Gespräch soll ja die Intuition anleiten. Je präziser die Intuition auf das Ziel gerichtet wird, desto wirksamer ist die Energieübertragung. Nach dem Gespräch beginnt die energetische Behandlung. Der Klient kann dabei liegen, sitzen oder stehen.

Still werden
Wenn der Klient seine Position eingenommen hat (Liegen, Sitzen oder Stehen), erklären wir ihm, dass wir ein wenig Zeit brauchen, um uns auf

die Energie einzustimmen, und bitten ihn, nach innen zu gehen. Wenn der Klient zu sehr mit Denken beschäftigt ist, empfehlen wir ihm, sich auf die Bauchatmung zu konzentrieren. Sollte der Klient besondere Fähigkeiten haben, die ihm bei der Heilung helfen können, ist dies ein guter Zeitpunkt, ihn um den Einsatz dieser Fähigkeiten zu bitten.

Wenn jemand in Yod initiiert ist, bitten wir ihn, sich auf Yod einzustimmen. Wer gut in seinen Hara kommen kann, sollte es tun, während wir uns auf die Energie einstimmen. Ist der Klient schlecht geerdet, fordern wir ihn auf, sich gut zu erden, wenn wir wissen, dass er das ohne Hilfe kann.

Dann gehen wir selbst nach innen. Dabei berühren wir den Klienten nicht und treten sogar einen kleinen Schritt zurück, wenn wir fühlen, dass es gut ist. Wir atmen im Bauch, entspannen uns und werden still. So geraten wir in eine leichte Trance. Das bedeutet hier, dass das Gehirn in einem anderen Tempo arbeitet, als wenn es unter Druck steht. Die linke und die rechte Hirnhälfte arbeiten dann besser zusammen, sodass wir die Signale der Intuition besser empfangen. Wenn der Geber still wird, gelingt dies dem Empfänger meist auch. Es ist die Aufgabe des Gebers, eine gute Atmosphäre zu schaffen.

In den Hara gehen

Der Hara liegt im Bauch knapp unterhalb des Nabels. Er ist einer der geistigen Kraftpunkte des Menschen. Wenn ein Heiler von dort aus arbeitet, befindet er sich geistig im Gleichgewicht. Dann befindet er sich auch nicht im Kopf. So arbeitet er viel besser.

Darum gehen wir bewusst in den Hara. Wer das nicht kann, konzentriert sich einfach auf den Bauch und beobachtet dort die Atmung. Das ist ebenfalls eine wirksame Methode, um sich im Bauch zu zentrieren.

Die Erdung

Erden Sie sich mit einer Methode, die Sie kennen.

Erden bedeutet, die Fußchakren und das Wurzelchakra öffnen. Dann empfangen wir Energie aus der Erde und leiten verbrauchte Energie, die wir vom Klienten aufnehmen, in die Erde zurück. Außerdem werden die intuitiven Botschaften, die wir empfangen, durch eine gute Erdung viel zuverlässiger, weil sie nach irdischen Maßstäben verständlicher werden.

Wer nicht weiß, wie man sich erdet, kann die folgende Übung durchführen:

Übung 9: Erdung

1. Gehen Sie bewusst nach innen.
2. Atmen Sie im Bauch.
3. Stellen Sie sich vor, dass die Chakren unter den Füßen Blüten sind, die sich der Erde öffnen.
4. Stellen Sie sich vor, dass das Wurzelchakra eine Blüte ist, die sich der Erde öffnet.
5. Lassen Sie zu, dass die Fußchakren und die Energiebahn, die in die Erde führt, die Farbe annehmen, die Ihnen hilft, sich tiefer zu erden.

Den Energiekanal öffnen

Jetzt ist der Klient entspannt, im Hara zentriert und geerdet. Nun wenden wir uns dem Energiekanal zu. Vielleicht fließt er gut, vielleicht müssen wir ihn verbessern. Wie das geht, beschreibt Übung 10:

Übung 10: Den Energiekanal optimieren

1. Lassen Sie Yod-Symbole aus dem Kosmos zu sich kommen und durch den ganzen Kanal strömen. Öffnen Sie sich den Symbolen. Empfangen Sie sie als Licht- und Gnadenbringer. Öffnen Sie sich diesen Symbolen wirklich tief, und lassen Sie sich von ihnen segnen. (Das gilt nur dann, wenn Sie in Yod initiiert sind. Die Arbeit mit Yod wird in einem besonderen Kapitel behandelt.)
2. Seien Sie dankbar für unsere schöne Welt. Es ist immer genug Energie da. Blockaden sitzen in uns, nicht in der Energie. Dankbarkeit erschließt Energie.
3. Gehen Sie in die Krone. Visualisieren oder wissen Sie dort eine weiße Lotosblüte. Beobachten Sie, wie der Stiel durch den Energiekanal in die Erde wächst. Lassen Sie die Pflanze tief, tief wurzeln. Danken Sie für die Segnung in der Krone, die Sie empfangen, wenn der Lotos sich im Bewusstsein wirklich öffnet.

Helfer herbeirufen

Wer daran gewöhnt ist, mit Führern, Engeln oder anderen Lichtwesen zu arbeiten, sollte sie jetzt rufen. Jeder Mensch ruft diese Wesen auf seine Weise. Hier geben wir nur ein Beispiel: *Engel, wir rufen euch, damit ihr unsere Arbeit segnet.*

Verantwortung übernehmen
Manche Menschen übernehmen während der Behandlung Energie von anderen und halten sie fest. Oder sie versuchen, das Leid eines anderen dadurch zu lindern, dass sie es für den anderen auflösen. Dabei entstehen Verbindungen zwischen den Chakren des Gebers und des Empfängers, die lange aktiv bleiben können. Der Geber verliert Vitalität, und der Empfänger verliert die Verantwortung für den Weg, den er selbst angelegt hat. Jetzt sollte der Empfänger sich klarmachen, dass er die Verantwortung selbst tragen muss. Dadurch gewinnt er an Kraft. Man kann diesen Vorsatz etwa so formulieren:

Ich akzeptiere, dass ich für meinen Weg selbst verantwortlich bin. Ich bin eine Brücke, ein Kanal, aber nicht der Weg. Jeder geht seinen eigenen Weg.

Die Verbindung mit dem spirituellen Herzen
Gehen Sie nach innen zum Herzen und von dort aus einen Meter nach vorn. Dort ist das spirituelle Herz. Von hier aus können Sie einem anderen auf seinem Weg helfen, ohne seine Verantwortung zu übernehmen. Atmen Sie ruhig an diesem Ort. Lassen Sie das spirituelle Herz warm werden, und genießen Sie dieses schöne Gefühl. Gehen Sie dann ruhig zum Bauch, und öffnen Sie den Hara. Lassen Sie Hara und Herz in Weisheit zusammenfließen. Die Heilung hat begonnen.

Kontakt mit dem Empfänger aufnehmen
Jetzt sind wir im Bauch zentriert und geerdet. Der Kanal ist offen. Lichtwesen umgeben uns. Wir überlassen dem Klienten die Verantwortung für sein Leben. Wir atmen im spirituellen Herzen. Der Hara ist offen. Hara und Herz fließen zusammen ...
Nun wenden wir die Aufmerksamkeit dem Empfänger zu, noch ohne Kontakt. Wir empfangen die Botschaften der Intuition. Manchmal nehmen wir sofort wahr, was zu tun ist, manchmal dauert es eine Weile. Nehmen Sie sich die Zeit, die Sie brauchen.

Der Beginn der Behandlung
Wenn es so weit ist, führen wir die Hände ruhig zu der Stelle, die uns die Intuition gezeigt hat. Wenn wir vereinbart haben, in der Aura zu arbeiten, berühren wie den Empfänger nicht. Andernfalls geben wir

ihm Zeit, sich an die Hände zu gewöhnen. Das Herz ist in den Händen, und die Energie des Herzens strömt durch die Handflächen nach außen. Wir folgen dem Strom der Intuition.

Die intuitive Behandlung
Intuitiv behandeln heißt, strömen lassen, sich selbst den empfangenen Botschaften hingeben, auf diese Botschaften vertrauen dürfen, arbeiten dürfen, ohne alles, was man tut, zu begreifen. Oft wird erst im Laufe der Behandlung klar, warum man vorhin etwas Bestimmtes getan hat. Manchmal auch nicht – auch das ist gut.
Wie bereits erwähnt, wird die intuitive Behandlung zielorientiert, wenn man ihr einen Auftrag erteilt. Der lautet oft: an den Beschwerden des Empfängers arbeiten. Wenn wir uns auf diese Beschwerden einstimmen, erhalten wir leichter Informationen über die richtige Behandlung, als wenn wir die Behandlung unwissend beginnen. Dennoch verläuft eine intuitive Behandlung oft ganz anders, als das Problem es vermuten ließ. Das kann zwei Ursachen haben: Entweder wehrt sich der Empfänger gegen den ursprünglichen Plan, oder das formulierte Ziel ist nicht vorrangig. Das Wichtigste hat immer Vorrang. Wer versucht, dieses Gesetz zu umgehen, hat selten Erfolg. Wenn ein anderes Problem sehr dringlich ist, geben wir ihm daher Raum, damit es sich melden kann. Vielleicht lässt sich dieses Problem dann in zehn Minuten lösen, und wir können uns den Beschwerden zuwenden, die wir ohnehin behandeln wollten. Es kann auch sein, dass das andere Problem eine ganze Behandlung verlangt. Der Empfänger hat eben sein eigenes Tempo und seinen eigenen Weg.
Wenn wir zu einer Körperstelle gelenkt werden, dauert es oft eine Weile, bis die Energie fließt. Meist nimmt sie dann gleich zu und ebbt später ab. Manchmal bleibt es bei einer Welle, ein andermal gibt es mehrere Wellen. Ein subtiles Spiel der Abwechslung zwischen der Arbeit in der Aura und am physischen Körper kann den Energiestrom verstärken, weil dadurch eine Verbindung zwischen dem physischen Körper, dem physisch-energetischen Körper und den einzelnen Schichten der Aura entsteht. Im Kapitel über die Arbeit in der Aura gehen wir darauf näher ein. Wenn die Energie nicht strömt, obwohl wir zu einem bestimmten Punkt geführt wurden, prüfen wir unsere Absicht. Bin ich

zu unbeteiligt, zu abwesend, zu energisch, zu körperlich? Wir sollten unsere Schwächen kennen und in solchen Momenten prüfen, ob sie den Kontakt mit dem Klienten stören. Wenn nötig, ändern wir unsere Absicht, zum Beispiel indem wir uns mit dem spirituellen Herzen verbinden und beobachten, ob die Energie jetzt besser fließt. Nach einer gewissen Zeit ist eine bestimmte Stelle „fertig" – sie nimmt nichts mehr auf und lässt nichts mehr los. Vielleicht werden wir später erneut zu dieser Stelle geführt; aber jetzt ist es genug. Die Intuition lenkt uns zur nächsten Stelle.

Irgendwann haben wir das Gefühl, dass es genug ist. Dieses Signal muss man ernst nehmen. Menschen ändern sich allmählich, und wenn wir weitermachen, obwohl der Klient nicht im Stande ist, sich noch mehr zu ändern, reagiert er abwehrend und blockiert den Energiestrom. Die Folge sind häufig Blockaden im System auf energetischer oder physischer Ebene. Versucht der Geber hartnäckig, etwas zu öffnen, was der Empfänger keinesfalls öffnen will, können sogar schwere Krämpfe auftreten.

Petra hat Kreuzschmerzen und wird behandelt. Der Therapeut will sie unbedingt kurieren. Die Beschwerden sollen jedoch Bilder aus einem früheren Leben verdecken. Als diese Bilder befreit zu werden drohen, zieht Petra die Notbremse: Die Muskeln im unteren Rücken verkrampfen sich. Jetzt kann nichts mehr freigesetzt werden. Petra lässt sich nicht mehr wegen Ischias behandeln, und es dauert ein ganzes Jahr, bis sie beschwerdefrei ist. Wäre der Therapeut geduldiger gewesen, hätte Petra ihre Blockade in kleinen, erträglichen Schritten abbauen können.

„Genug ist genug" ist eine wichtige Richtlinie, wenn wir wissen möchten, wann wir eine Behandlung am besten beenden.

9.3.3 Mit Reiki in der Aura arbeiten

Viele Reikigeber arbeiten selten oder nie in der Aura, obwohl gerade sie sehr gute Heilungswege eröffnet. Unserer Erfahrung nach begreifen die Teilnehmer am Kurs Reiki 1 schnell, worum es geht, wenn man sie beim Üben individuell betreut.

Warum arbeiten wir in der Aura?

Peter hat Ärger mit seiner Frau. Er spürt "Wut im Bauch", weil er seiner Meinung nach nie tun darf, was ihm Spaß macht. Aber er schluckt seine Wut hinunter, und mehrere Muskeln verspannen sich.

Dieses einfache Beispiel zeigt, dass Peters Ärger Folgen auf mehreren Ebenen hat. Der Ärger spielt sich auf der mentalen, energetischen, emotionalen und körperlichen Ebene ab. Jede Erfahrung erfasst alle diese Ebenen, die allerdings bei uns Menschen in unterschiedlichem Umfang miteinander verbunden sind. Viele denken zum Beispiel über eine Situation nach, trauen sich aber nicht, ihre Gefühle zu untersuchen. Das geschieht nicht von selbst. Schuld sind vielmehr Vorgänge auf allen Ebenen. Verbindungen sind unterbrochen worden. Es gibt viele Möglichkeiten, Verbindungen zu kappen, vor allem jene zwischen den Schichten der Aura und dem Körper. Im obigen Beispiel will Peter seine Wut verdrängen und hat daher die Verbindung zwischen seiner emotionalen und seiner mentalen Schicht teilweise lahm gelegt. Daher fällt es ihm schwer, über sein Problem nachzudenken und gleichzeitig seine Gefühle auszudrücken.

Therapie ist nichts anderes als Hilfe beim Zusammenfügen getrennter Elemente. So verläuft auch die Heilung. Peter muss Denken und Fühlen wieder miteinander in Einklang bringen. Das setzt voraus, dass er beide Schichten der Aura auf der energetischen Ebene verbindet. Wie das geht, besprechen wir später.

Eva hat schwere chronische Nackenschmerzen. Der Therapeut legt ihr die Hände auf den Nacken, aber es geschieht nichts.

Da Eva an chronischen Beschwerden leidet, hat sie ein ungelöstes Problem. Wenn man die Hand unmittelbar auf eine verspannte Stelle legt, stechen die Finger sozusagen mitten in das Problem. Das ist viel zu drastisch! Wenn der Therapeut in der Aura an der Grenze des verspannten Gebietes arbeitet, kann er es wahrscheinlich beeinflussen und nach einiger Zeit vielleicht auch den Körper behandeln.

Laura ist hypersensibel. Wenn ihr jemand zu nahe kommt, kann sie kaum noch zwischen dem anderen und sich selbst unterscheiden. Darum hat sie die Angewohnheit entwickelt, sich allen Menschen in ihrer Nähe zu verschließen. Eine Behandlung der Aura dürfte daher erfolgreicher sein als eine Behandlung des Körpers.

Sandra wurde als Jugendliche sexuell missbraucht und fühlt sich unsicher, wenn jemand sie berührt. Eine Behandlung der Aura fällt ihr viel leichter.

Karla hat großen Kummer. Die Arbeit in der Aura stellt die Verbindung zur spirituellen Schicht wieder her, sodass Karla ihren Kummer anders erlebt.

Diese Beispiele nennen einige gute Gründe für die Arbeit in der Aura. Die folgende Übersicht fasst sie noch einmal zusammen:

- In der Aura können wir verschiedene Aspekte eines Problems miteinander verbinden.
- Wenn die Arbeit am Körper den Klienten zu stark mit seinem Problem konfrontiert, ist eine Arbeit in der Aura oft dennoch möglich.
- Empfindliche Menschen vertragen die Arbeit in der Aura besser.
- Wer missbraucht wurde, zieht sich zurück, wenn sein Körper berührt wird. Die Arbeit in der Aura ist dann eine Erleichterung.
- Die Arbeit in der Aura verbindet das Problem mit der spirituellen Schicht der Aura, sodass es viel weniger isoliert erfahren wird. Veränderungen sind dann eher möglich.
- Wird die Hand auf den Körper gelegt, schwelgt der Empfänger möglicherweise in diesem angenehmen Gefühl und verzichtet auf einen Teil seiner Verantwortung für die Behandlung. Bei der Arbeit in der Aura geschieht das viel seltener.

Die Aura wahrnehmen

Alex hat im Kreuz eine schwere chronische Blockade. Auf der körperlichen Ebene äußert sie sich als Muskelverkrampfung und Versteifung des Gelenks zwischen Kreuz- und Steißbein. Wenn man an dieser Stelle der Aura in beispielsweise zwei Meter Abstand langsam eine Hand zum Körper hin beweget, spürt man, dass die Aura dichter wird. Sie fühlt sich wie Watte an, manchmal auch kühler oder wärmer. Drückt man mit der Aura der Hand gegen diese Verdichtung, wird die eigene Aura etwas eingedellt. Das spürt man auch an der Aura der anderen Hand, die sich ein wenig ausdehnt.

Pumpen in der Aura

Manche Geber bewegen die Hand in der Aura wiederholt zum Körper hin, um Verdichtungen aufzuspüren. Sie führen die Hand immer wieder an derselben Stelle der Aura zum Körper. Wir nennen das „Energie pumpen". Die Energie wird zusammengedrückt wie eine Packung Watte. Wenn das auf einer Blockade geschieht, ist die Empfindung meist unangenehm, und mitunter werden die Beschwerden stärker. Es ist daher besser, nicht zu pumpen.

Eine Blockade in der Aura behandeln

In diesem Abschnitt besprechen wir Schritt für Schritt die Arbeit in der Aura, als würden wir jemanden behandeln. Zuerst stimmen wir uns auf das Problem ein und aktivieren einen inneren Wahrnehmungsfilter. Der Filter führt uns dorthin, wo eine Behandlung notwendig ist.

Die Aura ist voller Blockaden. Wir wollen jene Blockaden aufspüren, die etwas mit dem Problem zu tun haben. Es wäre sinnlos, alles wahrzunehmen, was der Klient ohnehin nicht ändern kann. Wir wollen wissen, wo Wachstum und Wandel möglich sind. Diese Abstimmung nennen wir Filter.

Manchmal hilft der innere Vorsatz, die Aura mit der Hand zu spüren. Manche Menschen nehmen die Aura sofort wahr, wenn sie eine Hand zum Körper bewegen, bei anderen ist der innere Entschluss der Auslöser.

Nun entscheiden wir, in welchem Abstand vom Körper wir mit dem Erfühlen beginnen.

Dabei können wir uns von der Intuition leiten lassen. Bisweilen ist es gut, etwas näher am Körper anzufangen, ein andermal arbeiten wir lieber in einigen Metern Entfernung, vor allem bei überempfindlichen Menschen. Überempfindlichkeit bedeutet, dass jemand die Aura und die höheren Schichten des Lichtkörpers fühlend wahrnimmt. Es kommt auch vor, dass wir nahe am Körper beginnen und später in größerem Abstand weitermachen.

Bewegen Sie die Hand ruhig hin zum Körper, und achten Sie auf dichtere Stellen.

Pumpen Sie nicht (siehe oben)! Man kann eine Verdichtung auf verschiedene Weise wahrnehmen. Wir haben bereits beschrieben, dass sie sich wie Watte anfühlt, dass sie kälter oder wärmer sein kann als der Rest der Aura und dass die Aura der anderen Hand sich nach außen wölbt. Manche können die Verdichtung im eigenen Energiekörper sehen, wissen oder fühlen.

Sobald Sie die erste Verdichtung spüren, brechen Sie die Bewegung ab. Es wäre falsch, gegen diese Stelle zu drücken – das kann so unangenehm sein, dass nichts mehr geschieht. Wenn Sie nur den Rand der Verdichtung berühren, entsteht nach einiger Zeit meist ein Energiestrom, und die Verdichtung löst sich auf. Sie spüren dann eine Leere. Die Blockade ist beseitigt.

Fließt die Energie nicht, haben Sie die Grenze vielleicht überschritten. Versuchen Sie es noch einmal in etwas größerer Entfernung vom Körper. Es kann auch helfen, die Absicht zu ändern. Am besten ist es, wenn die Absicht vom spirituellen Herzen ausgeht.

Wenn die erste Blockade aufgelöst ist, bewegen Sie die Hand weiter auf den Körper zu. Wahrscheinlich treffen Sie auf weitere Verdichtungen. Behandeln Sie diese nacheinander wie beschrieben.

Am Ende der Behandlung haben Sie die Aura einmal durchsucht. Jetzt können Sie vielleicht am Körper arbeiten. Ob das geht, sagt Ihnen die Intuition. Wenn Sie spüren, dass eine weitere Behandlung der Aura angezeigt ist, sollten Sie es tun. Es ist nämlich oft sinnvoll, die Aura mehrere Male zu prüfen – dabei entdecken Sie jedes Mal neue Blockaden; denn wenn Sie eine Schicht behandelt haben, kann sich die nächste melden. Bisweilen ist es dann günstig, aus einem viel größeren Abstand anzufangen.

Wenn die Arbeit in der Aura beendet ist, kann es von Nutzen sein, die Hände auf die verspannte Stelle des Körpers zu legen. Nach der Aurabehandlung lassen sich viele Klienten gern berühren, was vor allem bei chronischen Krankheiten kein Wunder ist. Chronisch sind die Beschwerden ja deshalb, weil der Klient nicht gesund werden konnte. Die Ursachen sind oft recht komplex, und sie spiegeln sich in der Aura wider, weil die Gedanken und Gefühle auch dort wohnen.

9.3.4 Besondere Handpositionen

Wer Reiki gibt, kann die Hände im Prinzip überall auflegen oder sie über den Körper halten. Allgemein kann man sagen, dass die Energie dorthin strömt, wo sie gebraucht wird. Dennoch ist das nicht immer die beste Methode. Stellen Sie sich vor, Sie wollen den Rahmen der Haustür streichen. Zu diesem Zweck hängen Sie sich hoch über dem Haus an einen Baum und spritzen Farbe nach unten. Das funktioniert, aber sehr zweckmäßig ist es nicht. Eine weitere Schwierigkeit liegt darin, dass die Energiekanäle, durch die das Reiki die „Problemgebiete" erreichen soll, bisweilen mehr oder weniger blockiert sind. Auch dann erreichen Sie Ihr Ziel nicht sonderlich gut, wenn Sie von irgendwo her den Körper behandeln. Darum versuchen viele Geber, Problemzonen gezielt zu „bestrahlen". Es gibt sehr viele Körperstellen, an denen man einen besonderen, direkten Einfluss auf Organe, Gefühle, Gedanken und so weiter ausüben kann. Im Englischen heißen diese Stellen *touch points*; im Deutschen nennen wir sie Handpositionen.

Der Sinn der Handpositionen

Organe, Gefühle und Gedanken kann man auf vielerlei Weise beeinflussen. Einige Wege, die wir kennen, wollen wir hier aufzählen (es gibt zweifellos noch mehr):

- Die sieben Hauptchakren und die Nebenchakren haben einen enormen Einfluss auf den ganzen Menschen: auf den Körper, die Gedanken, die Gefühle und so weiter. Man kann die Chakren hinten oder vorn am Körper behandeln.
- Reflexzonen sind Körperstellen, die mit anderen Stellen verbunden sind. Wenn wir eine Reflexzone behandeln, wirken wir auch auf das mit ihr verbundene Gebiet ein. Am bekanntesten ist die Reflexzonentherapie an den Füßen. Jeder Teil des Körpers spiegelt sich auf den Füßen wider und lässt sich dort auch behandeln. Das Gleiche gilt für Ohren, Hände, Nase, Penis, Anus und Augen.

- Die genannten Reflexzonen sind alle klein. Es gibt auch viel größere Reflexzonen. Eine davon ist das Unterhautbindegewebe des Rückens. Die Bindegewebsmassage nutzt diesen Umstand.
- Die Organe werden durch die Meridiane mit Energie versorgt. Auf diesen Meridianen liegen viele Punkte, durch die wir den Körper und die Gefühle beeinflussen können. Akupunkteure stecken Nadeln in diese Punkte, aber man kann sie auch mit den Fingerspitzen drücken (Akupressur), um die Energieversorgung der Organe zu harmonisieren. Meridiane können auch *touch points* sein.
- Beim *Touch for Health* (Kinesiologie) nutzt man bestimmte Punkte, um die Muskeln ins Gleichgewicht zu bringen. Die Muskeln sind nämlich mit den Meridianen verbunden und diese mit den Organen. Jedes Organ hat im physischen Körper und im Gefühlsleben seine eigene Aufgabe.

Diese Aufzählung verdeutlicht auch, warum verschiedene Autoren, die über Reiki schreiben, unterschiedliche *touch points* besprechen. Die Möglichkeiten sind schier endlos.

Unsere Handpositionen
Nachfolgend besprechen wir einige Handpositionen von besonderem Wert. Es sind zum Teil Positionen im oben beschriebenen Sinne, zum Teil auch Positionen der traditionellen Therapie. Wir erklären auch, worauf die Positionen Einfluss haben. Sie alle sind für uns besonders wichtig, weil wir sie als Masseure, körpergerichtete Therapeuten, Kinesiologen und Heiler ausprobiert haben.

Hände auf der Stirn und am Hinterkopf
Wenn Sie die Hände irgendwo auf den Kopf legen, stimulieren Sie den darunter liegenden Teil des Gehirns. Wenn Sie die Hand auf die Stirn legen, aktivieren Sie den Bereich, in dem der Mensch Probleme löst. Auf dem Hinterkopf (über der Mitte und knapp oberhalb der Basis des Gehirns) stimuliert die Hand die visuelle Erinnerung (Stokes 1992). Sie können das bewusste Denken mit der visuellen Erinnerung verbinden, indem Sie eine Hand auf die Stirn und die andere auf den Hinterkopf legen. Das Besondere ist, dass beide Bereiche ohne Gefühls-

beteiligung arbeiten. Das bedeutet, dass alle Gefühle, die an Bildern oder bestimmten Situationen haften, nicht am Problemlösen beteiligt sind. Auf diese Weise kann man ganz sachlich Lösungen für Probleme suchen, die ansonsten gefühlsbeladen wären. Darum ist diese doppelte Handposition sehr beruhigend. Sie ermöglicht gute Lösungen vor allem dann, wenn jemand in intensive Gefühle verstrickt ist. Bei akutem emotionalen Stress ist diese Position ebenfalls eine gute erste Hilfe. Während man normalerweise von Gefühlen geblendet wird, gewinnt man Abstand und findet einen Ausweg. Es geht hier aber nicht darum, sich Lösungen aktiv auszudenken.

Hände an beiden Seiten des Kopfes
In dieser Position bestrahlen Sie die linke und die rechte Hirnhälfte.

Hand/Hände an der Schädelbasis
Um den Wert dieser Position zu verstehen, müssen wir einiges über das Gehirn wissen. Man unterscheidet zwei Hauptnervensysteme. Das eine steuert alle bewussten Funktionen, das andere die unbewussten. Letzteres wird autonomes oder vegetatives Nervensystem genannt und besteht aus dem Sympathikus und dem Parasympathikus. Der Sympathikus beschleunigt eine Funktion, während der Parasympathikus sie hemmt. Da wir in unserer Gesellschaft ständig leistungsbereit und aktiv sein müssen, wird der Sympathikus stark beansprucht, und es entsteht ein Ungleichgewicht zwischen Sympathikus und Parasympathikus. Wir werden verspannt und manchmal sogar überspannt.
Der Parasympathikus tritt im oberen Teil des Halses und im Kreuzbein aus dem Rückenmark hervor und verzweigt sich im ganzen Körper. In unserer überaktiven Welt sind diese beiden Körperstellen bei vielen Menschen verspannt, und das hat zahlreiche Folgen für den Körper, die Gefühle, das Denken und den Hormonhaushalt. Legt man eine heilende Hand auf die obere Hälfte des Nackens und die andere auf das Kreuzbein, kommen die beiden vegetativen Nerven wieder ins Gleichgewicht. Darum ist diese Position für gestresste Menschen von großem Wert. Sie hilft aber auch bei Kopfschmerzen. Der Gallenmeridian macht nämlich genau an der Schädelbasis einen sehr scharfen Knick, sodass sich dort Energie stauen und Schmerzen auslösen kann. Einen ähnlichen Knick macht dieser Meridian an den Schläfen. Dar-

um legen wir zur Behandlung von Kopfschmerzen eine Hand auf die Schläfen und die andere auf den Nacken unter die Schädelbasis. Kopfschmerzen können allerdings viele Ursachen haben, und gestaute Gallenenergie ist nur eine davon. Mit dieser Handposition erreicht man auch zwei Punkte am Hinterkopf, die mit den Augen verbunden sind. Augenbeschwerden lassen sich dadurch spürbar lindern.

Hände am Hals
Das Kehlchakra ist mit dem vertikalen Energiestrom verbunden. Wenn ein Mensch starke Gefühle unterdrückt, verkrampft dieses Chakra. In der Aura staut sich Energie, und die Halsmuskeln verspannen sich. Chronische Kopfschmerzen können die Folge sein. Eine Behandlung des Nackens kann hier helfen; aber wir müssen uns darüber im Klaren sein, dass unterdrückte Gefühle oft ein tiefer reichendes Problem sind, das sich nicht allein mit Reiki lösen lässt. Am besten behandelt man die Haut und die Aura des Halses und massiert die Nackenmuskeln und die Schädelbasis.

Hände auf den Schultern
Wenn wir zu viel schultern müssen, verspannen sich die Schultern. Das ist neben Vitamin-B$_{12}$-Mangel eine der häufigsten Ursachen für Schulterschmerzen.

Hände zwischen den Schulterblättern
Das Herzchakra befindet sich in gleicher Höhe wie der Punkt zwischen den Schulterblättern. Genau dort haben viele Menschen Schmerzen, wenn sie an Liebeskummer leiden. Oft verhärten sich dann auch die langen Rückenmuskeln an dieser Stelle.

Hände auf den Nieren
Die Nieren leiten Giftstoffe mit dem Urin aus dem Körper. Wenn sie nicht einwandfrei arbeiten, sammeln sich die Gifte im Körper an. Die Folge sind ausstrahlende Rückenschmerzen am unteren Rand des Brustkorbs. Werden die Schlacken nicht beseitigt, ändert sich auch das Gefühlsleben: Wir sind reizbar, aufbrausend, wütend, müde und unkonzentriert. Außerdem sind die Nieren eine der Quellen für sexuelle Energie. Die Nieren regulieren auch die Angstenergie. Wer oft Angst hat, verbraucht daher viel Nierenenergie, und wenn die Nieren nicht mehr

richtig arbeiten, ist der Umgang mit Ängsten viel schwieriger. Die Nieren versorgen ferner die Ohren mit Energie. Ohrenbeschwerden können daher auf einen Mangel an Nierenenergie zurückzuführen sein.
Wer mit Reiki behandelt wurde, macht oft eine Entschlackung durch, denn dort, wo der Körper verkrampft war, haben sich Giftstoffe angesammelt. Sie werden freigesetzt, sobald die Verspannung beseitigt ist. Es ist ratsam, reichlich Wasser zu trinken, damit die Nieren die Schlacken ausschwemmen können. Wenn die Nieren mit dieser Aufgabe anfangs überfordert sind, treten Symptome wie Müdigkeit, Reizbarkeit und Schmerzen in der Nierengegend auf. Wir kräftigen die Nieren mit Reiki und unterstützen dadurch ihre Arbeit. Sollten die Nierenbeschwerden länger als einige Tage anhalten, ist ein Besuch beim Therapeuten zu empfehlen. Die Naturheilkunde kennt viele Methoden, um die Nieren zu stärken.
Wenn der Körper viele Medikamente, Narkotika und chemotherapeutische Mittel verkraften muss, ist es ebenfalls sinnvoll, die Nieren und die Leber zu unterstützen. Eine Zusammenarbeit zwischen alternativer und konventioneller Heilkunde kommt dem Klienten auch hier zugute.

Hände auf der Wirbelsäule in Nabelhöhe
Hier ist der Solarplexus mit dem senkrechten Energiekanal verbunden. Chronische Verspannungen im Solarplexus äußern sich als Krämpfe der langen Rückenmuskeln und als Blockaden im vertikalen Energiestrom.

Hände auf dem Kreuzbein und dem Steißbein
Hier kommt der Parasympathikus aus dem Rückenmark. Deshalb können wir zahlreiche körperliche Funktionen unterstützen, wenn wir den unteren Rücken behandeln. Das Gebiet des Kreuzbeins ist energetisch mit den weiblichen Geschlechtsorganen verbunden. Darum haben manche Frauen während der Menstruation Kreuzschmerzen. Außerdem ist der Blasenmeridian hier an zwei Stellen stark gekrümmt. Stauungen in diesem Bereich stören die Blasenfunktion. Das Gelenk zwischen Kreuz- und Steißbein ist ebenfalls in dieser Region zu finden. Wer Wut oder sexuelle Bedürfnisse unterdrückt, muss daher an dieser Stelle mit Blockaden und steifem Kreuz rechnen.
Am Steißbein strahlt das Wurzelchakra aus dem Körper hinaus. Wenn ein Mensch schlecht geerdet ist, kommt es hier zu Blockaden, und der

Betroffene ist kein Teil von Himmel und Erde mehr. Verschiedene Funktionen, die für das Leben auf der Erde benötigt werden, sind dann gestört. Ist der Steiß verspannt, strömen die Körpersäfte im Rückgrat schlechter, was weitreichende Folgen für die Psyche hat.

Hände in den Mulden der Gesäßbacken
Hier begegnen sich der Leber- und der Blasenmeridian. Menschen, die ihr Leben immer im Griff haben wollen, verbrauchen eine Menge Blasenenergie. Das Leber-Gallen-System steuert die Wut. Dort, wo die beiden Meridiane zusammentreffen, kann das Energiesystem die Wut regulieren. Wird die Wut jedoch im Becken unterdrückt, kommt es zu Verspannungen. Ischias ist eine der möglichen Folgen.

Hände auf den Hüftknochen
Wenn wir den Hüftknochen an den beiden höchsten Punkten Energie geben, vermitteln wir dem Empfänger ein Gefühl der Kraft. Er ist er selbst. Er steht fest auf dem Boden.

Hände in den Kniekehlen
Die Kniechakran strahlen in den Kniekehlen nach außen. Auch hier kann die Erdung des senkrechten Energiestroms blockiert sein. Wir brauchen die Kniechakran, um uns durchzusetzen und um anpassungsfähig zu sein.

Hände unter den Füßen
Die Füße enthalten Reflexzonen aller Organe. Durch die Reflexzonen kann man die Organe beeinflussen. Wenn bestimmte Reflexzonen verkrampft sind, ist die Entfernung der hemmenden Energie mitunter wichtiger als eine Energiegabe. Auch hier kann die Arbeit in der Aura sinnvoll sein.
Die Füße sind oft kalt. Das kann daran liegen, dass wir uns nicht erden wollen. In diesem Fall stellt man fest, wo die Kälte beginnt – an den Knöcheln oder weiter oben an der Wade. Dort, wo sie beginnt, fängt man auch mit der Behandlung an. Manchmal muss man mit Symbolen arbeiten, wie sie im Kurs Reiki 2 gelernt werden, um die Energie in Bewegung zu versetzen.

Hände auf den Augen
Die Augen sind besondere Körperstellen. Sie registrieren alles, was wir sehen, und können ausdrücken, was wir innerlich erleben. Beide Fähig-

keiten sind sehr stressanfällig, denn manches wollen wir nicht sehen, und manche Gefühle wollen wir nicht ausdrücken. Aber wir besitzen auch ein drittes Auge – das Energiezentrum zwischen den Augenbrauen –, mit dem wir innerlich wahrnehmen. Wenn wir nicht sehen wollen, was sich in unserem Inneren abspielt, entsteht ein Energiestau im Dritten Auge, der sich auch auf die physischen Augen auswirkt. Eine plötzliche und unerklärliche Sehschwäche hat oft etwas mit Blockaden im Dritten Auge zu tun, und die Heilung des Dritten Auges durch Reiki, bei Bedarf in Kombination mit Symbolen wie Hon Sha Ze Sho Nen, stellt das Sehvermögen dann rasch wieder her. Je länger die Blockade anhält, desto länger und schwieriger ist die Heilung der körperlichen Augen.

Wenn wir durch die Augen nicht ausdrücken wollen, was wir innerlich erleben, stehen die Augenmuskeln, der Augapfel und der Hinterkopf unter großem Stress. Reiki bringt dann Linderung, aber wahre Heilung ist nur möglich, wenn wir die Ursache der Gefühlsverdrängung aufdecken. Diese hat oft karmische Gründe. Das Symbol Hon Sha Ze Sho Nen ist ebenfalls hilfreich. Wir legen außerdem die Hände auf den Magen, die Nieren und die Leber, ziehen die kranke Energie mit den Händen heraus und leiten sie in die Erde. Dann bitten wir Lichtwesen um Heilung. Diese stellen sich in großer Zahl ein, wenn jemand mit Reiki heilt.

Hände auf dem Kiefer

Peter ist wütend. Er presst die Kiefer zusammen und knirscht nachts mit den Zähnen.

Mit den Kiefern können wir beißen, zerreißen, schreien und schimpfen. Allerdings zerreißen oder beißen wir schon lange niemanden mehr. Wenn wir unsere Wut nicht ausdrücken oder schlecht transformieren, müssen wir auch diesen Impuls der Kiefer unterdrücken. Wer in den Kiefern chronisch verspannt ist, hat dicke Kiefermuskeln, die manchmal gut sichtbar sind. Man kann Spannungen in diesem Gebiet lösen, sollte aber auch deren tiefere Ursachen beseitigen.

Zähne

Die Zähne sind energetisch mit Organen verbunden. Stress in den Organen führt zu Stress in den Zähnen. Zahnschmerzen und sogar chronische Entzündungen sind oft sehr gut heilbar, selbst wenn sie auf eine konventionelle Behandlung wenig ansprechen. Wenn ein Heiler an Zahnfleischentzündungen arbeitet, muss sich natürlich ein Zahnarzt um die körperlichen Defekte kümmern.

Meist legen wir die Hände nicht unmittelbar auf eine Entzündung, sondern behandeln sie aus einem gewissen Abstand (bei Zähnen etwa 30 cm). Man kann eine Zahnbehandlung gut mit Zahnfleisch- und Gaumenmassagen verbinden, allein oder mit Hilfe des Partners.

Hände auf dem Kehlchakra
Das Kehlchakra steuert das Äußern von Gefühlen durch die Stimme und die Kommunikation. Es ist mit der Schilddrüse verbunden. Viele Menschen sind hier verspannt, weil sie sich nicht trauen, sie selbst zu sein. Darum äußern sie sich nicht.

Hände auf der Thymusdrüse
Für die Schulmedizin verliert die Thymusdrüse schnell an Bedeutung, wenn ein Mensch älter wird. In der alternativen Heilkunde spielt sie eine wichtige Rolle bei der Organisation des Widerstands gegen eingedrungene Krankheitskeime. Die Kinesiologen haben eine spezielle Technik, um die Thymusdrüse zu aktivieren: Sie trommeln sanft auf die Drüse, am besten einige Male am Tag. Wahrscheinlich geht es dabei eher um die feinstofflichen Muskeln als um die körperlichen; aber deshalb ist eine Behandlung nicht weniger wichtig.

Hände auf dem Herzchakra
Das Herzchakra ist für jeden Menschen sehr wichtig, denn es steuert die Liebe, die größte Kraft, die uns auf der Erde zur Verfügung steht, um uns selbst zu heilen und andere an uns zu binden. Keine Kraft ist größer, und keine löst heftigere Gefühle aus. Lieblosigkeit ist für einen Menschen ein großes Drama, dessen Narben auf jeder Ebene zurückbleiben. Darum ist die Behandlung des Herzchakras bei Reiki sehr wichtig.

Dabei muss der Geber sehr umsichtig vorgehen. Im unserer Kultur berührt ein Mann die Brüste einer Frau während einer Behandlung nicht. Manchmal ist es jedoch möglich, die Hände zwischen die Brüste zu legen. Es ist immer gut und auch notwendig, eine Klientin zu fragen, ob sie sich dabei wohl fühlt. Denken Sie daran, dass man das Herzchakra auch recht gut über der Haut behandeln kann. Eine andere Möglichkeit besteht darin, dass die Klientin selbst eine Hand auf das Herzchakra legt und der Therapeut ihre andere Hand hält. So wird häufig der Energiestrom vom Herzen durch die Arme in die Hände geleitet, und die Schmerzen im Herzen lösen sich.

Hände auf dem Zwerchfell

Der Rumpf des Körpers besteht im Wesentlichen aus zwei Höhlen, die Organe enthalten. Die obere Höhle nennen wir Brustkorb, die untere Bauch. Das Zwerchfell trennt beide Höhlen. Bei der Bauchatmung senkt es sich während der Einatmung. Dadurch entsteht ein Vakuum in den Lungen, sodass Luft einströmt. Das Zwerchfell ermöglicht es dem Körper, den Energiestrom von einer Höhle zur anderen zu blockieren. Dann wird das Zwerchfell starr. Auf der körperlichen Ebene ist das gleichzeitige Einatmen mit dem Brustkorb und mit dem Bauch eine gute Methode, um diese Blockade zu beheben. Auf der feinstofflichen Ebene kann man diese Technik sehr gut mit einer heilenden Energiegabe verbinden. Prüfen Sie, wo die Atmung blockiert ist, und behandeln Sie dort.

Hände auf dem Solarplexus

Der Solarplexus ist das Chakra des Ichs, im positiven wie im negativen Sinne des Wortes. Wer ein gesundes Ich hat, glaubt an sich selbst und kann sich auf frische, ehrliche Manier selbst behaupten. Die Ich-Kraft ermöglicht es der Seele, auf der Erde auszudrücken, was sie ausdrücken will. Das gesunde Ich nimmt den Willen der Seele wahr und schafft dafür die Voraussetzungen, ungeachtet der vielen Widerstände durch andere.

Die Heilung des Solarplexus ist insofern eine heilige Aufgabe, als sie dem Menschen hilft, seine Göttlichkeit auf der Erde zu verwirklichen. Ohne Ich können wir nicht erreichen, was uns bestimmt ist. Die Behandlung beeinflusst auch jene Organe, die das Sonnengeflecht steuert, unter anderem Leber, Gallenblase, Magen und Bauchspeicheldrüse.

Hände zwischen Nabel und Schambein

Zwischen dem Nabel und dem Schambein strahlt das zweite Chakra in die Aura, das Chakra der Vitalität und der Lebenslust. Der wahre Lebenskünstler strömt hier geradezu über. Wer das nicht tut, macht oft einen etwas vertrockneten Eindruck. Dies ist auch das Gebiet der

Lebenssäfte. Der lebendige Mensch bildet alle diese Säfte in reichlichem Maße, und wenn sie abebben, erstarrt die Sexualität. Die volle Sexualität atmet tief im spirituellen Körper und öffnet dadurch eine unerschöpfliche Energiequelle. Die verkrampfte Sexualität, die nicht im Herzen erlebt wird, führt dazu, dass dieser Bereich schrumpft, auch wenn das paradox klingen mag. Die Heilung des zweiten Chakras gewinnt ihre wahre Bedeutung durch die Verbindung dieses Chakras mit dem Herzen und der Seele. Wir stellen sie her, indem wir eine Hand auf das Herzchakra und die andere auf das zweite Chakra legen oder, wenn gewünscht, die Hände etwas über diese Chakren halten.

Hände auf dem rechten Unterbauch
Im rechten Unterbauch befindet sich der Übergang zwischen Dünndarm und Dickdarm. Der Speisebrei fließt dort durch eine Klappe in den Dickdarm. Dieser Strom durch den Darm ist zugleich ein emotionaler Energiestrom. Krämpfe in diesem Körperteil unterbrechen den Energiestrom; sie sind als Schmerzen im rechten Unterbauch zu spüren. Einige Zentimeter von dieser Darmklappe entfernt befindet sich der Blinddarm. Schmerzen im rechten Unterbauch können auch die Folge einer Blinddarmentzündung zu sein. Dieses Beispiel zeigt, wie wichtig es ist, sich bei körperlichen Beschwerden immer auch an einen Arzt oder Heilpraktiker zu wenden.

9.4 Selbstbehandlung mit Reiki

Es hat viele Vorteile, wenn wir uns selbst regelmäßig mit Reiki behandeln:

- Das Energiesystem wird vitalisiert, sodass der Körper sich besser heilen kann.
- Der Körper wird entgiftet, was sich positiv auf die Gesundheit, die Selbstregulation, die Genesung, die Vitalität und die emotionale und mentale Frische auswirkt.
- Die heilende Energie beeinflusst nicht nur den physischen Körper, sondern auch alle anderen. Sie wirkt also auf die Gedanken und Gefühle ein. Emotionale und mentale Verspannungen kön-

nen dadurch nachlassen oder sogar verschwinden. Davon profitieren alle Aspekte des Menschen.
- Ein vitaler Körper wird nicht so leicht krank. Reiki dient also auch der Vorbeugung.
- Die Arbeit mit heilender Energie fördert oft auch die Entwicklung der Intuition, manchmal auch der Hellsichtigkeit.
- Der Kontakt mit heilender Energie ist für manche Menschen wie das Lüften eines Schleiers zwischen Himmel und Erde. Die Reikigabe hilft uns, einen Sinn im Leben zu finden.
- Wenn wir uns selbst mit Reiki behandeln, fällt es uns leichter, die Verantwortung für unser Wohlbefinden zu übernehmen. Die Behandlung ist somit eine positive Reaktion auf das traditionelle Verhältnis zwischen Arzt und Klient.

Wir geben uns selbst Reiki, indem wir die Hände auf den Körper legen oder in die Aura halten. Dort, wo wir heilende Energie aufnehmen, fließt diese durch die Hände in den Körper. Man kann sich auf behandlungsbedürftige Körperteile beschränken oder den gesamten Körper behandeln. Unsere Handpositionen haben wir ausführlich im Abschnitt „Besondere Handpositionen" in diesem Kapitel beschrieben.

Selbstbehandlung durch Visualisieren

Es ist nicht immer notwendig, sich mit den Händen zu behandeln. Auch das Visualisieren wirkt bei vielen Menschen ausgezeichnet.

Übung 11: Sich selbst durch Visualisieren Reiki geben

1. Schaffen Sie Raum und Zeit für sich selbst.
2. Öffnen Sie sich dem Reikistrom, zum Beispiel indem Sie dafür dankbar sind.
3. Stellen Sie sich vor, dass der Reikistrom durch Sie hindurch in die Erde fließt.
4. Stellen Sie sich vor, dass dieser Strom immer breiter wird, bis er den ganzen Körper einhüllt.
5. Stellen Sie sich vor, dass dieser Strom noch breiter wird und auch die Aura einhüllt.
6. Schließlich wird der Strom noch größer und umhüllt auch den Lichtkörper.

Abwandlungen:
1. Leiten Sie die Energie unmittelbar in das verspannte Gebiet und in dessen Aura.
2. Konzentrieren Sie sich auf das Problem, an dem Sie arbeiten. Leiten Sie den Reikistrom dorthin, wo Sie am Problem am besten arbeiten können.

9.5 Reiki und Massage

Ein Masseur sollte wissen, was während einer Massage auf der energetischen Ebene geschieht. Wenn wir den physischen Körper massieren, wird energetische Ladung in großer Menge freigesetzt. Viele Masseure nehmen diese Energie auf, leiten sie aber nicht immer in die Erde. Wer fremde Energie bei sich behält, kontaminiert seine eigene Energie und fühlt sich nach der Arbeit müde oder unsauber. Das kann vor allem bei Masseuren, die viele Klienten behandeln, ernste Beschwerden und sogar schwere Erschöpfung auslösen. Wer mit diesem Problem nicht fertig wird, sollte nur halbtags arbeiten oder den Beruf wechseln.

Wer Heiler werden will, muss den energetischen Kanal entwickeln. Durch diesen Kanal kann auch ein Masseur die Energie abführen, die er von seinen Klienten aufnimmt. Die Reiki-Initiation trägt dazu bei. Wenn der Reikigeber massiert, strömt Energie durch seine Hände in den Klienten. Die Ableitung negativer Energie wird dadurch aktiviert. Einerseits findet also eine Reinigung statt, andererseits wird frische Energie zugeführt. Das geschieht im Grunde immer, sofern der Kanal des Gebers ausreichend geöffnet und der Empfänger aufnahmebereit ist.

Der Therapeut kann aber auch einen Klienten behandeln, der keine Energie aufnehmen will. Seine Intuition führt ihn dann an die richtige Stelle, also dorthin, wo das Behandlungsziel erreicht werden kann. Wer in Reiki 2 initiiert ist, kann solche Blockaden auch gut mit Symbolen behandeln. Die Wahl der Symbole richtet sich nach der Funktion der Beschwerden!

Manchmal lassen sich Verspannungen durch Massieren nicht lösen. Dann ist es sinnvoll, in der Aura nach dichten Stellen zu suchen und diese zu behandeln. Danach ist die physische Verspannung oft besser zugänglich, und mitunter lösen Muskelverspannungen sich derart leicht, dass man an ein kleines Wunder glauben möchte.

9.6 Reiki und Körperarbeit

Seit vielen Jahren führen wir als körperorientierte Therapeuten eine Ganztagspraxis. Derzeit arbeiten wir hauptsächlich mit heilender Energie. Körperorientierte Therapien eignen sich dafür, Gefühle zu befreien, die sich im Körper festgesetzt haben. Dabei kann man Reiki gut mit körperorientierten Methoden verbinden, wie die folgenden Beispiele zeigen.

Wir heilen Karl, aber wir spüren, dass wir nicht zum Kern des Problems vordringen. Karl unterdrückt unbewusst seine Wut, und er hat darin große Erfahrung. Während des Heilens bitten wir Karl, mit einem Fuß auf den Boden zu stampfen – eine klassische Methode der Körperarbeit. Karl zögert, aber wir ermutigen ihn, und er macht mit. So kann er etwas später Kontakt mit seiner Wut aufnehmen, und es kommt zu einer tiefen Heilung. Da Karl den Mut hatte, seine Wut zu empfinden, kann die Energie wieder strömen. Die energetische Behandlung reinigt den emotionalen Körper, und beide Therapien können einander ergänzen.

Auch bei Helen kommen wir nicht weiter. Unbewusst weiß sie, dass eine Heilung Gefühle befreien würde, die sie bisher verdrängt hat. Wir bitten Helen, gleichzeitig in die Brust und in den Bauch zu atmen. Das fällt ihr nicht leicht, und sie braucht einige Anleitung. Einige Minuten später nimmt sie Kontakt mit ihrem tief sitzenden Groll auf. Jetzt kann die heilende Energie reichlich fließen. Auch hier zeigt sich, dass die Heilung allein nicht genügte, um den Prozess in Gang zu bringen. Erst die Kombination mit der Körperarbeit führte zum Erfolg.

Diese Behandlungsstrategie sollte jedoch erfahrenen und fachkundigen Therapeuten vorbehalten sein. Die Anwendung dieser Strategie ist eine bewusste Entscheidung. Die emotionale Aura wird gereinigt, und der Klient fühlt sich wieder wohl in seiner Haut. Man kann mit Reiki auch den spirituellen Körper öffnen, reinigen und stärken. Das Ziel ist hier aber ein ganz anderes, nämlich die Begegnung mit Gott. Gefühle haben dann eine völlig andere Bedeutung. Es ist durchaus möglich, Gefühle von der spirituellen Schicht aus zu transzendieren, sodass sie einen anderen Charakter annehmen. Dies ist keine Körperarbeit mehr, sondern eine existenzielle Therapie.

9.7 Wenn Gefühle befreit werden

Wer mit Reiki an der emotionalen Aura arbeitet, kann Gefühle freisetzen, die bisweilen sehr stark sind. Bei der Arbeit an der spirituellen Schicht öffnet die Blüte sich dagegen für Gott, und heftige Gefühle treten viel seltener auf. Jeder Reikigeber kann sich hier frei entscheiden. Nachfolgend geben wir einige Tipps zur Arbeit an der emotionalen Aura.

Zuwendung und Sicherheit
Wenn Gefühle freigesetzt werden, kann das eine willkommene Erfahrung sein. Oft handelt es sich um tiefe, alte Schmerzen, die lange verdrängt wurden. Jetzt braucht der Klient Zuwendung und Sicherheit. Der Therapeut versichert ihm aus innerer Überzeugung, dass diese Gefühle ihren Platz haben. Das kann auch ohne Worte geschehen, aber manchmal hilft ein kurzer Satz wie: „Ihre Gefühle sind ganz in Ordnung." Bei einem anderen Klienten kann dieser Satz verkehrt sein – das muss der Therapeut einschätzen können.

Marco ist offensichtlich bemüht, seine Tränen zu unterdrücken. Er ist nicht daran gewöhnt zu weinen. „Es ist gut, wenn du weinst, Marco", versichere ich ihm. Die lange verdrängte Trauer über den Tod der Mutter wird endlich befreit. Es ist eine Erlösung!

Ein Gefühl der Sicherheit entsteht vor allem dann, wenn der Therapeut akzeptiert, dass der Klient Gefühle hat. Wenn er völlig entspannt ist, vermittelt er dem Klienten die Sicherheit, dass die Welt sich weiter dreht, selbst wenn er heftige Gefühle erlebt. Diese innere Ruhe ist im spirituellen Herzen zu finden. Wenn der Klient dort ruht, kann er seine Emotionen bewältigen.

Die Stirn-Hinterkopf-Position

Oben haben wir bereits erwähnt, dass diese Position bei heftigen Gefühlen nützlich ist, vor allem bei Gefühlen, in die der Klient verstrickt ist oder war und dementsprechend gehandelt hat. Wer auf akuten Stress reagiert, will eher sein Überleben sichern als gute Lösungen suchen. Diese Position hilft, sich unbelastet von Gefühlen neue und bessere Lösungen auszudenken.

Gefühlsäußerungen als Flucht

Manchmal äußert ein Mensch bestimmte Gefühle immer wieder und kommt trotzdem nicht weiter. Das kann verschiedene Ursachen haben. Es kommt vor, dass der Klient seine Gefühle nicht wirklich erlebt, sondern ein emotionales Verhalten (das recht eindrucksvoll sein kann) nur imitiert. Andere spielen bewusst ein Spiel mit sich selbst und dem Therapeuten. Sie wollen sich und ihm einreden, dass sie hart an sich arbeiten, und ziehen dafür eine Show ab. Sie wissen genau, was sie tun: das wahre Problem vertuschen. Wiederholtes Äußern von Gefühlen kann auch ein Zeichen dafür sein, dass der Klient die Verantwortung für eine Situation ablehnt und sich lieber als Opfer sieht. Dadurch wird er aber nicht stärker und fühlt sich auch nicht wohl. In solchen Fällen ist es viel besser, das Äußern von Gefühlen nicht mitleidig zu unterstützen, sondern offen und klar mit dem Klienten zu reden.

Gefühlsäußerungen können auch eine wirksame Methode sein, nichts fühlen zu müssen. Wer seine Gefühle dramatisch ausdrückt, spürt sie viel weniger als jemand, der still darüber nachdenkt. Wer zu viel hinauswirft, muss also mehr nach innen gehen und still werden.

9.8 Die Möglichkeiten des Reiki

Reiki ist eine Art Rizinusöl und vielseitig anwendbar. Dazu einige Beispiele:

Brandwunden
Brandwunden behandelt man am besten sofort. Im Wundbereich stockt der Energiestrom, und man setzt ihn wieder in Gang, indem man die behandelnde Hand von der Wunde weg bewegt, natürlich ohne sie zu berühren. Wiederholen Sie diese Bewegung zehnmal oder so lange, bis der Betroffene eine Wirkung spürt. Behandeln Sie dann mit Reiki. Das können Sie auch tun, während der Klient die Wunde unter laufendes Wasser hält. Wechseln Sie etwa zehn Minuten lang zwischen dem Ankurbeln des Energiestroms und der Reikibehandlung hin und her. Anfangs kann die Wunde während der Behandlung stärker schmerzen, aber hinterher sind die Schmerzen oft verschwunden. Wird die Brandwunde sofort behandelt, entsteht auch seltener eine Blase. Wiederholen Sie die Behandlung in den ersten Tagen mehrere Male.

Blutungen und Prellungen
Diese behandelt man wie Brandwunden, damit die Blutung schneller aufhört und die Wunde schneller heilt. Man kann auch Salben mit Reiki bestrahlen.

Schmerzen
Jeder Körperteil hat seine feinstoffliche Entsprechung. Wir haben also eine feinstoffliche Leber, einen feinstofflichen Blutkreislauf, feinstoffliche Nerven und so weiter. Der energetische Körper steuert den physischen. Verspannungen und Schäden im feinstofflichen Körper können als Schmerzen empfunden werden. Wird der feinstoffliche Körper mit Reiki behandelt, lösen sich die Verspannungen, und die Schmerzen lassen nach oder verschwinden. Bestrahlen Sie bewusst nicht nur die schmerzende Stelle des physischen Körpers, sondern auch die energetische Entsprechung. Arbeiten Sie auch in der Aura oberhalb der schmerzenden Stelle. Bewegen Sie die Hand langsam von dieser Stelle weg nach außen, in die Aura hinein. Wenn die Hand prickelt oder warm oder kalt wird oder wenn Sie spüren, dass die Aura dichter wird, halten Sie

die Hand so lange ruhig, bis die Empfindungen sich legen. Untersuchen Sie die Aura der schmerzenden Stelle so lange, bis die Hand nichts mehr spürt. Wenn Sie solche Empfindungen noch nicht wahrnehmen können, bewegen Sie die Hand von der schmerzenden Stelle nach außen und halten sie etwa in fünf Zentimeter Höhe eine Minute still.

Speisen und Getränke bestrahlen

Die Bestandteile der Nahrung werden zu einem Teil unseres physischen Körpers. Die Lebenskraft (Chi) im Essen ernährt den feinstofflichen Körper. Nahrungsmittel, die nicht biologisch angebaut wurden, haben sehr wenig oder gar keinen energetischen Wert. Langes Kochen zerstört Lebenskraft ebenso wie der Mikrowellenherd. Wenn Sie Speisen und Getränke – auch reines Wasser – vor dem Verzehr mit Reiki bestrahlen, geben Sie ihnen Lebenskraft.

Blumen bestrahlen

Blumen halten länger, wenn Sie das Wasser, in dem sie stehen, mit Reiki bestrahlen.

Müdigkeit

Wenn jemand müde oder erschöpft ist, wirkt eine allgemeine Behandlung erfrischend. Arbeiten Sie vor allem mit dem Bauch (Nabelbereich) und dem Steiß.

Stärkung

Wer regelmäßig mit Reiki behandelt wird, hat einen stärkeren Energiekörper und daher auch stärkere Organe. So kann man jemanden beispielsweise auf einen Krankenhausaufenthalt vorbereiten. Auch nach einer Operation sollte man die Wunde regelmäßig behandeln, damit sie schneller heilt. Frisch Operierte wollen oft nicht an die Wunde denken, und darum staut sich dort die Energie. Für die Genesung ist es jedoch wichtig, das operierte Gebiet nach und nach „in Besitz zu nehmen". Arbeiten Sie daran zuerst in der Aura, später mit den Händen auf der Haut, sofern der Klient einverstanden ist. Die Berührung kann nämlich als unangenehm empfunden werden. Lassen Sie Herzenergie durch die Hand fließen, und fordern Sie den Klienten auf, diese Hand von innen her zu spüren, damit er mit der Wunde in Kontakt kommt. Dieser Prozess kann lange – Monate oder gar Jahre – dauern.

Die Wundbehandlung fördert auch die Heilung der Haut, weil sie die Narbe geschmeidiger macht und eine Narbenbildung verringert. Dadurch bildet sich weniger häufig ein Störfeld. Wenn eine Narbe zum Störfeld wird, kann die Energie – etwa die der Meridiane – nicht mehr ungehindert fließen. Berüchtigt sind die Narben, die sich nach Mandeloperationen bilden. Sie können die Schilddrüse und dadurch das gesamte Hormonsystem stören.

Starke Medikamente und Narkosemittel belasten die Leber und die Nieren schwer. Wenn sie überlastet sind, scheiden sich Giftstoffe nicht mehr vollständig aus, und die Folge sind Müdigkeit, Benommenheit, Reizbarkeit und ein allgemeines Krankheitsgefühl. Es ist daher ratsam, die Leber und die Nieren sowie ihre Aura regelmäßig mit Reiki zu behandeln.

Körperliche Beschwerden
Alle Teile und Funktionen des Körpers haben ihre feinstoffliche Entsprechung, und auch diese kann aus dem Gleichgewicht geraten. Heftige Gefühle können zum Beispiel eine Verspannung im feinstofflichen Herzen verursachen, die der Klient als Schmerzen und Enge in der Brust erfährt – als sei das physische Herz nicht in Ordnung. In Wirklichkeit ist das physische Herz energetisch „falsch eingestellt". Man kann also Schmerzen empfinden, obwohl die körperliche Grundlage dafür noch fehlt. Wird das feinstoffliche Herz behandelt, lassen die Schmerzen deutlich nach oder verschwinden. *Dennoch ist es nicht ratsam, starke oder akute Herzbeschwerden unmittelbar auf dem Herzen zu behandeln. Arbeiten Sie in der Aura, und setzen Sie dort den Energiestrom wieder in Gang. Versuchen Sie nicht, die Heilung zu erzwingen; das kann den Widerstand und die Beschwerden verstärken.*

Manche Menschen können Ungleichgewichte in feinstofflichen Organen recht gut spüren. Andere spüren wenig oder nichts. Empfindsame glauben vielleicht, sie hätten ständig körperliche Beschwerden, obwohl ihre Beschwerden zum größten Teil feinstofflicher Art sind. Diese Menschen können von der energetischen Behandlung, etwa mit Reiki, besonders profitieren. Selbstverständlich raten wir unseren Klienten, bei körperlichen Beschwerden einen Heilpraktiker oder Arzt aufzusuchen.

Tiere
Tiere lassen sich meist gut mit Reiki behandeln. Ihre Körpersprache gibt deutlich zu verstehen, wann sie genug haben. Manche Autoren behaupten, Tiere seien deshalb so gute Klienten, weil sie keinen Widerstand gegen die Energie leisteten. Das ist nur teilweise richtig. Tiere haben Gefühle und können wegen unangenehmer Erfahrungen an starken emotionalen Verspannungen leiden. Außerdem fühlen sie sich bei manchen Menschen sicherer als bei anderen. Solche Faktoren beeinflussen die Heilung.

9.9 Die Grenzen des Reiki

Die Behandlung mit Reiki hat Risiken und Grenzen. Es ist sowohl für den Geber als auch für den Empfänger sehr wichtig, sich dessen bewusst zu sein. Das illustriert das folgende Beispiel:

Klaus, ein ehemaliger Klient, ruft an und fragt, ob wir seinem Sohn Alex helfen können. Alex hat seit über einem Monat starke Bauchschmerzen. Wir vereinbaren einen Termin. Die Behandlung lindert die Schmerzen des Kindes spürbar; aber es werden auch starke Gefühle freigesetzt. Vater und Sohn gehen erleichtert nach Hause.

In diesem Fall drängen sich einige wichtige Fragen auf:

Wurde Alex vom Hausarzt untersucht? Mit welchem Befund? Wenn der Arzt zunächst nichts feststellen konnte, die Beschwerden aber zurückkehrten, hat Klaus seinen Sohn dann erneut zum Arzt gebracht? Hat der Heiler mit dem Vater darüber gesprochen? Was hat er dem Vater geraten, wenn dieser einen Arztbesuch versäumt hat? Wie klar hat der Heiler sich ausgedrückt?

Sehen wir uns einmal an, wie es dem kleinen Klienten wirklich ergangen ist:

Alex war vorigen Monat mehrere Male im Krankenhaus unersucht worden, ohne dass man die Ursache der Bauchschmerzen gefunden hätte. Klaus kam nicht zu uns, sondern sagte den Termin am folgenden Tag ab, weil er Alex am Abend zuvor in die Notaufnahme hatte bringen müssen – mit einer verschleppten Blinddarmentzündung, die mit den üblichen diagnostischen Mitteln nicht zu entdecken war.

Dieses Beispiel zeigt die Grenzen des Heilers klar und deutlich. Hätten wir Alex behandelt, wäre es uns zweifellos gelungen, seine Schmerzen zu lindern. Aber die Entzündung wäre nicht vollständig geheilt worden, weil das Kind bereits zu sehr aus dem Gleichgewicht geraten war. Es ist zwar *möglich*, dass die Selbstheilungskräfte des Jungen so weit gestärkt worden wären, dass sie die Entzündung besiegt hätten – aber wir wären das Risiko eines Blinddarmdurchbruchs niemals eingegangen. Es war unbedingt notwendig, Alex konventionell zu behandeln.

Es ist die Aufgabe und die Pflicht eines Heilers, den Ratsuchenden nachdrücklich auf die Grenzen seiner Heilkräfte hinzuweisen. Dazu ist der Heiler nicht nur moralisch, sondern auch gesetzlich verpflichtet. Erklären Sie also einem Klienten klar und deutlich, dass Sie ihn nach bestem Wissen auf der energetischen Ebene behandeln, nicht auf der körperlichen. Natürlich kann die Therapie sich auch körperlich auswirken; aber ob das geschieht und in welchem Umfang, lässt sich nicht einmal annähernd vorhersagen. Die Verantwortung für die körperliche Heilung kann daher nur ein Arzt übernehmen.

Das wirft die Frage auf, ob ein Heiler überhaupt jemanden behandeln soll, dessen körperliche Beschwerden noch nicht medizinisch untersucht wurden. Es besteht nämlich eine reelle Chance, dass die Behandlung die Beschwerden lindert und den Klienten dazu verführt, keinen Arzt aufzusuchen. Manche Beschwerden können jedoch nur konventionell effektiv behandelt werden.

Peter ist selbstständiger Heilpädagoge. Eine Mutter bittet ihn, ihre siebenjährige Tochter zu behandeln. Peter hat den Verdacht, dass die Beschwerden der Kleinen ernste körperliche Ursachen haben, und auf seinen Rat hin lässt die Mutter das Kind ärztlich untersuchen. Der Arzt findet jedoch nichts, und die Mutter unterrichtet Peter vom Befund. Peter ist davon überzeugt, dass der Arzt das Mädchen zu oberflächlich untersucht hat, und empfiehlt der Mutter mehrere Male, das Kind zu einem Facharzt zu bringen. Die Mutter befolgt den Rat nicht, und Peter beginnt mit der Behandlung. Aber seine Intuition hatte Recht: Zwei Monate später wird das Mädchen ins Krankenhaus eingeliefert. Diese Erfahrung lehrt Peter, sehr vorsichtig zu sein, wenn er eine ernste körperliche Krankheit vermutet. Es wäre besser gewesen, wenn er einer Behandlung erst nach einem Besuch beim Facharzt zugestimmt hätte.

Übermut

Wer zum ersten Mal mit Energie arbeitet, ist bald überrascht davon, was seine Hände bewirken können. Das führt bisweilen zu Übermut und unrealistischen Erwartungen.

Karla hat starke Schmerzen im rechten Knie. Sie denkt, die Kniescheibe sei womöglich verletzt. Als Kurt sie behandelt, verschwinden die Schmerzen sofort. Beide sind über das Ergebnis verblüfft.

Kurt und Karla ist nicht klar, dass Kurt eine energetische Blockade im Knie beseitigt hat. Karla hielt diese Blockade für einen Schaden der Kniescheibe. Wir müssen uns aber darüber im Klaren sein, dass nur sehr wenige Heiler einen echten körperlichen Schaden reparieren können. Karla ist sehr empfindsam, und darum spürt sie die Blockade im feinstofflichen Knie. Sie kennt nicht den Unterschied zwischen ihrem physischen und ihrem feinstofflichen Körper.

Manche sehr empfindsamen Menschen leiden scheinbar an zahlreiche körperlichen Beschwerden, für die kein Arzt eine Erklärung findet. Bei diesen Menschen ist der Energiestrom blockiert, und sie erleben den Stau als körperlichen Schmerz. Zum Teil spüren sie Schmerzen im feinstofflichen Doppel, zum Teil spüren sie die Wirkung auf den physischen Körper. Bei solchen Menschen mutet die Heilung fast wie Zauberei an, denn die physischen Beschwerden verschwinden wie Schnee an der Sonne.

Der Faktor Zeit

Reiki kann auch bei schweren Krankheiten helfen, weil es den Körper kräftigt und dadurch die Genesung fördert. Die konventionelle Behandlung lässt sich dann leichter verkraften. Dafür ist allerdings viel Zeit notwendig. Man kann Schwerkranke täglich mehrere Male (etwa dreimal) behandeln, nach der Initiation in Reiki 2 auch aus der Ferne.

Leider ist es in unserer hektischen Welt nicht immer möglich, jemanden so oft zu behandeln. Außerdem wäre eine wochen- oder gar monatelange Behandlung fast unbezahlbar. Selbst wenn ein Mensch die Therapie einem anderen schenkt, ist es nicht einfach, sie durchzuhalten. Der Zeitfaktor setzt den Möglichkeiten des Reiki also eine faktische Grenze.

Kontraindikationen
Über Kontraindikationen bei der Arbeit mit Reiki ist wenig bekannt. Vielleicht gibt es nur wenige, oder wir wissen nichts darüber. Auf einige Punkte wollen wir dennoch hinweisen.

Krebs
Wenn krebskrankes Gewebe unmittelbar mit Reiki bestrahlt wird, besteht die Gefahr, dass die Krebszellen davon mehr profitieren als die Anwehrkräfte. Bei Krebs kann man aber die Thymusdrüse behandeln und dadurch die Widerstandskraft stärken. Wenn der Klient starke Medikamente oder eine Chemotherapie bekommt, kann man die Leber und die Nieren stärken (sofern sie nicht selbst erkrankt sind), damit sie Giftstoffe ausscheiden. Wir raten Krebskranken, die sich einer Chemotherapie unterziehen, auch bei der Naturheilkunde Unterstützung zu suchen. Die Nebenwirkungen lassen sich dadurch deutlich verringern.

Entzündungen
Entzündungen sollte man nicht direkt bestrahlen. Es ist besser, die Widerstandskraft zu stärken.

Psychiatrische Krankheiten
Bei der Behandlung psychiatrischer Krankheiten können derart heftige Reaktionen auftreten, dass wir Reikigebern ohne spezielle Ausbildung davon abraten. Jeder, der solche Klienten behandelt, muss sich fragen, ob er dazu fachlich in der Lage ist. Wird der Klient von einem guten Team betreut? Ist der Reikigeber darin einbezogen? Kann er sich auf das Netzwerk verlassen?

10 Der Kurs Reiki 2

Der Kurs Reiki 2 baut auf dem Kurs Reiki 1 auf. In diesem Kapitel gehen wir davon aus, dass der Leser die Ausführungen über Reiki 1 durchgearbeitet hat.

10.1 Die Unterschiede zwischen Reiki 1 und Reiki 2

Die Initiation in Reiki 2 ist eine Aufforderung an den Kursteilnehmer, seinen Kanal für die Weitergabe heilender Energie noch weiter zu öffnen. Wie weit sich der Kanal öffnen lässt, hängt von der Zusammenarbeit zwischen dem Kursteilnehmer, dem Meister und den Lichtwesen ab. Wenn die Fähigkeit, Energie strömen zu lassen, zunimmt, werden die Heilungen kraftvoller oder nehmen weniger Zeit in Anspruch.

Symbole
Im Kurs Reiki 2 werden einige Symbole übermittelt. Sie ermöglichen es uns, der heilenden Energie Botschaften mit auf den Weg zu geben. Mithilfe dieser Symbole können wir die Energie beispielsweise in die Vergangenheit und in die Zukunft lenken aber auch in mentale oder emotionale Prozesse, zur karmischen Quelle eines heutigen Problems und in Disharmonien, die ausgeglichen werden sollen.

Fernbehandlung
Ein Symbol gibt uns die Möglichkeit, einem Menschen Energie aus der Ferne zu schicken. So können wir ihm helfen, auch wenn er ganz woanders ist!

Mehrere Menschen gleichzeitig heilen
Der Kurs Reiki 2 ermöglicht es uns auch, mehreren Menschen gleichzeitig aus der Ferne Energie zu senden. Auf diese Weise können wir in

der täglichen Meditation mehrere Menschen zugleich und in kurzer Zeit behandeln.

Mit Führern und Lichtwesen arbeiten
Die Initiation fördert die Entwicklung übersinnlicher Fähigkeiten. Bei jeder Reikibehandlung sind Führer anwesend, auch wenn der Anfänger sich dessen kaum oder gar nicht bewusst ist. Die Initiation in Kurs Reiki 2 unterstützt die Zusammenarbeit mit Führern und Lichtwesen sehr wirksam. Viele Kursteilnehmer werden nach der Initiation im Kurs Reiki 2 hellsichtiger.

10.2 Symbole

Beim Reiki benutzen wir Symbole, um die heilende Energie zu lenken, also um ihr einen Auftrag zu geben. Die traditionellen Reikisymbole sind Jahrtausende alte buddhistische Gebete, die dem Menschen auf dem Weg zur Erleuchtung helfen – denn sie ist das Ziel des Buddhisten. In der westlichen Tradition verwendet man die Symbole zum Heilen. Es handelt sich um die japanischen Schriftzeichen Cho Ku Rei, Hon Sha Ze Sho Nen und Sei He Ki. Hinzu kommt ein Meistersymbol. Andere Schulen arbeiten mit ihren eigenen Symbolen, zum Beispiel Harth, Mara, Feuerdrache, Johre und Shanti.

Wenn wir uns mit einem Symbol verbinden, nehmen wir Kontakt mit uralten Kräften auf und aktivieren starke kosmische Energien, die bei der Heilung helfen. In diesem Buch beschreiben wir nur reine Symbole, also Symbole, die uns mit der reinen Wahrheit, mit reiner Einsicht und mit reiner Liebe verbinden. Kein einziges dieser Symbole lässt sich missbrauchen. Es kommt allerdings vor, dass eine unreine Kraft sich als reine Kraft verkleidet. Ein gutes Beispiel dafür finden Sie bei Diane Stein, die ihre Erfahrung mit Harth beschreibt (Stein 1997, Seite 116).

Die alten Symbole sind auf einem langen Weg zu uns gekommen und verdienen unseren Respekt und unsere Dankbarkeit. Es ist eine Ehre, mit ihnen arbeiten zu dürfen. Diese Arbeit ist eine Zusammenarbeit. Wir nehmen Verbindung auf zu hohen kosmischen Kräften, deren Ziel es ist, dem Menschen auf dem Weg zur Ganzheit und zur Erleuchtung zu helfen. Insofern sind die alten Symbole heilig.

In der buddhistischen Tradition benutzt man die alten Symbole sehr häufig auf dem Weg zur Erleuchtung. Zu jedem Symbol gehört ein Mantra. Mantras wurden von hohen Mönchen und ihren Schülern geschaffen. Jedes wahre Gebet erfüllt den energetischen Kern des Mantras mit Kraft, Weisheit, Wissen und Liebe. Mantras sind mehr als Worte; es sind lebende Kräfte, die durch den Menschen angereichert und gebetet werden können. Und wenn wir diesen Energiebündeln eine bestimmte Bedeutung geben, stellen wir eine direkte Verbindung zu der Quelle des Mantras und all der Weisheit, die Millionen von Meditierenden dem Mantra im Laufe der Äonen hinzugefügt haben.

Die nicht-traditionellen Symbole haben eine andere Form als die traditionellen. Aber alle Symbole sind wirksam und verdienen daher großen Respekt. Nachdem wir erklärt haben, wie man sich mit einem Symbol verbindet, werden wir sie alle besprechen.

10.3 Verbindung mit Symbolen aufnehmen

Eine Symbol ist eine Kraft, die wir respektvoll bitten dürfen, uns zu helfen. Wie aber bittet man ein Symbol, eine Heilung aktiv zu fördern? Dafür gibt es zwei traditionelle Methoden. Die eine besteht darin, das Symbol zu zeichnen, die andere verlangt, dass wir das Mantra aussprechen, das zum Symbol gehört. In unseren Kursen haben wir dazu einige Anleitungen gechannelt. Alle diese Techniken werden wir nachfolgend beschreiben. Zuerst sollten wir aber eine grundsätzliche Frage klären: Muss man in einem Symbol initiiert sein, um mit ihm arbeiten zu können?

Die traditionelle Reikischule lehrt, dass man in einem traditionellen Symbol initiiert sein muss, damit es wirkt. Das gilt nach Ansicht einiger Meister für die traditionellen Reikisymbole, nicht aber für andere Symbole. Eine Besonderheit ist das Symbol Hon Sha Ze Sho Nen. Einige Schulen initiieren nicht in dieses Symbol, benutzen es aber, weil es ein buddhistischer Sprechgesang ist, der jedem offen steht. Diane Stein (1997) weist jedoch darauf hin, dass alle traditionellen Symbole

buddhistische Sprechgesänge sind. Das würde bedeuten, dass man nicht initiiert sein muss, um mit irgendeinem Symbol arbeiten zu können. Wenn die übersinnlichen Fähigkeiten genügend entwickelt sind, können wir uns grundsätzlich mit allem verbinden, und wenn uns das mit einem nicht-traditionellen Symbol gelingt, können wir auch ein traditionelles verwenden, es sei denn, es ist „geschützt".
Allerdings haben wir einen anderen Eindruck. Wir können uns gut vorstellen, dass die Zusammenarbeit zwischen Oben, Meister und Kursteilnehmer eine tiefere Einstimmung auf das Symbol ermöglicht als die Bemühungen des Teilnehmers allein. Jedem einzelnen empfehlen wir, diese Frage auf der Basis seiner eigenen Erfahrung zu entscheiden: Habe ich bereits eine Verbindung mit einem traditionellen Symbol gespürt, als ich noch nicht initiiert war? Habe ich eine Wirkung gespürt? Hat sich nach der Initiation etwas geändert? Wir glauben, dass das aufrichtige Erforschen der eigenen Erfahrung dazu beiträgt, die Wahrheit über Reiki herauszufinden.

10.3.1 Symbole zeichnen

Die bekanntesten Einstimmungsmethoden sind das Zeichnen des Symbols und das Sprechen des Mantras. Symbole werden mit Licht, also mit Energie gezeichnet. Die Lichtbündel fließen aus den Fingerspitzen und Handflächen. Das Licht strömt durch die Krone ins Herz und in die Hände. Es ist ein strahlendes, kraftvolles Licht, das dem gezeichneten Symbol eine tiefe Bedeutung verleihen kann.
Mit entspannten Fingern und Handgelenken zeichnen wir das Symbol, weil die Energie dann besser fließt, und deuten mit den Fingerspitzen dorthin, wo das Symbol wirken soll. Das hört sich selbstverständlich an, aber viele Menschen neigen dazu, mehr oder weniger auf sich selbst zu zeigen, anstatt auf den Empfänger.
Die Lichtstrahlen aus den Fingerspitzen und aus den Handflächen gleichen Laserstrahlen. Die Länge der Strahlen bestimmen wir bewusst und konzentriert. Das Zeichnen mit Lichtbündeln ermöglicht es uns, die Symbole tief in den Körper einzuführen. Wir können das Symbol bitten, auf eine bestimmte Körperstelle einzuwirken. Das Ganze ist eine Einstimmungsmethode, die uns hilft, konzentriert und gezielt zu denken.

Die Symbole zeichnen wir meist mit zwei Händen, denn die linke Seite des Körpers symbolisiert den Yin-Aspekt in uns, und die rechte Seite ist das Symbol des Yang-Aspekts. Die linke Hand symbolisiert also die weiblichen Aspekte des Energiestroms, die rechte Hand die männlichen. Das ist ein weiterer Hinweis auf die Dualität der menschlichen Existenz. Da wir nach Ganzheit streben, sprechen wir beim Heilen beide Pole in uns an. Außerdem fließt der Energiestrom bei vielen Menschen nicht gleichmäßig. Der Unterschied zwischen der rechten und der linken Hand kann beträchtlich sein. Wenn Sie beide Hände benutzen, ist mit Sicherheit die empfindlichste und kraftvollste dabei, und der Klient hat die größten Chancen, geheilt zu werden. Als Geber sprechen Sie auf diese Weise auch Ihre schwache Seite an und können das Gleichgewicht zwischen diesen wichtigen Polen fördern.

Sie können das Symbol für sich selbst und für den Klienten benutzen; die Technik ist in beiden Fällen gleich. Zeichnen Sie die Symbole auf den Körper, in den Körper, in die Aura oder in den Lichtkörper. Ein korrekt gezeichnetes Symbol ist wirksamer als ein unvollständiges oder in der falschen Reihenfolge gezeichnetes. Andererseits haben wir die Erfahrung gemacht, dass Symbole auch dann wirken, wenn wir sie verkehrt zeichnen. Vielleicht liegt es daran, dass wir gut auf sie eingestimmt sind. Dennoch raten wir Ihnen, die Symbole sorgfältig und konzentriert zu zeichnen. Sie brauchen Zeit, um das zu lernen, aber es lohnt sich, weil das Üben die Verbindung mit dem Symbol stärkt. Es ist auch zu empfehlen, die Symbole in einer meditativen Stimmung liebevoll auf Papier oder Karton zu malen, um den Kontakt weiter zu vertiefen.

Wichtig ist die gute Absicht beim Zeichnen. Das Symbol in Abbildung 5 wurde mit Hilfe eines Computers gezeichnet. Sie finden es auch als Farbbild 3 (Cho Ku Rei), gezeichnet von Patricia, die sich auf das Symbol eingestimmt hat. Sie können mit beiden Symbolen Verbindung aufnehmen, um festzustellen, wie sie sich unterscheiden.

Zeichnen oder malen Sie das Symbol in einer Farbe Ihrer Wahl. Hohe neutrale Farben sind Gold und Silber. Sie können die Farbe auch auf sich zukommen lassen. In diesem Fall helfen Ihnen Ihre Führer, und Sie sehen die Farbe mit dem geistigen Auge. Dies ist eine zuverlässige Methode, sofern Sie auf Ihre Führer gut eingestimmt und diese wirklich rein sind.

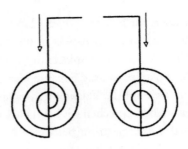

Abbildung 5:
Ein mit dem Computer gezeichnetes Symbol

10.3.2 Mit Mantras auf Symbole einstimmen

Die zweite grundlegende Methode der Einstimmung auf Symbole ist das Sprechen des Mantras, das zum Symbol gehört. Das Mantra ist der Name des Symbols, aber es ist viel mehr als ein Name. Die Mantras der traditionellen Symbole haben eine sehr hohe Schwingungsfrequenz, und wir sollten sie mit großem Respekt behandeln. Wenn möglich, geben wir bei der Besprechung der Symbole auch die Bedeutung des jeweiligen Mantras an.
Es ist üblich, ein Mantra dreimal auszusprechen, laut oder leise. Die Wirkung richtet sich nach unseren Motiven. Wer ein Mantra respektvoll ausspricht, erzielt eine andere Wirkung als jemand, der es mit vollem Mund spricht.

10.3.3 Die Verbindung mit Symbolen erden

Unsere Reikikurse leiten wir zusammen mit unseren Führern. Wie wichtig das Erden der Symbole ist, haben wir bereits betont. Nur dann können wir gut und tief mit ihnen arbeiten. Manche Menschen erden Symbole instinktiv gründlich, andere brauchen dabei Hilfe. Dazu eignet sich die Methode, die wir unten in Übung 12 und Abbildung 6 beschreiben.
Symbole zeichnet man mit dem Licht, das aus den Händen strömt. Sie können diesem eine Farbe geben. Am besten folgen Sie dabei Ihrer Intuition – dabei kann eine ganz andere Farbe zum Vorschein kommen, als wenn Sie sich eine ausdenken.

Warum erden wir Symbole?

In unseren Kursen beobachten wir oft, dass die Teilnehmer nur in ihren höchsten Chakren Kontakt mit einem Symbol aufnehmen. Bei manchen bleibt es in einem Chakra des Lichtkörpers stecken, bei anderen gelangt es bis ins Kronenchakra. Wenn diese Menschen das Symbol erden, gewinnt es eine Bedeutung für das tägliche Leben, und oft nimmt der Energiestrom erheblich zu. Das gilt auch für die Yod-Symbole.

Übung 12: Ein Symbol erden

1. Entspannen Sie sich. Atmen Sie im Bauch. Öffnen Sie sich Ihrer Spiritualität.
2. Beobachten Sie, wie das Symbol aus dem Kosmos durch Ihren Kanal zu Ihnen kommt.
3. Lassen Sie das Symbol bis zum Steißbein reisen. Atmen Sie dort tief aus, und lassen Sie dann das Symbol durch die Füße in die Erde sinken.
4. Das Symbol wandert durch die Chakren, die sich auf der Lichtbahn unter den Füßen befinden, tiefer in die Erde. Auf der anderen Seite der Erdkugel gewinnt es immer mehr an Kraft, während es durch den Kosmos reist.
5. Nach einer weiten Reise kommt das Symbol zu Ihnen zurück, beladen mit Weisheit. Es strömt durch die Krone herein und durch die Hände hinaus. Zeichnen Sie es mit dieser Kraft.

Abwandlungen

1. Achten Sie darauf, wie Sie das Symbol empfangen. Gibt es ein Chakra, durch das es weniger gut fließt? Dem können Sie abhelfen, indem Sie sich darauf konzentrieren und längere Zeit regelmäßig mit dem Symbol in diesem Chakra Kontakt aufnehmen. Erzwingen Sie nichts. Lassen Sie es geschehen.
2. Beginnen Sie wie oben. In dieser Variante ist nur der 5. Schritt anders: Lassen Sie das Symbol zum Herzchakra reisen. Empfangen Sie es dort liebevoll und mit Respekt. Lassen Sie es von dort aus in die Fingerspitzen und Handflächen strömen.
3. Die dritte Abwandlung schließt sich an die zweite an: Atmen Sie das Symbol bis zum Herzchakra ein. Dort nimmt es die Energie auf, die ihm aus der Erde zufließt. Beide Ströme, Erde und Kosmos, vereinigen sich zu dem Strom, der vom Herzen in die Arme fließt. Mit ihm zeichnen Sie das Symbol in einer einzigen, fließenden Bewegung.

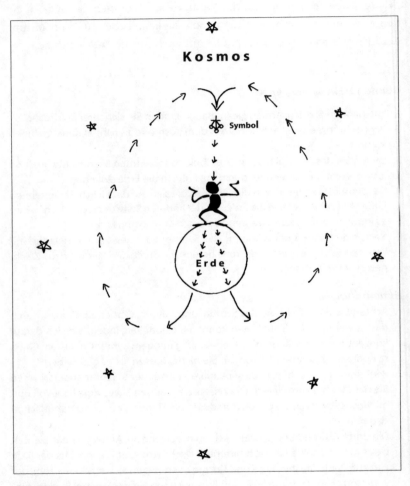

Abbildung 6: Ein Symbol erden.

10.3.4 Mit dem Dritten Auge auf Symbole einstimmen

Ein Teil der Kursteilnehmer sieht das Symbol mit dem Dritten Auge. Sie sehen eine Art Laserstrahl, der vom Dritten Auge ausgeht und das Symbol erfasst. Auf diese Weise kann man sehr gut Kontakt mit einem Symbol aufnehmen und braucht es in der Regel nicht zu zeichnen.

10.3.5 Durch Visualisieren einstimmen

Sie können sich auf ein Symbol auch dadurch einstimmen, dass Sie es visualisieren. Wenn Ihnen das schwer fällt, sollten Sie es einige Male zeichnen oder malen; danach klappt das Visualisieren mitunter viel besser. Sobald Sie einmal mit dem Symbol Verbindung aufgenommen haben, können Sie diese aktivieren, indem Sie sich das Symbol vorstellen.
Das Symbol können Sie auch dreidimensional visualisieren. Unserer Erfahrung nach gewinnt es dann enorm an Kraft. Manche Kursteilnehmer tun das spontan, andere haben damit Mühe. Wenn Sie sich ein Symbol dreidimensional vorstellen, sollten Sie das Bild ständig verbessern, bis es die gewünschte Kraft hat.
Nicht alle Symbole lassen sich dreidimensional visualisieren. Die echten japanischen Schriftzeichen eignen sich beispielsweise nicht dafür.
Sie können Symbole in jeder Farbe visualisieren, die Ihre Intuition vorschlägt. „Lebendiges Gold" ist eine hervorragende Farbe, weil sie Geber und Empfänger auf das innere Ziel einstimmt.

10.3.6 Durch Kontakt mit dem Symbol einstimmen

In den vorangegangenen Abschnitten haben wir bereits mehrere Methoden beschrieben, mit einem Symbol Kontakt aufzunehmen. Wichtig dabei ist nicht die Technik, sondern das Ergebnis. Darum empfehlen wir Ihnen, Ihren eigenen Weg zu suchen. Dieser Weg wird sich ändern, wenn die Verbindung mit dem Symbol enger wird. Experimentieren Sie aus lauteren Motiven, und finden Sie selbst heraus, welche Methode für Sie geeignet ist.
Eines Tages ist das Symbol vielleicht so tief integriert, dass Sie nur einmal daran denken müssen, damit es kraftvoll aktiv wird. Am Anfang

ist das sehr wahrscheinlich anders. Aber es lohnt sich bestimmt, sich um einen tiefen Kontakt mit dem Symbol zu bemühen. Die Zahl der Symbole, die wir in diesem Buch vorstellen, mag überwältigend sein. Aber es genügt, wenn Sie zunächst nur einige von ihnen benutzen, vor allem die echten Reikisymbole, vielleicht ergänzt um ein Symbol, zu dem Sie sich spontan hingezogen fühlen.

10.4 Beschreibung der Symbole für Reiki 2

Wie bereits erwähnt, können wir die Reikisymbole in zwei Gruppen einteilen. Das wollen wir nachfolgend tun. Dann besprechen wir zwei mögliche Deutungen der traditionellen Symbole, und zwar das System von Diane Stein und ein Modell, das wir vom traditionellen Reiki her kennen.

10.4.1 Die traditionellen Symbole

Hon Sha Ze Shon Nen
Cho Ku Rei
Sei He Ki
Das Meistersymbol

10.4.2 Andere Symbole, die man im Reiki verwenden kann

Harth
Mara
Feuerdrache
Johre
Shanti

Die traditionellen Symbole
Die traditionellen Symbole wurden bis vor wenigen Jahren mündlich weitergegeben. Dass sich dabei im Laufe der Jahre zumindest Details verändert haben, liegt auf der Hand. Die gebräuchlichen Symbole sind

Zeugen dieses Vorgangs, denn wir kennen heute mehrere Varianten jedes Symbols. Von jeder Variante wird zwar berichtet, dass sie wirkt, aber es könnte sein – wir wissen es nicht –, dass ein Symbol wirksamer ist als ein anderes. Sicher ist, dass wir eines Tages kein erkennbares Symbol mehr zeichnen können, wenn wir uns nicht darum bemühen, die Symbole korrekt zu zeichnen. Schon das ist ein guter Grund, die gelernten Symbole so sauber wie möglich zu zeichnen.

Dennoch wissen wir nicht, ob ein Symbol heute noch genau so aussieht, wie Usui es kannte. Darum ist es sinnvoll, sich mit dem einen wahren und reinen Symbol des Kosmos zu verbinden, nämlich mit dem Ursymbol, wie Usui es empfangen hat. Dazu verbinden wir uns mit dem wahren Symbol, so wie es war, ist und immer sein wird, weil die Wahrheit des Symbols zeitlos ist.

Die Symbole geben wir so wieder, wie wir sie gelernt haben.

Hon Sha Ze Sho Nen

Dieses Symbol finden Sie als Farbbild 2 in diesem Buch. Hier ist geht es um das korrekte Zeichnen.

Bedeutung

Das Mantra dieses Symbols wird ganz unterschiedlich formuliert.

Keine Vergangenheit, kein Heute,
  keine Zukunft.
Der Buddha in mir
  greift nach dem Buddha in dir,
um die Erleuchtung
  und den Frieden zu bringen.
Du bist ohne Grenzen,
  denn Gott, Körper und Seele sind eins.

Dieses Symbol ermöglicht zeitliche und räumliche Kontakte. Mit seiner Hilfe kann

Abbildung 7:
So wird das Zeichen
Hon Sha Ze Sho Nen gezeichnet.

der Reikitherapeut aus der Ferne und in der Vergangenheit heilen und Energie in die Zukunft schicken.

Das Mantra ist im Buddhismus ein Sprechgesang, also eine Art Gebet. Der Kern von Hon Sha Ze Sho Nen ist die Einheit. Ihm fehlt jede Abspaltung. Es zeigt uns, dass wir in all unseren Möglichkeiten und Grenzen eins sind. Gott ist eins: Das ist der Kern der Botschaft, der einzige Kern.

Wenn wir über dieses Symbol meditieren, verbinden wir uns mit dem kosmischen Klang der Einheit und überwinden unsere Trennung. Dadurch werden wir geheilt. Wo die Trennung überwunden ist, finden wir Heilung. Wer sich also mit der hohen Schwingung von Hon Sha Ze Sho Nen verbindet, fordert sich selbst auf, in sich selbst eins zu sein, nicht mehr und nicht weniger. Dabei geht jeder so weit, wie er gehen will und kann. Jeder für sich bleibt immer vollständig dafür verantwortlich, in welchem Umfang er den Körper, die Seele und den Geist heilen will. Das Mantra bringt uns in Kontakt mit unserer Verantwortung. Die Einheit wird uns angeboten; aber wir entscheiden selbst, ob wir sie annehmen. Hon Sha Ze Sho Nen hat mehrere Anwendungsbereiche:

Brücken in die Vergangenheit schlagen: Karma behandeln.
Brücken in die Zukunft schlagen: Die Zukunft energetisieren.
Brücken in der Gegenwart schlagen: Aus der Ferne behandeln.

Darum wird Hon Sha Ze Sho Nen oft „die Brücke" genannt.

Anwendung
Hon Sha Ze Sho Nen kann man sowohl in die eigene Aura und in den eigenen Körper zeichnen als auch in die Aura und den Körper eines Menschen, den man behandelt. Dazu stimmen wir uns auf das Symbol ein und zeichnen es dort, wo es wirken soll, mit Lichtfingern. So übertragen wir das Symbol auf die Körperstelle und die dort vorhandene Blockade. Die Fernbehandlung geht so vor sich:

- Konzentrieren Sie sich auf die Person – nennen wir sie Karla. Wenn Sie Karla nicht kennen, sprechen Sie dreimal konzentriert ihren Namen aus oder betrachten ein Foto von ihr.

- Verbinden Sie sich mit dem Symbol. Verwenden Sie dazu eine Methode, die Ihnen liegt. Traditionell wird das Symbol gezeichnet und das Mantra dreimal andächtig gesprochen.
- Jetzt sind sie energetisch mit Karla verbunden und geben ihr Energie, sofern sie empfangsbereit ist. Bei dieser Energieübertragung können Sie es belassen. Verstärkt wird sie, wenn Sie sich mit Cho Ku Rei verbinden.
- Sie können der Energie aber auch einen Auftrag geben, indem Sie sich auf ein anderes Symbol oder mehrere einstimmen. Mit Sei He Ki heilen Sie beispielsweise mentale Prozesse. Alle Symbole in diesem Buch können Sie mit Hon Sha Ze Sho Nen kombinieren. Dazu Schlagen Sie mit Hon Sha Ze Sho Nen eine Brücke zu Karla und stimmen sich auf das gewünschte Symbol ein. Weiter unten gehen wir auf die Fernbehandlung genauer ein.

Mit Hon Sha Ze Sho Nen können Sie auch mehreren Menschen zugleich Energie senden. Schreiben Sie dazu eine Liste derjenigen, denen Sie helfen wollen, und/oder benutzen Sie Fotos. Zeichnen Sie darauf Hon Sha Ze Sho Nen, und beobachten Sie in meditativer Stimmung, wie die Energie übertragen wird. Es kann schnell gehen, aber es kann auch beispielsweise zehn Minuten dauern.

Cho Ku Rei

Cho Ku Rei ist als Farbbild 3 abgedruckt, um die Verbindung mit dem Symbol zu intensivieren. Die Abbildung unten zeigt, wie man es zeichnet. Von Cho Ku Rei sind verschiedene Versionen bekannt. Das Symbol, mit dem wir arbeiten, besteht aus zwei Paaren, die jeweils aus zwei Hälften bestehen. Beim ersten fließt die Energie ins Zentrum der Spirale und von dort nach außen. Die linke Hälfte dieses Paares wird mit der linken Hand gezeichnet, die rechte Hälfte mit der rechten Hand. Beim zweiten Paar fließt die Energie am Ende der Spirale ein und dann in die Mitte. Die linke Hälfte dieses Paares wird ebenfalls mit der linken Hand gezeichnet, die rechte Hälfte mit der rechten Hand.
Beide Paare betrachten wir als zwei sich ergänzende Hälften eines einzigen Symbols. Diese Hälften liegen sozusagen aufeinander. Beim einen Paar fließt die Energie spiralig von innen nach außen, beim ande-

ren von außen nach innen. Man zeichnet zunächst das erste Paar und zeichnet und/oder visualisiert dann das zweite als komplementäre Hälfte des ersten. Der Mensch befindet sich im Zentrum der Spiralen. Beim Zeichnen können Sie sich auf das Eine einstimmen, aus dem Alles hervorgegangen ist. Das vergrößert die schöpferische Kraft.

Bedeutung
Auch Cho Ku Rei wird unterschiedlich in Worte gefasst, zum Beispiel:

Verbinde die Kraft in der Einheit.
Verbinde das Chi und die Seele.
Nutze die Kraft hier.
Gott ist hier.

Cho Ku Rei zeigt dem Menschen und seiner Seele, dass sie eins sind. Es ist eine positive Botschaft: Ich bin eins in mir. Deshalb hat das Mantra eine starke inkarnierende Wirkung. Wenn Seele und Persönlichkeit eins sind, entsteht ein stabiles Team fürs Leben. Dann leben wir aus der Seele heraus, mit all ihren Möglichkeiten und Einschränkungen. Aber Cho Ku Rei geht noch weiter: Es verbindet dieses Team in Gott. Es sagt: Ich bin eins in mir, und in mir gehe ich in Gott auf. Dort bin ich ganz. Cho Ku Rei ist vorzüglich geeignet, die Verbindung mit dem Selbst zu stärken. Infofern eröffnet es ungeahnte Möglichkeiten.

Wenn die Verbindung mit dem Selbst stärker wird, erleben wir uns so, wie wir sind, sehen uns in einem objektiven Spiegel. Dann ist alles möglich. Es kann zum Beispiel sein, dass wir auf etwas stoßen, was die Seele schon seit vielen Existenzen hemmt. Jetzt kann dieser Teil von uns sich weiterentwickeln. Darin sind wir vollkommen frei. Vielleicht geschieht sehr viel; vielleicht laufen wir weitere zehn Jahre gegen die

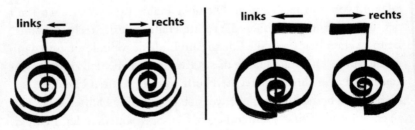

Abbildung 8: So wird Cho Ku Rei gezeichnet.

Wand – das lässt sich nicht voraussagen. Aber die Voraussetzung für jede Entwicklung ist der Kontakt mit dem Selbst, und dazu fordert uns dieses Symbol auf. Was wir tun, bleibt unsere Entscheidung. Wenn wir Verbindung mit dem Selbst aufnehmen, sind wir manchmal auch zu einer tieferen Innenschau bereit. Dann fließt die Energie besser.

Cho Ku Rei ist ein selbstständiges Symbol, das außergewöhnlich hilfreich ist, wenn wir Kontakt mit dem Selbst aufnehmen wollen. Sobald dieser Kontakt zu Stande gekommen ist, begegnen wir allerlei Schwierigkeiten. Dann können andere Symbole uns weiterhelfen.

Manchmal wird behauptet, Symbole würden stärker, wenn man neben sie Cho Ku Rei zeichne. Aber ein Symbol kann nicht stärker werden. Es ist. Es kann allerdings wirksamer werden, wenn die Persönlichkeit und die Seele sich unter dem Einfluss des Cho Ku Rei enger verbinden. Dadurch entsteht ein solideres Fundament, auf dem andere Symbole besser wirken können.

Dieses Symbol enthält eine Spirale. Die Spirale ist ein sehr altes Symbol, das seit Urzeiten in zahlreichen Kulturen benutzt wird, um fließende Energie darzustellen. Energie bewegt sich nämlich überall im Kosmos spiralig. Das gilt sogar für die Galaxien. Die Spirale symbolisiert das Leben gebende Chi, das alles im Kosmos durchströmt.

Anwendung

Cho Ku Rei wird traditionell zweidimensional gezeichnet. Man kann es sich aber auch dreidimensional vorstellen, damit die Verbindung stärker wird. Denken Sie, wenn nötig, an die kleine Feder in einem Kugelschreiber!

Sie können das Symbol in oder auf den Körper oder in die Aura zeichnen, um dort den Energiestrom zu kräftigen. Wenn Sie es vor oder nach einem anderen Symbol zeichnen, stärken Sie die Verbindung zu diesem, sodass es besser wirkt. Zum Beispiel macht Cho Ku Rei neben Hon Sha Ze Sho Nen den Empfänger offener für das Letztere.

Offenbar besteht Einigkeit darüber, dass man nicht um Erlaubnis zu fragen braucht, wenn man Cho Ku Rei benutzt. Cho Ku Rei verstärkt eben, was man bereits tut – wofür man also bereits eine Erlaubnis besitzt.

Cho Ku Rei lässt sich oft sinnvoll einsetzen. Dennoch ist es wichtig, es nicht überall und wahllos zu gebrauchen. Die Kernfrage lautet: Hilft die Verstärkung des Energiestroms oder der Wirkung eines Symbols dem Empfänger, näher zu sich selbst zu kommen, oder wird die Energie durch Cho Ku Rei zu stark, sodass der Empfänger gezwungen ist, sich zu wehren, oder sogar in eine Krise gerät?

Abbildung 9:
So wird Sei He Ki gezeichnet.

Sei He Ki
Dieses Symbol ist als Farbbild 4 abgedruckt. Die nebenstehende Abbildung ist eine Anleitung zum Zeichnen.
Die Linie ganz links wird zuerst gezeichnet, und zwar von oben nach unten. Dann folgt der lange Bogen, ebenfalls von oben nach unten. Anschließend zeichnet man den oberen kleinen Bogen und dann den unteren, wieder von oben nach unten.

Bedeutung
Dieses Symbol hat eine schöne Bedeutung:

Ich bin der Bogen, der Pfeil und das Ziel.

Dies ist das Symbol für die Hilfe auf der mentalen Ebene. Die mentale Heilung ist äußerst wichtig, denn die Gedanken bestimmen, wie wir sind und wie wir uns fühlen. Jeder Gedanke ist lebendige Energie, die der Kosmos aufnimmt, mit Gedanken von gleicher Schwingungsfrequenz verstärkt und zu uns zurückschickt. Darum ist es für uns Individuen und für den Kosmos sehr wichtig, dass wir lernen, unsere Gedanken zu beherrschen und positiv zu denken. Sei He Ki hilft uns dabei, weil es dunkle Gedanken ans Licht bringt.

Anwendung
Es gibt viele Einsatzmöglichkeiten für Sei He Ki, denn die Kraft des Geistes ist sehr groß – sie kann erschaffen, aber auch vernichten. Wer wir sind, hängt allein davon ab, was unser Geist erschafft. Auf dieses geistige

Erschaffen zielt Sei He Ki ab. Dieses Symbol kann die Absicht, Negatives zu erschaffen, überwinden. Es ist also ein Urschöpfer. Es weist uns auf das Negative hin, damit wir daraus Positives gestalten können. Sei He Ki erschafft Licht, wo Dunkelheit herrscht. Überall, wo es dunkel ist, können wir Sei He Ki anrufen, um zu heilen und zu lernen. Der Dunkelheit und der Unvollkommenheit begegnen wir in vielen Formen. Negative Gedanken über uns oder andere, Krankheit, Mangel aller Art: alle kann Sei He Ki beeinflussen und heller und reiner machen. Immer wenn wir in uns oder in einem anderen etwas Negatives wahrnehmen, egal in welcher Form, können wir Sei He Ki anrufen, um das Negative zu heilen.

Weitere verwendbare Symbole
Seit Tausenden von Jahren verwenden unzählige Kulturen Symbole als Brücken zwischen der sichtbaren und der unsichtbaren Welt. Symbole sind Schlüssel, die uns den Kontakt mit den Kräften des Universums ermöglichen. Einige Symbole sind schon sehr lange bekannt, andere sind anscheinend neu. Viele Medien, die hellsichtig Botschaften von Oben empfangen, erhalten von ihren Führern ein oder mehrere Symbole. Auch im Internet sind viele solche Symbole zu finden. Bekannte Reikimeister wie Kathleen Milner und Diane Stein bekommen von den Menschen, mit denen sie arbeiten, zahlreiche Symbole, die zum Teil sehr alt sind, zum Teil neu gechannelt werden. Im Folgenden beschreiben wir nur die Symbole, mit denen wir arbeiten.
Zunächst weisen wir aber nachdrücklich darauf hin, dass ein Symbol den Zugang zu reinen Kräften nicht automatisch eröffnet. Es gibt sowohl helle als auch dunkle Kräfte im Kosmos, und beide wirken auf den Menschen ein. Symbole können auch Tore zu dunklen Kräften sein. Darum sollten Sie nur dann Symbole verwenden, wenn diese aus einer verlässlichen Quelle stammen oder wenn Sie in der Lage sind, das Licht von der Dunkelheit zu unterscheiden. Auf die dunklen Kräfte gehen wir im Kapitel über Hellsichtigkeit näher ein.
Die nachfolgend beschriebenen Symbole können Sie auch dann verwenden, wenn Sie nicht initiiert sind. Allerdings kann nicht jeder mit ihnen arbeiten, denn es ist notwendig, sich auf die Quelle des Symbols einzustimmen, und das gelingt nur, wenn der Kanal, der von der Krone in den Kosmos führt, ausreichend geöffnet ist. Wer erfolgreich mit

Reiki arbeitet, kann davon ausgehen, dass er auch mit diesen Symbolen arbeiten kann. Wir erläutern an anderer Stelle, wie Sie sich auf Symbole einstimmen. Vergessen Sie auch nicht, sie respektvoll zu behandeln und ihnen dankbar zu sein. Es sind reine Kräfte, die dem Menschen selbstlos bei seiner Entwicklung helfen.

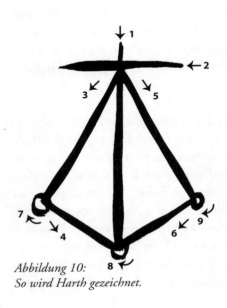

Abbildung 10: So wird Harth gezeichnet.

Harth

Harth ist ein Symbol, das viele Menschen lieben, weil es sie mit einer angenehmen Energie verbindet. Es ist als Farbbild 5 abgedruckt. Die nebenstehende Abbildung zeigt, wie man es zeichnet: Zuerst die vertikale Linie (1) von oben nach unten, dann die horizontale (2) von rechts nach links, anschließend die linke Hälfte der Pyramide (3 und 4) und die rechte Hälfte (5 und 6) von oben nach unten. Zum Schluss folgen die drei Kreise (7, 8 und 9). Beginnen Sie am Ansatz, und zeichnen Sie im Uhrzeigersinn.

Bedeutung

Dieses Symbol steht für Liebe, wahre Schönheit, Harmonie und Gleichgewicht. Es ist das Symbol des Herzens. Unsere Kursteilnehmer nehmen es als liebevolle, freundliche Energie wahr. Der Kosmos ist von sehr hoher Energie erfüllt, aber der Mensch kann diese Liebe nicht erreichen, denn er erträgt nur die Liebe des menschlichen Herzens. Nur sehr hohe Meister können die hohe kosmische Ebene der Liebe erreichen. Harth öffnet uns für die Liebe des menschlichen Herzens und fordert jeden Menschen auf, sich selbst und andere zu lieben. Sie können Harth immer anwenden, wenn Sie im Empfänger Mitgefühl für sich selbst und seine Mitmenschen wecken wollen.

Mara

Das Symbol Mara ist als Farbbild 6 abgedruckt. Die nebenstehende Abbildung zeigt, wie man es zeichnet.

Linie 1 beginnt links oben, führt zuerst schräg nach unten und schlägt dann einen Haken nach oben. Die zweite Linie beginnt rechts oben, führt ebenfalls schräg nach unten und schlägt dann einen Haken nach oben. Linie 3 ist eine Spirale von oben nach unten.

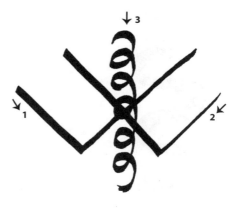

Abbildung 11:
So wird Mara gezeichnet.

Bedeutung

Die zwei V symbolisieren den männlichen und weiblichen Aspekt Gottes im Menschen. Die Spirale kommt aus dem Kosmos, kreuzt die Verbindung zwischen dem Männlichen und dem Weiblichen und führt dann in die Erde. In ihrer Mitte herrscht vollkommenes Gleichgewicht zwischen kosmischer Energie und Erdung. Dieses Gleichgewicht ist bedeutsam. Ist die kosmische Energie im Vergleich zur Erdung zu stark, sprechen wir von einer ungeerdeten Spiritualität. Was von Oben empfangen wird, kann dann auf der Erde nicht umgesetzt werden – aber genau deshalb sind wir auf der Welt. Wer in dieser Hinsicht unausgewogen ist, hat mit den praktischen Seiten des Lebens Mühe. Wer dagegen einen zu starken Erdpol hat, neigt zum Materialismus. Das Zauberwort heißt also Gleichgewicht, und eben das bedeutet Mara.

Sie können Mara benutzen, um die Fußchakren für die Erdenergie zu öffnen, als Gegenpol zur Öffnung der höheren Chakren. Meist verwenden wir dieses Symbol dann, wenn mehr Erdung erwünscht ist, vor allem in den Toren, die Erdenergie einlassen: Fußchakren, Knie- und Hüftgelenke und Wurzelchakra. Manchmal benutzen wir Mara auch in den höheren Chakren, vor allem wenn sie sehr wenig geerdet sind. Es ist ein schönes und gutes Symbol.

Abbildung 12:
So wird der Feuerdrache gezeichnet.

Der Feuerdrache

Der Feuerdrache ist als Farbbild 7 dargestellt. Die nebenstehende Abbildung zeigt, wie man ihn zeichnet: Zuerst die Horizontale (1) von links nach rechts, dann Linie 2, die mitten unter der Horizontalen beginnt, ein Stückchen senkrecht verläuft und dann in sieben Bögen (Symbole der 7 Hauptchakren) nach unten führt.

Bedeutung und Anwendung

Der Feuerdrache gleicht einer Schlange mit sieben Windungen. Wer in der Welt der Energie und des Yoga zu Hause ist, erkennt das Symbol sofort: Es ist Kundalini, die Schlangenkraft, die bei den meisten Menschen im Kreuzbein schlummert, aber durch Meditation und Übung geweckt werden kann. Sie fließt dann durch die sieben Hauptchakren nach oben. Wer Kundalini weckt, kann glückselig, aber auch krank werden. Darum wird in der Regel empfohlen, diese Kraft nur unter fachkundiger Anleitung zu wecken.

Der Feuerdrache beseitigt Blockaden im Energiestrom der Wirbelsäule. Wir benutzen ihn vor allem bei Staus im unteren Rücken, die sich als Becken- und Kreuzschmerzen bemerkbar machen. Das Symbol harmonisiert außerdem die sieben Hauptchakren.

Johre

Johre ist ein prachtvolles Symbol, das wir oft und dankbar verwenden. Eine inspirierende Darstellung finden Sie auf Farbbild 8. Die nebenstehende Zeichnung erklärt, wie man es zeichnet. Das Symbol besteht aus sechs Schriftzeichen. Alle, mit Ausnahme des fünften, werden jeweils als eine Linie gezeichnet und immer von oben nach unten. Beim ersten bis vierten beginnt die Linie links oben. Das fünfte Zeichen besteht aus zwei Linien. Zuerst zeichnet man die Senkrechte von oben nach unten, dann die Horizontale von rechts nach links. Das sechste Zeichen ist wieder eine Linie, die rechts oben beginnt.

Bedeutung
Johre ist weißes Licht. Sie können es sich als weiße Lichtsäule vorstellen, die aus dem Kosmos kommt. Johre schützt und verschönt.

Anwendung
Man kann Johre benutzen, um einen Raum zu reinigen. Setzen Sie das Symbol (gezeichnet oder visualisiert) in jede Ecke des Raumes, und leiten Sie Johre, die helle weiße Lichtsäule, in den Raum und in Ihre Aura. Cho Ku Rei verstärkt Johre. Die Reinigung eines Raumes ist oft zweckmäßig. Denken Sie zum Beispiel an ein Behandlungszimmer, einen Konferenzraum, ein Hotelzimmer oder ein Krankenzimmer. Jeder Raum, der sich nicht neutral und rein anfühlt, lässt sich mit Johre reinigen. Das ist ein kostbares Geschenk, weil es uns hilft, in einem Meer von Umwelteinflüssen eigenständig zu bleiben.

Auch Gegenstände können mit Johre gereinigt werden, zum Beispiel heilende Steine und Dinge, die man auf einem Flohmarkt gekauft hat und die sich nicht frisch anfühlen.

Wenn Sie ein Zimmer voller negativer Energie betreten, können Sie sich in eine Johre-Säule stellen, die einige Meter breit ist und Ihnen überallhin folgt. Manche Menschen können diese Säule zehn Minuten festhalten, andere stundenlang. Prüfen Sie regelmäßig, ob die Säule noch vorhanden ist. Wenn nicht, können Sie Johre jederzeit erneut aktivieren.

Abbildung 13: So wird Johre gezeichnet.

Shanti

Shanti ist ein prächtiges Symbol. Es ist als Farbbild 9 dargestellt. Die nebenstehende Abbildung erklärt, wie man es zeichnet. Es besteht aus drei Schriftzeichen: Das erste ist ein offenes Dreieck, das man in einer Linie von rechts oben schräg nach links in die Mitte und von dort aus

Abbildung 14:
So wird Shanti gezeichnet.

wiederum nach rechts schräg unten zeichnet. Das zweite und dritte Zeichen ist gekrümmt und hat am Anfang und am Ende je einen zierlichen Schnörkel. Das zweite Zeichen beginnt oben am Anfang des Kringels. Das dritte Zeichnen beginnt links am Anfang des Kringels.

Bedeutung und Anwendung

Shanti ist ein altes Sanskritwort für Frieden, das in vielen Sprechgesängen und Mantras vorkommt. *Aum shanti aum* ist eines dieser zeitlosen Mantras. Shanti ist ein heiliges Wort und zugleich ein zeitloser Laut im Kosmos. Es ist der Klang des Friedens. Das Mantra Shanti und das Symbol bieten uns die Möglichkeit, eine Verbindung mit dieser Schwingung herzustellen. Daraus erwachsen andere Wahrheiten, Lösungen und Chancen, als wenn wir mit unserem kleinen Ich verbunden sind. Shanti hilft uns, freundliche, sanfte Energie aufzunehmen und in unsere Umgebung zu leiten. Es ist ein prächtiges Symbol für Menschen, die Ruhe und Frieden schätzen, etwa vor der Arbeit, beim Unkrautjäten oder beim Schlafengehen – die Möglichkeiten sind unbegrenzt.

Shantis Grenze ist unsere Bereitschaft, in Frieden zu leben. Wer an Unruhe, Wut oder anderen negativen Gefühlen haftet, hat nichts von Shanti, weil er nicht mit ihm schwingt.

10.5 Der praktische Umgang mit Symbolen

Im vorigen Abschnitt haben wir bereits viele Tipps zur praktischen Arbeit mit Symbolen gegeben. Hier wollen wir auf einige Gesichtspunkte genauer eingehen.

Um Zustimmung bitten

Viele Menschen in unserer Umgebung haben Probleme, die wir oft als Leid wahrnehmen. Darum spüren wir das Bedürfnis, ihnen zu helfen. Symbole ermöglichen uns diese Hilfe, sogar aus großer Entfernung und sogar bei Menschen, die wir nicht kennen und die noch nie von uns gehört haben. Dürfen wir aber jedem Menschen, der unserer Meinung nach Hilfe braucht, mit Symbolen helfen? Es ist schwierig, darauf eine angemessene Antwort zu geben.

Menschen beeinflussen einander ständig, nicht nur durch ihr Verhalten, sondern auch auf der feinstofflichen Ebene. Chakren und Auren kommunizieren miteinander. Wenn wir auf einen Menschen wütend sind oder uns von ihm angezogen fühlen oder ihn lieben, senden wir ihm immer eine Energiewolke zu. Alles, was wir für einen Menschen empfinden, gelangt als energetische Wolke in sein Energiefeld. Das Gleiche gilt für unsere Gedanken. Jeder Gedanke, auch der kleinste, ist ein lebendes Energiefeld, das andere Menschen beeinflussen kann. Der Einfluss der Gedankenkraft ist enorm.

Petra fühlt sich plötzlich schlecht, weil Laura von heftiger Eifersucht gepackt wird. Laura befindet sich in München, Petra steht in Berlin als Lehrerin vor einer Klasse. Beide haben keinen unmittelbaren Kontakt.

Sandra und Martin unterhalten sich über Klaus und bauen dadurch ein Energiefeld auf. Es ist ein düsteres, vorwurfsvolles Gespräch. Klaus, der in diesem Augenblick Fahrrad fährt, spürt plötzlich, wie seine Beine schwach werden.

Michael ist in der Schule. Er fühlt sich nicht besonders gut. Seine Eltern betrachten zu Hause ein Fotoalbum. Sie sehen den kleinen Michael heranwachsen und empfinden Liebe für ihren Sohn. Sie sind stolz auf ihn. Auf einmal geht es Michael deutlich besser.

Wenn wir einen ganzen Tag lang unser Verhalten sowie alle Gefühle und Gedanken beobachten und aufschreiben könnten, wären wir über den Papierberg erstaunt. In all diesen Augenblicken beeinflussen wir andere Menschen positiv oder negativ und tragen dazu bei, dass die anderen sich selbst als Licht oder als Dunkelheit erfahren. Beides ist möglich, und beides geschieht im Alltag ständig.

Ein energetischer Einfluss besonderer Art ist die Zusendung von Energie mit Hilfe von Symbolen. Wichtig ist, dass wir dabei weiße Energie verwenden, also Energie, deren Quelle reine Liebe ist. Diese Energie setzt sich nicht über den freien Willen anderer hinweg. Aber wann handeln wir aus reiner Liebe? Das ist eine Frage des Motivs. Wenn wir wirklich aus dem voll erblühten spirituellen Herzen heraus handeln, dann ist reine Liebe die Quelle. Oft haben wir jedoch andere Gründe, wenn wir helfen wollen. Es kann zum Beispiel sein, dass wir anderen helfen wollen, weil wir ihr Leiden nicht ertragen können. Oder wir fühlen uns unsicher und wollen deshalb tüchtige Therapeuten sein. Oder wir wollen beweisen, dass Reiki tatsächlich wirkt. Es setzt große Hingabe und die Bereitschaft zur Selbstprüfung voraus, wenn wir in selbstlose Liebe hineinwachsen wollen.

Wenn wir Reiki mit oder ohne Symbole geben, spielt auch die Verantwortung eine Rolle. Jeder Mensch erschafft sich seine eigene Wirklichkeit, um damit Karma abzuarbeiten. Das ist schwierig und schmerzhaft, aber es ist ein unabdingbarer Bestandteil unseres Menschseins. Fehler machen und Schmerzen erleiden gehört zu unserem Weg, und je mehr Verantwortung wir für unsere Erfahrungen übernehmen, desto schneller können wir unsere Wirklichkeit ändern. Es ist daher nicht sinnvoll und nicht produktiv, die Verantwortung für den Weg zu übernehmen, den andere gehen.

Andererseits ist jeder Mensch mitverantwortlich für die Liebe, die wir in der Welt hervorbringen. Wir alle haben das Recht, mit unsrer Umwelt liebevoll umzugehen und dadurch die Erde zu einem Ort der Liebe zu machen. Dazu gehört auch, großzügig Liebe in Form von Reiki zu verbreiten. Wie können wir diese beiden Pole miteinander verbinden? Dazu wollen wir einige Hinweise geben.

- Bitten Sie, wenn es möglich ist, um Erlaubnis, ehe Sie Reiki geben. Geben Sie niemals Reiki – mit oder ohne Symbole –, wenn Sie spüren, dass Ihre Motive nicht rein sind.
- Behandeln Sie niemanden gegen seinen Willen.
- Bitten Sie vor dem Gebrauch von Symbolen um Erlaubnis.
- Bitten Sie darum, dass die Energie so ankommt, wie der Empfänger sie für seine Entwicklung braucht. Das sollte ohnehin Ihr Motiv

sein; aber diese Formulierung ist ein gewisser Schutz vor Ihren menschlichen Schwächen.

- Wenn Sie mit einem Menschen nicht über die Behandlung reden können, beschränken Sie sich darauf, Gott (die Existenz oder was Ihnen am meisten zusagt) um Heilung zu bitten, damit nur das geschieht, was Gott für gut befindet. Das kann eine kurze Bitte sein, aber auch eine Meditation, in der Sie sich im Herzen und in der Seele auf die Bitte konzentrieren.
- Erklären Sie dem Empfänger genau, was die Arbeit mit Symbolen bedeutet. Stellen Sie es ihm frei, ob er Symbole benutzen will oder nicht. Sie fördern die Bewusstheit und die Verantwortung eines Menschen, wenn Sie ihn immer wieder über ein Symbol, eine Körperstelle oder ein Thema entscheiden lassen.
- Geben Sie Reiki in Hülle und Fülle, wenn jemand Sie darum bittet; aber drängen Sie es nie auf.

Behandlungsstrategien

Menschen haben meist deshalb ein Problem, weil sie ihm aus dem Weg gehen. Sie wollen mit dem Problem nichts zu tun haben. Manchmal wollen wir uns zwar auf der mentalen Ebene ändern, aber es wird uns auf einer tieferen Ebene – mit der wir keine Verbindung haben – verboten. Wer ein Problem unmittelbar behandelt, stößt bisweilen auf diese „Mauer". Das bedeutet, dass keine Energie fließt oder die Symbole abgelehnt werden. Als Therapeut und Klient kann man entscheiden, dass es gut so ist: Offenbar will der Klient derzeit nicht tiefer dringen. Psychotherapeuten sprechen hier von „Widerstand", und ihre Arbeit besteht zu einem großen Teil darin, diesen Widerstand bewusst zu machen, sodass der Patient an seinem Problem arbeiten kann. Diese Strategie lässt sich auch bei der Reikibehandlung gut anwenden. Bei uns ist sie ein wichtiger Teil der Therapie. Die entscheidende Frage lautet: Was braucht der Klient, damit er sich traut, seinem Problem entgegenzutreten? Dadurch richten wir unsere Aufmerksamkeit auf das, was hinter dem Widerstand liegt. Dieser Filter und die Intuition steuern die Behandlung – eine einfache und doch wirksame Methode. Der Geber kämpft nicht gegen den Widerstand an, sondern sucht einen Ansatzpunkt für eine Veränderung. Damit arbeitet er dann.

Fernbehandlung

Bevor wir aus der Ferne behandeln, fragen wir uns, ob wir dafür die Erlaubnis haben. Wenn nicht, überlegen wir, ob es gut ist, ohne Erlaubnis zu arbeiten. Wir haben dieses Thema bereits behandelt, wollen hier aber noch anhand einiger Beispiele zeigen, was man falsch machen kann.

Oma ist froh, dass sie endlich Reiki 2 absolviert hat. Jetzt kann sie ihr zweijähriges Enkelkind behandeln, ohne dass dessen Mutter es merkt – die will nämlich nicht, dass Oma dem Kind hilft.

Peter hat Streit mit Maria. Er ist der Meinung, dass sie vor einigen Problemen einfach die Augen schließt. Um sie zur Einsicht zu bringen, behandelt er sie mit Sei He Ki.

Marlies weiß, dass ihr Mann nichts von Reiki hält. Aber weil er in letzter Zeit so müde ist, behandelt sie ihn ein paarmal aus der Ferne. Vielleicht hilft es ja auch gegen seine schlechte Laune.

Wenn wir entschieden haben, dass eine Fernbehandlung gut ist, stimmen wir uns auf den Klienten ein und konzentrieren uns dabei auf das Symbol Hon Sha Ze Sho Nen (wie man das macht, erklären wir in diesem Kapitel weiter oben). Danach gibt es mehrere Möglichkeiten:

- **Nur Reiki geben.**
  Wir konzentrieren uns eine Zeit lang auf den Empfänger.
- **Nur Reiki geben, aber besonders intensiv.**
  Wir konzentrieren uns auf den Empfänger und zusätzlich auf die zwei Symbole des Cho Ku Rei.
- **Behandlung bestimmter Körperstellen, bei Bedarf mit Cho Ku Rei.**
  Wir konzentrieren uns auf diese Stellen und bleiben bei jeder Stelle einige Minuten. Wenn Ihnen das schwer fällt, helfen Ihnen vielleicht die folgenden Tipps: Nehmen Sie einen Teddybär oder eine Puppe zur Hand, und stellen Sie sich vor, er/sie sei der Klient. Behandeln Sie durch Handauflegen. Wenn Sie mehrere Menschen gleichzeitig behandeln wollen, können Sie einen Zettel mit den Namen unter die Puppe legen. Sie können sich auch vorstellen,

dass Ihr Knie der Kopf des Klienten ist und dass sein Körper sich über Ihren Oberschenkel erstreckt. Dort behandeln Sie dann die gewünschten Stellen beim Klienten.

- **Aus der Ferne intuitiv behandeln.**
  Diese Methode eignet sich nur für einen Klienten, nicht für mehrere. Wir konzentrieren uns auf ihn und auf sein Problem und lassen uns von unserer Intuition sagen, wie die Behandlung aussehen soll. Während der gesamten Behandlung lassen wir uns von intuitiven Botschaften leiten. Was wir oben in Bezug auf den Widerstand erörtert haben, gilt auch hier.

- **Mehrere Klienten zugleich behandeln.**
  In diesem Fall brauchen wir von jedem Klienten einen Gegenstand, am besten den Namen und ein Foto. Diesen Stapel legen wir unter die Hände (oder in eine Schachtel) und verbinden uns mit dem Symbol Hon Sha Ze Sho Nen. Es ist vorteilhaft, dieses Symbol auf die Schachtel oder den Stapel zu zeichnen und dreimal andächtig das Mantra zu sprechen. Dann bitten wir die Führer des Reiki darum, dass alle Behandelten genau die Energie bekommen, die sie im Einklang mit dem göttlichen Plan brauchen.

- **Energie mit Cho Ku Rei verstärken.**
  Lenken Sie die Energie frei, oder folgen Sie bestimmten Handpositionen. Zum guten Schluss sollten Sie der Energie und den Helfern danken.

11 Der Kurs Reiki 3

In diesem Kapitel beschreiben wir den Kurs Reiki 3. Dort lernen die Teilnehmer, andere in Reiki 1, 2 und 3 zu initiieren. Zu diesem Zweck empfangen sie eine spezielle Initiation: die Meisterinitiation.
Bis vor kurzem wurde das Wissen über Reiki nur mündlich weitergegeben. Seit einigen Jahren wird diese Tradition durchbrochen, denn einige Autoren haben ihr gesamtes Wissen über Reiki in Büchern veröffentlicht. Unser Buch passt in diesen Rahmen, obwohl wir uns auch Grenzen setzen. Wir halten es für unvernünftig, allein auf der Grundlage eines Buches zu initiieren, einerlei, wie gut und genau das Buch ist. Manche Leute sagen, das müsse jeder für sich entscheiden. Das stimmt – aber es entbindet uns nicht unserer eigenen Verantwortung. Initiationen gewinnen durch das Dreiecksverhältnis Lichtwesen-Meister-Kursteilnehmer an Kraft. Außerdem halten wir es für notwendig, dass angehende Meister sich einem Auswahlverfahren stellen und persönlich angeleitet werden. Darum haben wir beschlossen, bestimmte unentbehrliche Elemente der Initiationen nicht in dieses Buch aufzunehmen. Jeder, der die Grundausbildung für Meister absolviert hat, kennt diese Elemente. Die Informationen, die wir hier geben, sollen diese Grundausbildung lediglich vertiefen und die Berufsausübung unterstützen.
Großen Wert legen wir auf die technischen Details des Initiierens. Reikimeister können dieses Kapitel vielleicht nutzen, um ihre Arbeit zu vertiefen. Auch den Aufbau eines Kurses und die Gruppenarbeit behandeln wir ausführlich. Dieser Teil ist für den Meister ein Spiegel für seine eigene Arbeit. Jeder Meister gibt seine eigenen Kurse auf der Basis seiner einzigartigen Fähigkeiten und Entscheidungen.
Dem angehenden Meister erlaubt dieses Kapitel einen Blick in die Arbeit der Reikimeister. Beachten Sie aber, dass wir hier *unseren* Kurs beschreiben, so wie wir ihn abhielten, als wir dieses Buch schrieben. Andere Meister

arbeiten möglicherweise ganz anders, und auch unsere Arbeit entwickelt sich natürlich weiter – auch unsere Kurse ändern sich!

11.1 Grundlagen

Unser Meisterkurs findet in der Regel an fünf aufeinander folgenden Tagen statt. Wir sorgen dafür, dass die Teilnehmer auch abends beieinander sein können – sie übernachten am Ort des Kurses. Daraus entsteht eine einzigartige Situation: Fünf Tage lang befinden die Menschen sich gemeinsam in einem spirituellen Energiefeld; fünf Tage lang gehen sie nicht zur Tür hinaus, um nach Hause zu fahren, fernzusehen, zu verreisen, Alkohol zu trinken und so weiter. Dies ist ein idealer Rahmen, um Energie aufzubauen. Bei guter Betreuung wird die Energie jeden Tag tiefer, und es entsteht immer mehr Raum für das Ziel: die Meisterinitiation.

Dank des speziellen Aufbaus unseres Kurses nimmt die Energie im Laufe der fünf Tage ständig zu. Am ersten Tag stimmen wir die Teilnehmer nämlich erneut auf Reiki 1 und am zweiten Tag noch einmal auf Reiki 2 ein. Die Einstimmung auf Reiki 3 folgt am vierten Tag.

Alle Initiationen nehmen wir in einer Atmosphäre des tiefen Respekts und der Meditation vor. Die Meisterinitiation erteilen wir während eines besonderen Rituals, sowohl um ihren Wert zu unterstreichen als auch um die Energie zu verstärken. Fünf Tage lang arbeiten wir gemeinsam an einer respektvollen und fürsorglichen Atmosphäre. So kommen wir einander immer näher, und die Gruppe wird zu einem sicheren Ort, an dem wir unserem Kern begegnen können. Es kommt immer zu intensiven Prozessen. Die Lichtwesen, die uns begleiten, sind vom ersten Augenblick an kraftvoll und für jeden erkennbar anwesend. Die spirituelle Energie nimmt jeden Tag zu. Der Kurs endet mit tiefer Dankbarkeit für alles, was wir zusammen geschaffen haben, und für die Lichtwesen, die so strahlend bei uns waren.

Nach dem Kurs bleiben die Teilnehmer oft im Kontakt, um Erfahrungen als neue Meister auszutauschen und Fragen zu beantworten. Dadurch nimmt auch ihre Reinheit und Kraft als Meister zu. Sie meditieren gemeinsam oder stimmen sich auf die reine Quelle des Reiki ein. Das ist für jeden Meister wichtig.

11.2 Energie intensivieren

Wenn man Menschen initiieren und in Reiki als Beruf einführen will, muss man anders vorgehen, als wenn man ihnen beibringt, Schuhe zu verkaufen. Reikiinitiationen setzen eine besondere Atmosphäre und Energie voraus.

Es ist für uns wichtig, den Menschen zu respektieren, den wir mit Reiki behandeln. Das Gleiche gilt für Kursteilnehmer. Wenn diese uns so arbeiten sehen, nehmen sie diese Grundhaltung in sich auf und lernen sie schätzen.

Zum Respekt gehört auch, dass wir dem Anderen die Verantwortung für sein Leben nicht nehmen. So gewinnen die Teilnehmer an Kraft und lernen zugleich den Unterschied zwischen einem passiven Empfänger und einem Empfänger, dem man hilft, stark zu werden oder zu bleiben. Wenn Reiki gegeben wird, können Gefühle hochkommen. Manchmal ist das die Voraussetzung dafür, dass wir ein höheres Energieniveau erreichen, ein andermal hat dieser Vorgang genau die gegenteilige Wirkung. Letzteres geschieht vor allem dann, wenn jemand sich äußert, nur um etwas zu sagen – dann haftet er an den Gefühlen. Der Kontakt mit den Gefühlen macht diese Menschen darauf aufmerksam, dass sie auf der emotionalen Ebene bleiben wollen. Das ist noch kein Wachstum und kein Schritt hin zu einer höheren Schwingung. Darum sollte man diese Situation überwinden, zumal sonst die ganze Gruppe mitschwingt.

Mitunter passiert jedoch etwas anderes. Manche Menschen haben nicht den Mut, sich dem Licht zu öffnen, weil sie das Aufräumen fürchten, das dann folgt. Tief im Inneren wehren sie sich gegen das Licht, um die emotionalen Schmerzen zu vermeiden, die Teil des Reinigungsprozesses sind. Wenn der Reikimeister die Gefühle innerlich willkommen heißt, kann das sehr befreiend wirken. Diese Einstellung macht nämlich den Teilnehmern Mut, sodass sie ihren Gefühlen ins Gesicht sehen. Dann kann das Licht strömen, und die Gefühle werden befreit.

Wenn wir mit Energie arbeiten, nutzen wir vor allem unsere Intuition, um Informationen zu gewinnen. Das setzt eine nach innen gerichtete Energie in der Gruppe voraus. Wenn der Kursleiter so initiiert und heilt und diese Haltung auch in Worte fasst, macht die Gruppe rasch mit.

Reiki zu geben und in Reiki initiiert zu werden ist eine spirituelle Begegnung mit sich selbst, der höheren Welt und den anderen Teilnehmern. Eine Gruppe erzeugt nicht zufällig spirituelle Energie, sondern der Kursleiter muss sie dazu bringen. Das setzt zunächst voraus, dass er diese Energie ohne Zögern, rein und deutlich hervorbringt. Für einen beginnenden Meister ist das nicht leicht, denn er muss spirituelle Energie erzeugen, obwohl die Kursteilnehmer noch nicht so weit sind.

Bei unseren Kursen empfangen wir die Teilnehmer in einem Raum mit Kerzen, Weihrauch und spiritueller Musik. Spirituelle Musik entsteht aus der Verbindung mit der Wahrheit, der Reinheit und Gott – anders als die Musik, die wir gewöhnlich im Radio hören. Diese Musik verbindet uns mit unserer inneren Reinheit. Manche New-Age-CDs besitzen diese spirituelle Qualität, aber für die meisten gilt das unserer Meinung nach nicht. Wir eröffnen den Kurs nicht mit der bekannten Vorstellungsrunde, sondern mit einer langen, tiefen Meditation. Dadurch verlassen die Teilnehmer schnell die mentale Ebene und verlieren auf der spirituellen Ebene ihre Unsicherheit. Nur einige Male haben wir mit Gesprächen begonnen (etwa weil ein Teilnehmer sich verspätete), und prompt steckte die Gruppe auf einer sehr mentalen Ebene fest. Es kostete viel Mühe, sie auf die spirituelle Ebene zu bringen. Unser Rat lautet daher: nicht reden, sondern sofort meditieren! Das ist die Grundlage für den ganzen Kurs.

Die einleitende Meditation

Meist channeln wir die einleitende Meditation. Das bedeutet, dass unsere Führer uns sagen, was die Gruppe im Augenblick braucht, um sich zu erden, sich zu heilen und die spirituelle Ebene zu erreichen. Die Meditationen sind daher jedesmal anders. Die meisten Menschen können nicht channeln, haben aber andere Möglichkeiten, die Meditation auf die Gruppe abzustimmen. Am besten stimmen Sie sich auf die Gruppe ein und folgen Ihrer Intuition.

Wenn es Ihnen noch nicht so gut gelingt, eine Meditation intuitiv zu leiten, können Sie sie vorbereiten. Dazu geben wir einige Beispiele. Am besten greifen Sie das auf, womit Sie bereits vertraut sind. Meister können natürlich auch ganz andere Fähigkeiten nutzen.

- Ein paar einfache Yogaübungen sorgen für Stille, sodass die Gruppe nach innen geht, sich erdet und sich nach Oben öffnet.
- Gesungene Mantras sind oft sehr wirksam.
- Die Gruppe wird still und ruhig, wenn sie einer Klangschale lauscht.
- Spirituelle Hintergrundmusik (manchmal auch im Vordergrund) kann heilende Energie tragen.
- Gelenktes Visualisieren kann die Gruppe in jede gewünschte Energie bringen. Es gibt immer Menschen, die nicht „sehen" oder „fühlen" und sich dann für ungeeignet halten. Ihnen erklären wir, dass sie wissen, fühlen, denken oder sehen können – alles wirkt. „Wahrnehmen" ist als neutrales Wort oft geeigneter als „visualisieren".
- Atemübungen
- Meditation nach einer Methode, mit der Sie vertraut sind

Manchmal ist es zweckmäßig, mehrere dieser Methoden zu kombinieren. Während der einleitenden Meditation sprechen wir meist einige Fähigkeiten der Teilnehmer an:

Ganz am Anfang ist die Gruppe unruhig, und viele Teilnehmer denken zu viel. Das wollen wir so schnell wie möglich ändern. Darum demonstrieren wir ihnen die Bauchatmung, damit sie „vom Kopf in den Bauch gehen".

Wirksame spirituelle Arbeit setzt gute Erdung voraus. Aber die Kurse locken auch schlecht geerdete Menschen an, und wenn wir sofort zu den höheren Chakren übergehen, können diese Teilnehmer nicht folgen. Die beste Vorbeugung ist gutes Erden.

Wer sich dem Reiki öffnet, der öffnet sich auch der Liebe. Der Kontakt mit dem Herzchakra ist ein Schritt in diese Richtung. Wenn viel blockierte Herzenergie vorhanden ist, achten wir darauf, sie zu befreien.

Dann ist es sinnvoll, die Gruppe für Reiki empfänglich zu machen, zum Beispiel indem wir die Teilnehmer mit Dankbarkeit für diese immer verfügbare Quelle der Kraft, Heilung und Liebe erfüllen.

Danach öffnen wir behutsam die Krone, und zwar mit dem Ziel, dass jeder seine höheren Chakren so weit öffnet, wie es derzeit gut für ihn ist. Mit diesem Ziel – und nur mit ihm – können wir mit Visualisieren arbeiten, zum Beispiel mit dem Öffnen der Krone als Lotosblüte (genau so weit, wie es für den Teilnehmer gut ist und wie er es jetzt verkraften kann). Es kann sinnvoll sein, Helfer anzurufen. Der Meister kann den Helfer anrufen, den er gern bei sich haben möchte, aber er kann auch die Kursteilnehmer auffordern, in der Stille ihre eigenen Helfer anzurufen.

Die Harmonisierung der Gruppenenergie

Wenn sich eine Gruppe von Menschen trifft, um an einem Kurs teilzunehmen, ist diese Gruppe noch kein Team. Wie in jeder neuen Gruppe tasten die Teilnehmer sich erst einmal ab. Dabei können Gefühle aller Art hochkommen, zum Beispiel Ärger, Eifersucht, Angst oder Wut. Einige Teilnehmer haben vielleicht dunkle Kräfte um sich, selbst wenn sie es nicht wissen. Diese Kräfte können die ganze Gruppe aus dem Gleichgewicht bringen, und manchmal versuchen sie, den Kurs zu „übernehmen", indem sie sich als vertraute Quellen verkleiden und in die hellsichtige Wahrnehmung des Meisters eindringen. Das sind im Grunde ganz normale Vorgänge.

Der bei weitem größte Teil dieser Gefühle und Einflüsse spielt sich auf der feinstofflichen Ebene ab. Das kann dazu führen, dass die Gruppe sich unsicher fühlt und entsprechend reagiert. Ein Teilnehmer zieht sich vielleicht in die höchsten Chakren zurück, ein anderer schließt sich ab oder schleudert aus seinem Solarplexus ständig Emotionen in den Raum. Das ist nicht konstruktiv, und je besser der Kursleiter solche verborgenen Prozesse wahrnehmen und ausgleichen kann, desto besser und schneller kommen die Kursteilnehmer voran. Die Qualität des Kurses hängt entscheidend von der Fähigkeit des Meisters ab, diese Energien zu erkennen und mit ihnen umzugehen.

Am besten beseitigt man unsichtbare Energieturbulenzen schon in der ersten Stunde. Das setzt voraus, dass der Meister in dieser ersten Stunde ein Alleskönner ist, der auf mehreren Ebenen zugleich wahrnimmt und handelt. Auf der sichtbaren Ebene leitet er die Meditation, auf der unsichtbaren registriert er intuitiv die verborgenen Energieströme und heilt sie. Wenn es gelingt, die Gruppenenergie in der ersten Stunde zu harmonisieren, entsteht eine stabile Gruppe, die tief und intensiv arbeiten kann. Der Meister braucht dann während der restlichen Zeit nicht mehr ständig auf die beschriebenen Vorgänge zu achten. Für uns ist es ein Vorteil, dass wir die Kurse zu zweit leiten: Fons kümmert sich um die sichtbare Arbeit, während Patricia die Gruppenenergie harmonisiert – oder umgekehrt. Dennoch kommt es vor, dass die Gruppe das Gleichgewicht verliert und die Arbeit stockt. Die Teilnehmer werden unruhig, es bildet sich mentale Energie, und die Atmosphäre wird unangenehm. Dann hören wir auf und widmen unsere ganze Aufmerksamkeit der Gruppenenergie. Wir schieben zum Beispiel eine Meditation ein, die wir channeln.

Es gibt viele Möglichkeiten, die Gruppenenergie zu harmonisieren. Auch hier gilt: Tun Sie, was Ihnen liegt! Einige Beispiele:

- Bitten Sie eine höhere Quelle, die Energie zu heilen: Führer, Gott oder andere. Bitten Sie darum, dass die Energie so harmonisiert wird, dass jeder sich seinem göttlichen Kern öffnen kann. Wiederholen Sie diese Bitte während des Kurses regelmäßig.

- Lassen Sie in alle Ecken des Raumes Johre strahlen. Rufen Sie das Licht von Johre regelmäßig an.

- Rufen Sie den Erzengel Michael an, wenn Sie merken, dass dunkle Kräfte anwesend sind.

- Leiten Sie Symbole in die Spannung, die Sie spüren: Hon Sha Ze Sho Nen, Johre oder Harth.

- Lassen Sie das Licht, das Sie empfangen, in sich strahlen. So schützen Sie sich vor negativer Energie im Raum und ersetzen sie durch das Licht.

- Transformieren Sie die negative Energie mit dem Violetten Feuer.

11.3 Symbole

Bei der Meisterinitiation arbeiten wir mit mehreren neuen Symbolen. Alle Reikischulen benutzen, soweit wir wissen, das so genannte Meistersymbol. Einige Schulen verwenden ein anderes Meistersymbol als die anderen. Was die sonstigen Symbole betrifft, gibt es größere Unterschiede. Einige gebräuchliche Symbole beschreiben wir in diesem Abschnitt. Es sind sehr alte buddhistische Symbole: das Sanskritzeichen Aum und das Hung.

Das Meistersymbol
Das Meistersymbol ist ein ganz besonderes Symbol. Für den Meister ist es der Zugang zum Initiieren. Ursprünglich kannten es nur sehr wenige Menschen auf der Welt. Heute kennen es viele Tausend. Manche Meister arbeiten mit diesem Symbol nur, wenn sie initiieren; andere meditieren auch darüber oder heilen mit ihm. Die Auffassungen über die Anwendung und den Wert des Symbols gehen also auseinander.
Das Meistersymbol hat eine sehr hohe Schwingung und strahlt reine Wahrheit aus. Es ist immer gut, weil es rein und wahr ist, und es stimmt den Menschen auf Gott ein. Das ist nur möglich, weil es uns hilft, die Krone zu öffnen. Das kann ein Segen, aber auch ein großes Risiko sein; denn sobald die Krone geöffnet ist, stehen wir allen Kräften offen, mit denen wir uns in Resonanz befinden. Wenn wir in der Krone mit dem Licht und der Wahrheit verbunden sind, ziehen wir das Licht und die Wahrheit an. Wenn wir in der Krone mit innerer Ruhe verbunden sind, werden wir noch stiller. Sind wir dagegen mit Unruhe oder mit Unreinheit verbunden, werden diese verstärkt. Wir müssen das Meistersymbol also mit großer Bescheidenheit nutzen, und nur dann, wenn wir spüren, dass wir mit sehr reinen Schwingungen verbunden sind.
Letzteres gilt auch, wenn wir das Meistersymbol beim Heilen verwenden. Wenn der Meister fähig ist, lange und tief in einer reinen Schwingung zu verweilen, kann er mit Hilfe des Meistersymbols diese innere Reinheit und seine Abstimmung auf das All vertiefen. In dieser Form kann er das Symbol dann zum Heilen benutzen. Es heilt den Meister in seiner Beziehung zum All und steigert dadurch seine heilenden Fähigkeiten.
Wer mit hohen, reinen Schwingungen verbunden ist, bleibt nicht von selbst auf dieser Ebene – er muss sich immer wieder darauf einstimmen und sich ständig reinigen. Das ist eine bewusste Entscheidung. Leicht fallen wir in alte Schwingungen zurück, und wenn das geschieht, müs-

sen wir es merken und aktiv daran arbeiten, dass wir in der höheren Schwingung bleiben oder sie wieder erlangen.

Das Sanskritzeichen Aum

Das Sanskritzeichen Aum ist das bekannteste Aum-Symbol im Westen. Man findet es überall. Das Wort Aum stammt aus dem Buddhismus. Der Laut Aum gilt als Urlaut, aus dem alles geschaffen wurde. Die Meditation über diesen Laut hilft dem Menschen, sich mit dem Einen zu verbinden, das alles hervorgebracht hat. Im Osten ist Aum ein heiliges Symbol. Zahllose Priester und Gläubige meditieren darüber, um mit dem Einen zu verschmelzen. Die Kraft dieses Mantras ist enorm. Im Buch *Mesters van het Verre Oosten*[6] weiß einer der Meister Folgendes über Aum zu berichten:

Lassen Sie mich das AUM erläutern (das U wird wie O gesprochen). Im Englischen verwendet man die Kurzform OM. Die korrekte Form im Hindustani ist AUM, darum wollen wir diese näher betrachten. A ist ein Kehllaut. Wenn du diesen Laut aussprichst, merkst du, dass er tief in der Kehle beginnt; es gibt keinen tieferen menschlichen Laut. Um das U auszusprechen, musst du die Lippen nach vorn bringen. Das M bildest du, indem du die Lippen aufeinander presst, sodass eine Resonanz entsteht, die dem Summen der Biene gleicht. Wie du siehst, enthält das heilige Wort AUM die gesamte Lautreihe. Alle anderen Laute liegen innerhalb dieser Reihe. Sie ist die Basis, sie umfasst alles und ist unendlich. Sie schließt alle Namen und Formen ein.

Wir wissen, dass die Form vergänglich ist, doch das Konkrete und Wirkliche, das vor der Form und vor dem Ausdruck war und Geist heißt, ist unvergänglich. Darum nennen wir die unvergängliche Wirklichkeit AUM.

Höre, wenn du die Wahrheit suchst: AUM ist Gott. Weise erreichen das Ziel, das sie sich gesetzt haben, durch AUM. Wer das A anschaut, der betrachtet

---

[6] Dieses Buch ist ein Forschungsbericht von Spalding (2000) über seine Begegnungen mit wahren Meistern des Ostens. Um 1900 hat Spalding sich mit einer Gruppe von Kollegen mehrere Jahre lang in die Lehren der Meister vertieft. Dieser Bericht ermöglicht uns einen Blick in die östliche Welt, ehe die westliche Kultur sie umformte. Ein außergewöhnlich inspirierendes Buch!

Gott im aktiven Zustand. Wer über das U meditiert, die zweite, dazwischen liegende Phase, erhascht einen Blick auf die innere Welt und wird zu einem Teil des Geistes. Wer über das M nachdenkt, sieht Gott als sich selbst, findet die Erleuchtung des Geistes und wird sofort befreit. Die Meditation über AUM, das höchste Selbst, schließt alles ein (Spalding 2000, S. 381, 382).

Mit diesem Mantra können wir uns am besten durch Sprechgesang verbinden. Es geht nicht darum, das Mantra „schön" zu sprechen oder zu singen, sondern wir müssen uns auf den Laut einstimmen, so wie er im Kosmos klingt. Dann befinden wir uns in Resonanz mit diesem kosmischen Ton und lassen ihn durch den Kehlkopf nach außen fließen. Der Kehlkopf ist der Verstärker des kosmischen Lautes. Dies ist die Essenz des Sprechgesangs. Den Menschen im Westen fällt es schwer, sich auf das Mantra einzustimmen; denn sie singen oft aus dem Ich heraus und wollen zeigen, wie schön sie singen oder wie tief sie verbunden sind.

Der Gesang hört sich dann vielleicht gut an, aber er ist kein Mantra. Wenn wir uns mit dem Klang eines Mantras verbinden wollen, kann eine CD mit dem Mantra nützlich sein. Wichtig ist, dass das Mantra aus einer tiefen Verbindung mit dem kosmischen Klang heraus gesungen wird. Viele westliche CDs mit Mantras sind nicht spirituell. Wichtig ist auch der Umgang mit der CD. Sie soll uns ja auf den kosmischen Klang einstimmen, aber das geht nur, wenn wir uns auf die Schwingung des Sängers einstimmen. Dann öffnen wir uns unserem höheren Bewusstsein, und der kosmische Klang wird zugänglich. Wir müssen die Schwingung des Sängers erreichen können, denn wenn sie zu hoch ist, können wir uns nicht auf sie einstimmen, und wenn sie zu tief ist, nützt sie uns ebenfalls nichts. In den Klöstern des Ostens werden Mantras seit Jahrtausenden gesungen. Im Westen fangen wir damit erst an. Diese Tatsache sollen wir beim Kauf einer CD berücksichtigen. Wenn wir eine geeignete CD besitzen, kann sie ein wundervolles Hilfsmittel sein, um eine tiefe Einstimmung zu erreichen. Ein Versuch lohnt sich.

Das Farbbild 10 ist eine inspirierende Darstellung des Zeichens Aum. Wenn Sie Aum zeichnen wollen, beachten Sie bitte seine Elemente: die Drei, den Kringel, der waagrecht mit der Drei verbunden ist, die Sonne und den Mond. Der Kringel symbolisiert die Energie, die aus dem Kosmos zum Menschen strömt; darum wird er von außen nach innen gezeichnet. Sonne und Mond sind Symbole des Männlichen und des Weiblichen, der Dualität des Lebens.

Om vajra sattva (sprich: om benza satto)
Dieses Symbol heißt auch Hung. Unserer Erfahrung nach haben dieses Mantra und sein Symbol, vor denen wir große Achtung haben, eine tiefe heilende Wirkung. Das vollständige Mantra lautet im Sanskrit:

Om vajra sattva,
Om vajra sattva,
Om vajra sattva hum.

Im Tibetischen klingt es so:

Om benza satto
Om benza satto
Om benza satto hung.

Dieses Mantra stammt nach Jane Reigerberg aus dem Dudkom Tersar Ngondro (einer Tantralehre) der Karma-Kagyu-Schule des tibetischen Buddhismus. Es wird in einer Übung verwendet, die Dorje Sempa, „Diamantgeist", heißt. Dieses Mantra ist das Mantra des Herzens. Jede Buchstabengruppe, die wir auf das Herzchakra richten, strahlt farbiges Licht aus: weiß, rot, grün, blau und gelb. Das Visualisieren dieser Farben im Herzchakra hilft uns, negative Energie zu transformieren, und beeinflusst besonders den Solarplexus, das Herzchakra, das Kehlchakra und das Dritte Auge.
Hung ist auf Farbbild 11 dargestellt. Eine gute Farbe für Hung ist flüssiges Silber (die Farbe der Abbildung weicht aus drucktechnischen Gründen davon ab).

11.4 Die Anwendung der Aum-Symbole beim Initiieren

Der Meister visualisiert die Aum-Symbole während der Initiation in bestimmten Augenblicken im Kronenchakra in der Qualität Gold. Unserer Erfahrung nach können nicht alle Kursteilnehmer dieses Symbol nutzen – es ist zu hoch für sie. Das akzeptieren wir. Andere nehmen das Symbol tief in sich auf. Dafür lassen wir uns so viel Zeit, wie der Teilnehmer braucht.

Außerdem haben wir beobachtet, dass diese Symbole bisweilen auch an anderen Orten der Lichtbahn oberhalb der Krone benötigt wird. Beim Initiieren wenden wir die Symbole dort an, wo es notwendig ist. Das kann zehn, aber auch vierzig Zentimeter oberhalb der Krone sein. Es kommt auch vor, dass wir das Aum-Symbol zuerst weit oberhalb der Krone anbieten müssen, damit das Kronenchakra es aufnehmen kann. In all diesen Fällen folgen wir den Botschaften, die wir hellsichtig erhalten. Die Symbole setzen wir immer auch in die Krone.

Die Vorbereitung auf die Initiation

Vor dem Initiieren machen wir einige Übungen, die den Energiestrom im Körper und die aus den Fingerspitzen strömende Energie beim Zeichnen der Symbole verstärken. Alle diese Methoden wollen wir hier besprechen.

11.4.1 Vom Hara aus arbeiten

Abendkurse für Meister geben wir regelmäßig. Während der Kurse lassen wir uns von Lichtwesen leiten, die uns schon einige Male darauf hingewiesen haben, dass wir beim Heilen und Initiieren vom Hara aus arbeiten müssen. Stein (1997) und Brennan (1993) sind der gleichen Meinung. Wir haben Folgendes gechannelt:

Der Bauch enthält eine Schatzkiste, welche die meisten Menschen im Westen nicht öffnen. Man nennt sie Hara oder Mittelpunkt der Welt. Der Hara hält für Heiler Kraft, Wissen und Ganzheit in außergewöhnlicher Fülle bereit. Die Vorteile der Arbeit aus dem Hara sind endlos ... Wenn du vom Hara aus Reiki gibst, ist der Energiestrom überaus stark.

Die Arbeit aus dem Hara heraus wurzelt tief in der traditionellen japanischen Kultur. Als Usui Reiki auf die Erde brachte, war es ein Teil der hohen Künste. Die Teezeremonie, die Kalligrafie, die Bildhauerei, die Kampfkünste: alles geschah vom Hara aus, denn sonst wäre es für die damals herrschende Klasse bedeutungslos gewesen. Darum ist es undenkbar, dass das Heilen zu der Zeit von Usui nicht vom Hara aus geschah.

Die Frage ist nur: Wie arbeitet man vom Hara aus? Das ist nicht leicht zu beantworten. Wir sind keine Haraspezialisten, aber wir wissen, dass die Arbeit vom Hara aus eine lebenslange Aufgabe ist, die wir immer besser, aber nie vollständig lösen werden. Man braucht viel Hingabe, um vom Hara aus zu leben und zu heilen. Dennoch sind wir davon überzeugt, dass jeder, der diesen Weg geht, die Schatzkiste allmählich öffnen kann. Auch die ersten Juwelen sind sehr wertvoll!

Hara-Übungen

Der Hara liegt ein paar Fingerbreiten unter dem Nabel und ein wenig innen. Man darf ihn nicht mit dem Emotionalkörper verwechseln, der so eng mit dem zweiten und dritten Chakra im Bauch verbunden ist. Folgende Übung haben wir gechannelt:

Verbinde dich mit der essenziellen Kraft des Goldes.
Sei weißes Licht.
Atme ruhig und entspannt dieses weiße Licht in den Hara ein.

In dieser Übung wird das weiße Licht als essenzielle Schwingung betrachtet, die das Reine, Schöne und Wahre hervorbringt. Es ist die Uressenz. Es ist Gott. Wenn man auf diese Weise die Schwingung des Hara gereinigt hat, fährt man so fort:

Geh aufmerksam in den Hara.
Sei darin anwesend.
Sei Zeuge.

Dies ist eine grundlegende und sehr wirksame Meditationstechnik. Aus dieser Grundhaltung heraus kann man gut mit Energie arbeiten.

11.4.2 Energie in den Fingerspitzen bündeln

Wer initiiert, zeichnet mit den feinstofflichen Fingerspitzen und Handflächen Symbole in den Energiekörper des Kursteilnehmers. Ob diese wirksam sind, hängt unter anderem davon ab, wie viel Energie der Meister durch die Hände fließen lassen kann.

Oben haben wir bereits erwähnt, dass der Reikistrom durch die Krone in den Körper fließt und ihn durch die Fußchakren verlässt. Normalerweise ist das ein gesunder, belebender Energiestrom. Kurz vor der Initiation unterbricht der Meister den Energiestrom aus den Füßen in die

Erde, und die Energie, die sonst in die Erde fließt, verlässt nun den Körper durch die Fingerspitzen und Handflächen. Um das zu erreichen, schließt der Meister seinen Hui-Yin-Punkt und verbindet zwei Meridiane, nämlich das Lenkergefäß und das Dienergefäß, indem er die Zunge an den Gaumen presst. Diese beiden Methoden stammen aus dem Taoismus und sind Tausende von Jahren alt. Sie werden auch im Yoga und Tantra angewandt. Wir haben sie vom Taomeister Mantak Chia gelernt, der es sich zum Ziel gesetzt hat, die eindrucksvolle Weisheit des Taoismus auch im Westen zugänglich zu machen. Chia hat viele Bücher geschrieben und leitet in Thailand ein großes Zentrum, wo er Dozenten ausbildet, die bereits in zahlreichen Ländern lehren.[7] Kathleen Milner beschreibt beide Techniken nur oberflächlich, während Diane Stein viel tiefer dringt und darüber hinaus auch eine Tantramethode erläutert, die Taoisten benutzen, um die sexuelle Energie zu wecken und durch den Körper strömen zu lassen. Diese Techniken behandeln wir hier in einem breiteren Rahmen und gehen nur auf die beiden erstgenannten Methoden genauer ein.

Der Taoismus lehrt, dass das Leben der Seele in einem Körper etwas Besonderes ist. Darum müssen wir den Tempel der Seele so rein wie möglich halten, also nach einem gesunden, vitalen und starken Körper streben. Dabei helfen uns die Kräfte, die uns umgeben: das Chi aus der Erde und aus dem Kosmos. Es gibt zahlreiche Techniken, um Chi in den Körper zu leiten, durch den Körper fließen zu lassen und Körper, Seele und Geist besser miteinander zu verbinden. Die Methode, die wir beim Initiieren benutzen, ist einfach, aber grundlegend und wird auch von Taomeistern verwendet. Sie bringt Energie nach innen, lässt sie durch die Hauptleitbahnen strömen und sammelt sie schließlich im Hara, dem großen Energiespeicher im Bauch.

Der kleine himmlische Kreislauf

Über die vordere und hintere Körpermitte verlaufen zwei Energiebahnen: das Lenkergefäß und das Dienergefäß, auch Leitbahn der Steuerung und aufnehmende Leitbahn genannt. Das Dienergefäß beginnt

---

[7] Informationen über Chias Zentrum und weitere Zentren in aller Welt finden Sie im Internet unter www.healing-tao.com.

in einem Energiepunkt, der Hui Yin heißt. Er liegt zwischen Anus und Vagina oder Penis. Von dort fließt die Energie über die Mittellinie des Körpers nach vorn bis zur Unterlippe und dann in den Mund bis zur Zungenspitze. Dies ist eine Yin-Energie.

Durch das Lenkergefäß strömt dagegen Yang-Energie. Dieser Meridian beginnt am selben Punkt und läuft dann die hintere Mittellinie entlang nach oben bis zum Grübchen über der Oberlippe und schließlich in den Mund hinein bis zum Gaumenrand. Diese zwei Meridiane sind die Hauptverteiler der Energie, die durch den Körper strömt.

Die Energie, die wir durch die Krone aufnehmen, fließt durch den Körper, ernährt alle Meridiane und strömt dann weiter in die Füße und durch die Fußchakren in die Erde. Wenn wir offen sind, befinden wir uns somit in einem ständigen Energiekreislauf. Die ausströmende Energie lässt sich blockieren, indem man den Hui Yin schließt. Im Taoismus geschieht das, um dem Körper mit zusätzlicher Energie zu versorgen und Reserven aufzubauen.

Bei den höheren Techniken geht es darum, den Kundalinistrom zu verstärken. Kundalini wird geweckt, um den Menschen glücklich und rein zu machen, sodass er im Göttlichen aufgeht. In einigen Reikischulen schließt man Hui Yin durch Anspannung der Beckenbodenmuskeln (der Anus wird nach innen gezogen, die Vagina kontrahiert), sodass mehr Energie in die Hände fließt. Wer täglich übt, kann die Anspannung bald lange durchhalten.[8] Wichtig ist aber auch die Absicht, Hui Yin zu schließen.

Das Lenkergefäß und das Dienergefäß sind im Hui Yin miteinander verbunden. Oben können wir sie ebenfalls verbinden, wenn wir die Zungenspitze an den Gaumen drücken. Die exakte Stelle befindet sich dort, wo die Mittellinie des Körpers und der Gaumenrand (vor den oberen Zähnen) sich kreuzen. Ein leichter Druck genügt. Anfangs ist es gut, diesen Punkt ein paar Mal mit der Zunge zu berühren, um den Energiestrom in Gang zu bringen.

---

[8] Diese Übung massiert und vitalisiert zudem die Prostata und kann bei Frauen Inkontinenz im Alter verhindern. Kräftigere Kontraktionen der Vagina ermöglichen einen intensiveren Orgasmus. Bei Männern und Frauen kann die Anspannung der Beckenbodenmuskeln Kundalini wecken.

Die Verbindung zwischen diesen beiden Meridianen mit Hilfe der zwei beschriebenen Methoden wird „kleiner himmlischer Kreislauf" genannt. Kathleen Milner erwähnt diese Techniken zwar, jedoch nicht im Zusammenhang mit dem kleinen himmlischen Kreislauf, obwohl sie die Nadis (die Energiebahnen im Körper) nachhaltig vitalisieren. Im Taoismus geschieht dies, indem man Energie aus dem Kosmos und aus der Erde durch Krone, Fußchakren und Drittes Auge einströmen und kreisen lässt. Sie fließt dann vorn nach unten und hinten nach oben. An der Vorderseite wird die Richtung des Stroms während der Meditation also umgekehrt. Beim Meditieren kann man außerdem auf einige besondere Energiezentren achten, aber notwendig ist das nicht. Wichtig ist jedoch der Abschluss der Übung: Der Energieüberschuss wird im Hara (im Taoismus Tan Tien) gesammelt. Einzelheiten finden Sie in der nachfolgend beschriebenen Übung 13.

Übung 13: Der kleine himmlische Kreislauf

1. Sitzen Sie in der Tao-Grundhaltung: mit geradem Rücken an der Stuhlkante und mit beiden Füßen auf dem Boden.
2. Schließen Sie Hui Yin (Beckenboden anspannen und bewusst schließen).
3. Drücken Sie die Zungenspitze leicht an den Gaumenrand vor den oberen Zähnen.
4. Lassen Sie Reiki (Seichem) durch die Krone einströmen. Nutzen Sie bei Bedarf Ihre Intuition.
5. Lassen Sie die Energie entlang der vorderen Mittellinie nach unten strömen, dann vom Hui Yin nach hinten, über den Rücken nach oben und durch die Zunge wieder an der Vorderseite nach unten. Drücken Sie die Zunge einige Male an den Gaumen, um den Energiestrom zu aktivieren.
6. Lassen Sie die Energie mindestens neunmal kreisen.
7. Sammeln Sie die Energie zum Schluss im Nabel (Hara/Tan Tien). Legen Sie dazu beide Hände auf den Nabel, die rechte auf die linke. Männer drehen die Energie zuerst 36 Mal nach rechts (im Uhrzeigersinn, also in Fließrichtung des Dickdarms) in einer Spiralbewegung nach außen und schließlich 24 Mal nach links und spiralig nach innen. Frauen drehen die Energie 36 Mal nach links und dann 24 Mal nach rechts.

Wenn Hui Yin geschlossen ist und die zwei Hauptmeridiane verbunden sind (Zunge am Gaumen), kann die einfließende Energie nur noch auf einem einzigen Weg abfließen, nämlich durch die Fingerspitzen und Handflächen. Um dieses „Leck" zu schließen, können Sie beim Aufbau der Energie die Fingerspitzen aneinander legen und die Hände erst öffnen, wenn Sie die Initiationssymbole zeichnen. Dabei spüren Sie, wie ein erhöhter Druck plötzlich abgebaut wird. Mit diesem Druck zeichnen Sie die Symbole. Ein Reikimeister sollte wissen, was geschieht, wenn ein Schüler die beschriebenen Methoden anwendet. Wie er das macht, zeigt Übung 14.

Übung 14: Den Energieaufbau in den Fingern selbst erleben

1. Initiieren Sie einen Kollegen (Reikimeister), oder üben Sie mit einem anderen Helfer. Benutzen Sie Cho Ku Rei. Bleiben Sie innerlich still, damit Sie den Energiestrom optimal wahrnehmen. Entfernen Sie sich vom Empfänger. Sagen Sie ihm, dass Sie ein wenig Zeit brauchen, um die Energie aufzubauen.
3. Schließen Sie Hui Yin. Legen Sie die Zunge an den Gaumen und die Fingerspitzen aneinander. Atmen Sie entspannt im Bauch. Öffnen Sie dann die Hände, und zeichnen Sie sofort das Symbol.
3. Beobachten Sie, wo die Energie aus den Händen fließt. Fragen Sie den Empfänger, was er dabei spürt.

Abwandlung:
Ändern Sie den Abstand zwischen der Vorbereitung und dem Zeichnen. Macht es einen Unterschied, ob Sie sofort zeichnen oder zum Beispiel nach fünf Minuten?

11.4.3 Die blaue Nierenatmung

Dies ist ebenfalls eine Methode, mit der manche Meister kurz vor dem Initiieren die Energie aufbauen. Dabei bleibt Hui Yin geschlossen und die Zunge am Gaumen. Visualisieren Sie Kobaltblau über Ihrer Krone, und lassen Sie diese kobaltblaue Energie beim Einatmen durch die Krone in die Nieren und um sie herum fließen. Während der Atempause halten Sie die Energie dort fest. Beim Ausatmen atmen Sie die Energie als weiße Wolke durch die Krone aus. Wiederholen Sie die Übung zweimal.

Wenn Sie keine Farben visualisieren können, genügt es, sie zu denken, zu wissen oder zu spüren. Manchmal hilft es, während dieser Vorbereitung einen blauen Gegenstand zu betrachten.

Abbildung 15:
Die Ausgangshaltung beim Initiieren.

11.4.4 Farben atmen

Einige Reikischulen schließen an die blaue Nierenatmung eine Übung an, die den Energiekanal reinigt und in eine höhere Schwingung versetzt:

Hui Yin bleibt geschlossen.
Die Zunge bleibt sanft am Gaumen.

Sehen, wissen oder spüren Sie weißes Licht über dem Kronenchakra. Nehmen Sie sich bei Bedarf Zeit, um dieses Licht aufzubauen.

Atmen Sie dieses weiße Licht ein, und lassen Sie es bis zum Wurzelchakra fließen.

So wird der Kanal mit weißem Licht gereinigt. Während man den Atem anhält, hält man diese Energie im Steiß fest. Anschließend empfängt man im Gehirn einige Farben, welche die höheren Bewusstseinszentren stimulieren. Mit der letzten Farbe, die dem Meister und dem Schüler hilft, sich mit ihrem göttlichen Kern zu verbinden, werden die Symbole gezeichnet.

11.5 Initiationsmethoden

Beim Initiieren verwenden wir einige Methoden, deren Ziel es ist, die Symbole tiefer eindringen und die Energie strömen zu lassen. Diese drei Methoden heißen Blasen, Klopfen (oder Versiegeln) und Anheben. Zunächst wollen wir jedoch die Ausgangshaltung beim Initiieren besprechen.

11.5.1 Die Ausgangshaltung

Bei allen Reiki-Initiationen sitzt der Schüler mit geradem Rücken auf einem Stuhl oder besser auf einem Hocker und setzt beide Füße (ohne Schuhe) fest auf. Die Hände befinden sich im Namaste (siehe Abb. 15), der indischen Grußhaltung, die „Ich grüße das Göttliche in dir" bedeutet – und genau das geschieht bei der Initiation.
Manche Menschen assoziieren diese Haltung mit Bitten wie in der christlichen Tradition. Einigen gefällt das, andere empfinden es als erniedri-

gend. Wer die Religion als sehr negativ erlebt hat, reagiert energetisch heftig, wenn er die Hände so hält, und das kann die Initiation stören. Darum erklären wir vor jeder Initiation, woher Namaste kommt und was es bedeutet.

Der Schüler sollte mit geradem Rücken sitzen, damit die Energie gut durch den Energiekanal nach unten strömt. Den meisten Menschen im Westen fällt diese Haltung schwer.

11.5.2 Symbole in Chakren zeichnen

Bei allen Initiationen zeichnen wir Symbole in Chakren, und zwar ins Herz-, Kehl-, Stirn- und Kronenchakra sowie in die Nebenchakren in den Füßen und Händen. Was wir in Kapitel 10 über den Kontakt mit Symbolen und das Zeichnen von Symbolen geschrieben haben, ist beim Initiieren sehr wichtig. Zum Zeichnen von Symbolen in Chakren sind noch einige Ergänzungen erforderlich.

Ein Chakra ist ein komplexes feinstoffliches Organ, das mehr oder weniger gut arbeitet. Ein gesundes, vitales Herzchakra ist beispielsweise am Rückgrat mit dem senkrechten Energiekanal verbunden. Von dort aus strahlt es durch die Haut und öffnet sich trichterförmig bis weit in die Aura hinein. Ein offenes und gesundes Chakra strahlt in alle Schichten der Aura und kommuniziert so mit dem Fühlen, dem Denken und der Spiritualität des Menschen. Diese Qualitäten sind jedoch oft schlecht aufeinander abgestimmt oder noch unterentwickelt.

Bei einer Initiation sollte ein Symbol in alle Dimensionen eines Chakras ausstrahlen, auch in die wenig entwickelten. Das Symbol schwingt dann in einem großen Gebiet. Das erreichen wir mithilfe unserer klaren Absicht. Man kann das Symbol auch auf die Haut zeichnen und sich gleichzeitig dessen bewusst sein, dass es dort anwesend ist, wo es gebraucht wird.

Genauso können wir von einer höheren Einstimmung aus initiieren und dieser Einstimmung den Auftrag geben, das Symbol an den richtigen Ort zu schicken. Dabei unterwerfen wir uns dem göttlichen Willen, der dem Menschen die Initiation schenkt. Unser höheres Bewusstsein versetzt das Symbol beim Initiieren im Energiekörper des Kursteilnehmers in Schwingung. Es fließt dann nicht als Lichtbahn aus unseren Fingern, sondern erreicht den Schüler über den Lichtkörper. Das Zeichnen des Symbols auf die Haut ist in diesem Fall ein Ritual, das die Energie ins Chakra lenkt und insofern wichtig und notwendig bleibt. Wenn wir uns auf das göttliche Licht einstimmen, übermitteln wir eine höhere Wahrheit, als wenn wir beim Initiieren von uns selbst ausgehen.

11.5.3 Blasen

Beim Initiieren setzen wir zunächst Symbole in die Handflächen des Kursteilnehmers. Dann blasen wir Symbole in die Handflächen, wobei der Schüler die Hände vor die Krone, das Stirnchakra, das Kehlchakra und das Herzchakra hält. Zum Schluss blasen wir noch einmal auf die Handflächen. Wo man welche Symbole bläst, besprechen wir in diesem Buch nicht, denn hier geht es nur um die allgemeine Methode. Damit der Schüler die Hände in die richtige Position bringt, tippen wir ihm gewöhnlich auf die Seite der Schulter, um ihm ein Zeichen zu geben. Die meisten Teilnehmer vergessen in diesem großen Augenblick trotz aller Erklärungen, was der Klaps bedeutet, denn sie befinden sich in tiefer Trance. Darum bringen wir ihre Hände in die gewünschte Position. Bei Menschen, die sich nicht gern berühren lassen, gehen wir behutsam vor und berühren sie nur ganz leicht.

Die Symbole blasen wir in der Farbe, mit der wir arbeiten wollen. Unserer Erfahrung nach blasen junge Meister die Symbole nicht kräftig genug. Dazu geben wir ihnen die folgenden Empfehlungen:

Atmen Sie auf der spirituellen Ebene des Herzchakras. Dort nehmen Sie einen tiefen Klang wahr, der sich anfühlt wie tiefe Liebe und Verbundenheit, wie Ruhe und innerer Frieden. Gleichzeitig fühlt er sich lebendig an, wie unerschütterliche Freude am Leben. Im Kontakt mit dem Anderen erleben wir bedingungslose Liebe. Unsere Liebe für den Partner oder die Kinder empfinden wir hier als starke Woge des Glücks. Betrachtet man einen Menschen, der so mit seiner spirituellen Aura verbunden ist, lächelt er oft übers ganze Gesicht. Sein Energiefeld strahlt, seine Liebe ist sicht- und spürbar.

Lassen Sie nun das Symbol aus dem Kosmos auf sich zukommen, und empfangen Sie es im spirituellen Teil des Herzens. Atmen Sie es dann aus, in die Hände des Schülers hinein. Jetzt geschieht etwas Besonderes: Da Sie tief mit ihrer Liebe und mit Gott verbunden sind, kann Gott durch Sie wirken. Engel und andere Lichtwesen können nun durch Ihren Atem wirken. Der Atem wird beseelt, so wie es bei der Schöpfung geplant war. Der Atem lebt. Durch den Atem kommt Gottes Atem in den Menschen, und der Mensch wird gottgleich.

11.5.4 Klopfen oder Versiegeln

Nachdem der Meister die Symbole in die Hände geblasen hat, führt er die Hände des Schülers vorsichtig zusammen. Dann klopft er mit beiden Händen auf die Handkanten des Schülers, um die Symbole in den Handflächen zu versiegeln. Manchmal klopfen wir ganz sanft und manchmal kräftiger. Dabei lassen wir uns von unserer Intuition leiten. Bei Kursteilnehmern, die sich bei einer Berührung zurückziehen, sind wir natürlich sehr behutsam. Vor der Initiation erklären wir den Teilnehmern, dass wir die Symbole versiegeln.

Bei der Reiki-2-Initiation kann man die Symbole in den Füßen versiegeln. In diesem Fall klopfen wir mit der Hand auf die Fußsohle oder schnippen in der Aura des Fußchakras mit den Fingern.

11.5.5 Anheben

Während der Initiation fordern wir den Schüler einige Male auf, gerade zu sitzen. Wenn Rücken und Kopf gerade sind, kann die Energie, die in die Krone strömt, ungehindert zum Steiß weiterfließen. Es hat schon seinen Grund, dass die östlichen Meditationstechniken diese Haltung verlangen.

Unsere Hand legen wir auf den Nacken des Schülers (an den Schädelrand) und drücken sanft nach oben. Nur leichter Druck ist erlaubt, denn ein kräftiger Druck ist äußerst unangenehm (jeder Meister sollte das selbst erduldet haben!). Vor der Initiation erklären wir auch diese Prozedur.

11.6 Die Reiki-Initiationen

Die Reiki-Initiationen beginnen alle gleich: Wir bereiten die Kursteilnehmer vor und bauen Energie auf. Von da an gibt es Unterschiede. Alle Schritte der allgemeinen Vorbereitung werden nachfolgend beschrieben.

Die Energie erhöhen

- Erhöhen Sie die Energie der Kursteilnehmer und Ihre Energie durch Meditation (siehe Kapitel 9, Die Meditation zu Beginn). Verbinden Sie sich mit der höchstmöglichen Energie. Lassen Sie Wahrheit und Reinheit Ihre Führer sein.
- Erklären Sie die Initiation in dieser Atmosphäre.
- Fordern Sie die Gruppe auf, sich aktiv an der Initiation zu beteiligen, indem sie alles, was geschieht, innerlich akzeptiert. Bitten Sie die Teilnehmer, sich der Energie zu öffnen (siehe Kapitel 11, Initiieren in der Gruppe).
- Entscheiden Sie intuitiv, wen Sie zuerst initiieren wollen.
- Fragen Sie diesen Teilnehmer, wie er sich leichter öffnet: wenn Sie in der Aura arbeiten oder wenn Sie auf dem Körper arbeiten (siehe Kapitel 6, Reiki und Intimität).
- Erklären Sie ihm, dass Sie zuerst Ihre eigene Energie aufbauen werden, und bitten Sie ihn, sich zu entspannen und im Bauch einzusinken. Ist der Teilnehmer in Yod initiiert, können Sie ihn auffordern, sich mit Yod zu verbinden.
- Schließen Sie Hui Yin. Halten Sie die Kontraktion bewusst während der gesamten Initiation aufrecht.
- Legen Sie die Zunge an den Gaumen.
- Erden Sie sich.
- Rufen Sie Ihre Führer an.
- Bauen Sie Ihre Energie, wenn gewünscht, mit der Meditation des kleinen himmlischen Kreislaufs auf.

Den Kontakt herstellen

Stellen Sie sich hinter den Kursteilnehmer, und legen Sie ihm beide Hände auf die Schultern (aber nur, wenn er einverstanden ist). Nehmen Sie aus einer neutralen Einsstellung heraus mit ihm Kontakt auf. Sobald Sie spüren, dass er sich Ihnen öffnet, machen sie weiter. Öffnet er sich nicht, ist es oft hilfreich, aus einer neutralen Haltung heraus Liebe durch die Hände strömen zu lassen. Bitten Sie, wenn Sie wollen, Ihre Führer, dem Teilnehmer zu helfen, damit er sich öffnen kann.

In diesem Augenblick können Sie den Kursteilnehmer auch heilen. Die Heilung beginnt damit, dass Sie ihm helfen, sich der Initiation voll und ganz zu öffnen. Alles, was dem im Wege steht und was jetzt geheilt werden kann, darf an die Oberfläche kommen. Die Heilung kann intensiv und tief sein. Sobald Sie merken, dass der Teilnehmer sich optimal geöffnet hat, fahren Sie mit der Initiation fort.

Kurz vor der Initiation

- Sie haben mit dem Kursteilnehmer Kontakt aufgenommen und die Heilung beendet.

- Entfernen Sie sich etwas vom Teilnehmer, um die Energie für die Initiation aufzubauen. Ihre Zunge liegt immer noch am Gaumen, und Sie spannen immer noch den Beckenboden an.

- Legen Sie die Fingerspitzen aneinander.

- Führen Sie die blaue Nierenatmung (siehe Kapitel 11) dreimal durch.

- Schließen Sie die Farbatmung an (siehe Kapitel 11).

- Nehmen Sie nun die Initiation vor (mit der letzen, hier nicht genannten Farbe der Farbatmung), bei Gruppen nur einmal, bei einem Teilnehmer dreimal hintereinander.

Der Abschluss

Runden Sie die Initiation ab, indem Sie mit dem Kursteilnehmer Kontakt aufnehmen. Meist nehmen wir Blickkontakt auf und danken dem Teilnehmer. Er steht noch unter dem Eindruck des Rituals und braucht Ruhe. Darum sprechen wir nicht mit ihm, sondern machen mit dem nächsten Teilnehmer weiter.

11.7 Der Reiki-Unterricht

Jeder Reikimeister, der initiiert, steht vor der Frage, was er wie weitergeben soll. Im Westen gibt es heute ganz unterschiedliche Auffassungen vom Reiki-Unterricht. Viele Reikimeister sind der Meinung, Reiki sei eine sehr einfache Methode, die sich in kurzer Zeit weitergeben lasse. Sie geben auch schnelle, kurze Kurse. Die Kurse von Diane Stein sind ein Beispiel dafür – sie dauern nur ein paar Stunden. Nach der klassischen Auffassung muss die Arbeit mit Energie gut begleitet werden. Diese Meinung teilen viele Meister im Osten wie im Westen. Auch sie geben zwar unterschiedliche Kurse, gehen aber auch davon aus, dass eine längere Betreuung erwünscht ist und dass nicht jeder ein Meister werden kann. Es mag sein, dass beide Standpunkte richtig sind; aber sie haben wohl verschiedene Ziele. Die schnelle Initiation ist für den Empfänger ein Lichtblitz. Dennoch kann für ihn etwas Wesentliches geschehen sein. Wie tief das Erlebnis geht und wie beständig es ist, hängt allein von ihm ab – aber er wird nach der Initiation allein gelassen.

Eine längere Ausbildung hilft der Blume, die bei der Initiation gepflanzt wird, weiter zu wachsen. Das setzt allerdings eine gewisse Reife des Meisters voraus – und in dieser Hinsicht sollten westliche Meister bescheiden sein. Usui verließ seinen Körper völlig bewusst. Er tötete sich nicht selbst, wie einige westliche Bücher behaupten, sondern er trat freiwillig aus seinem Körper aus. Das ist eine sehr fortgeschrittene Yogamethode, die beweist, dass Usui ein Meister war. Im Westen kennen wir keine Meister, die auf einer ähnlichen Stufe stehen.

Die westlichen Reikimeister sind überhaupt keine Meister, sondern normale Menschen, die bestenfalls in ihrer spirituellen Entwicklung etwas fortgeschrittener sind als andere. Sie können mit Energie nicht so umgehen wie ein wahrer Meister. Das ist kein Wunder, denn uns fehlt es an einer Kultur und an einer Tradition, in der solche Fähigkeiten heranreifen könnten. Westliche Meister können daher nicht auf dem gleichen Niveau wie Usui ausbilden, einfach deshalb, weil sie keine Meister sind. Sie suchen, entdecken und stolpern, und vor diesem Hintergrund geben wir unsere Meisterkurse. Dies ist unser Standort im Westen. Nur das können wir – nicht mehr und nicht weniger (Ausnahmen bitten wir um Nachsicht!).

Auch Kathleen Milner stellte sich die Frage, warum westliche Meister nicht zu den Heilungen fähig sind, die man Usui nachsagt. Die Antworten ihrer Führer verarbeitete sie in ihrem Tera-Mai-System. Unserer Meinung nach können westliche Meister deshalb nicht so heilen wie Usui, weil sie nicht auf seiner Entwicklungsstufe stehen.

Was wollen Menschen lernen, die an einem Reikikurs teilnehmen? Sind sie nur neugierig, wollen sie Wunder vollbringen, oder suchen sie nach ihrem Selbst? Die meisten unserer Kursteilnehmer wollen herausfinden, ob es eine andere Welt gibt, zu der sie Zugang haben. Sie suchen nach einem Sinn und nach Spiritualität. Im Reikikurs können sie ihren feinstofflichen Körper erfahren, die Kräfte hinter Reiki und die heilende Energie kennen lernen und ihren schöpferischen Geist nutzen.

Mit unseren Reikikursen haben wir uns für einen Mittelweg entschieden. Wir behaupten nicht, dass dieser Weg der Beste ist; aber er ist für uns derzeit der beste Kompromiss. Wir teilen den Unterricht in Abschnitte ein, die jeweils für sich absolviert werden können. Alle Kurse sind kurz und umfassen nur zwei bis fünf Tage. Anschließend bieten wir Übungsabende an. In allen Kursen legen wir besonderen Wert darauf, dass die Teilnehmer so tief wie möglich erleben, was sie tun. Sie sollen uns nicht glauben, sondern ihre Erfahrungen selbst machen. Dabei nutzen wir unsere Hellsichtigkeit und unsere Erfahrung als Therapeuten. Wir lassen die Teilnehmer arbeiten und machen ihnen ständig bewusst, was geschieht, wenn sie mit Menschen arbeiten. Nur so lernen sie die Energieströme wirklich kennen, und nur dieser Ansatz kann das Niveau der Reikiausbildung heben.

11.8 Besondere Gesichtspunkte

In diesem Abschnitt behandeln wir einige spezielle Aspekte unseres Kurses. Zum Teil haben wir sie bereits erörtert, aber wir finden sie so wichtig, dass wir sie ausführlicher behandeln wollen.

11.8.1 Initiieren in der Gruppe

Initiationen sind traditionell geheim. Einige Meister – darunter auch Kathleen Milner – haben mit dieser Tradition gebrochen. Bei Kathleen

Milner sitzen die Schüler im Kreis und wenden einander den Rücken zu, um einen optimalen Energieaustausch zu gewährleisten. Unserer Erfahrung nach ist die Initiation im Kreis ein Segen, weil alle Teilnehmer in das Geschehen einbezogen werden. Bei uns wenden sie einander jedoch das Gesicht zu. Nach unserer gemeinsamen Meditation rufen wir unsere Führer, Engel oder schützende Kräfte an. Auch die Kursteilnehmer bitten wir, ein Wesen herbeizurufen, das ihnen teuer ist – einen geliebten Verstorbenen, Engel, Führer, Buddha oder Jesus. Während sie still bei sich selbst sind, erklären wir das Initiationsritual, das einige Stunden dauert. Wir bitten sie, die Initiationen aus dem Herzen mitzutragen. Das ist das Wesentliche. Wenn jeder Einzelne in seinem Herzen ein Teil des Ganzen ist, bildet sich ein großes, pochendes Herz, in dem jeder Anwesende sich selbst begegnet.

Dadurch wächst in jedem Kursteilnehmer das Verlangen, sich einer größeren Liebe zu öffnen. Das ist der Kern der Initiation: die Begegnung und Verschmelzung mit einer größeren Liebe, die wir göttlich nennen. Man erlebt sie als tiefe, bedingungslose Liebe für jeden Anwesenden. Diese Liebe ist völlig unabhängig von Gefühlen und vom kleinen, emotionalen, menschlichen Herzen, das verschlossen und feindselig sein kann. Das große Herz ist offen und frei und stellt keine Forderungen. Es ist voller Freude, Lebendigkeit und Kraft.

Für die Initiationen nehmen wir uns viel Zeit, und alle verbringen diese Zeit in einem besonderen Energiefeld. Was für ein Segen! Wie oft haben wir als Individuen ein solches Erlebnis? Das ist einer der Vorteile, die eine Initiation in der Gruppe bietet.

Weil das Initiieren so lange dauert, dürfen die Teilnehmer selbstverständlich etwas trinken, die Toilette aufsuchen oder umhergehen, wenn der Rücken schmerzt. Wichtig ist nur, dass sie immer wieder zum eigentlichen Ziel zurückfinden: einander aufrichtig zu begegnen.

11.8.2 Heilen beim Initiieren

Wie bereits erwähnt, heilen wir jeden Kursteilnehmer kurz vor der Initiation. Wir wollen heilen, was einer tiefen Initiation im Wege steht, soweit es in diesem Moment möglich ist. Diese Heilung spiegelt unsere Auffassung wider, dass die Initiation ein Prozess ist, den drei Parteien jeweils für sich festlegen, indem sie die „Obergrenze" der Initiation bestimmen. Der Kursteilnehmer bestimmt, wie weit er sich nach Oben und gegenüber dem Meister als Vermittler öffnen kann und will. Wenn er nein sagt, kann und will die obere Welt nicht herabkommen. Wenn wir den Teilnehmer heilen, wecken wir oft sein Verlangen, alle Hindernisse zu überwinden. Dann ist eine tiefe Heilung möglich.

Sobald wir wissen, dass der Teilnehmer sich so tief öffnen kann, wie es ihm derzeit möglich ist, beginnen wir mit der Initiation. Wieder stimmen wir uns auf die göttliche Energie ein, nehmen sie in uns auf und geben sie weiter. Das ist der Kern der Initiation. Zum Schluss runden wir die Initiation mit einem Blickkontakt ab.

Wer soeben initiiert wurde, will still bei sich selbst verweilen. Wir geben den Teilnehmern diese Ruhe und wenden uns sofort dem nächsten Initianden zu.

11.8.3 Der Vorteil mehrtägiger Kurse

Unser Reikimeisterkurs dauert fünf aufeinander folgende Tage. Bei allen anderen mehrtägigen Kursen schieben wir zwischen den Kurstagen eine Vertiefungsphase von mehreren Wochen ein. Beide Methoden haben Vorteile und Nachteile, die wir hier kurz besprechen wollen.

Der fünftägige Kurs
Wenn Menschen fünf Tage lang beisammen sind, kommt es zu Wechselwirkungen, die nicht von selbst zu einer guten Atmosphäre führen, in der man intensiv arbeiten kann. Im Gegenteil – wenn eine Gruppe nicht gut begleitet wird, versackt sie in allerlei emotionalen, mentalen und energetischen Gemütszuständen, die niemandem nützen. Ein fünftägiger Kurs setzt eine tatkräftige Leitung voraus, damit die Gruppe ihr Ziel erreicht: sich dem eigenen Kern immer tiefer zu öffnen. Ein Kursleiter braucht viele Qualitäten, damit ein mehrtägiger Kurs sich lohnt. Wer solche Kurse geben will, sollte sich also fragen, ob er mit den genannten Wechselwirkungen umgehen kann.

Wenn man fünf Tage hintereinander lehrt oder lernt, entwickelt sich ein Klima, in dem die Anwesenden bereit sind, sich selbst zu begegnen, und zwar auf eine ganz neue Weise. Sie dürfen sich in ihrem spirituellsten Teil begegnen, aber auch dort, wo sie am tiefsten wachsen können. Für beide Teile ist Raum, und jeder Teil braucht den anderen. So kann der Kursteilnehmer die Grenzen des täglichen Lebens überschreiten und ein Licht entdecken, das er bisher nicht gekannt hat. Das bewirkt die Kraft der Gruppe und der Lichtwesen, aber auch die direkte Verbindung mit dem Licht, mit der Quelle. Es ist herrlich, fünf Tage lang das Licht und die Lichtwesen zu erfahren und ihre Liebe und ihren Schutz zu genießen.

Dennoch kann das nicht jeder begreifen. Wenn Menschen fünf Tage lang beieinander sind, setzen sie starke Gruppenprozesse in Gang, mit denen der Meister flexibel und kraftvoll umgehen muss. Auch den Teilnehmern sollte klar sein, dass sie solche Prozesse erdulden und verarbeiten müssen.

Die Vertiefung zwischen den Kurstagen

Wenn die Teilnehmer zwischen den Kurstagen frei haben, können sie das Gelernte praktisch anwenden und beim nächsten Mal präzisere Fragen stellen. Unserer Erfahrung nach ist das bei den Kursen Reiki 1 und 2 ein Vorteil. Beim Meisterkurs geben wir dem Tiefgang den Vorzug, der nicht erreichbar ist, wenn einzelne Kurstage einander in größeren Abständen folgen. Übungsabende und Supervision erleichtern die weitere Arbeit.

In der Natur arbeiten

Die ganze Natur ist in gewissem Umfang beseelt. In jedem Stein, jedem Bach, jeder Blume und jedem Baum manifestiert sich ein Naturwesen, das in Gott strahlt. Alles ist eins.

Wenn der Meister mit der Natur tief verbunden ist, bedeutet die Arbeit in der Natur für alle Kursteilnehmer einen Segen. Der Meister nimmt mit seinem göttlichen Kern leichter Kontakt auf, und davon profitieren die Gruppe und die Initiationen. Wenn der Meister mit den Naturwesen Kontakt hat, sind diese beim Initiieren anwesend und fördern alles, was aus Liebe getan wird. Die Naturwesen sind froh, dass Menschen da sind, und wollen ihre Freude mit ihnen teilen. Für viele Kursteilnehmer ist es etwas Besonderes, so tief mit der Natur verbunden zu sein. Manche erleben die Beseeltheit der Natur zum ersten Mal.

Diese spirituelle Begegnung bereichert alle, und wir haben einen wundervollen Rahmen für die Initiationen. In der Natur lassen sich außerdem Gruppenprozesse viel besser verarbeiten. Wasser und Wind nehmen mit, was freigesetzt wird.

Ein besonderes Ritual für die Meisterinitiation
Die Meisterinitiation ist im Leben eines Menschen ein besonderer Augenblick. Darum geben wir der Initiation eine Form, welche die Kursteilnehmer nie vergessen werden. Das Ritual hilft ihnen, sich ihrer Spiritualität tiefer zu öffnen. Wir beginnen damit kurz vor Sonnenaufgang, und gegen Ende des Abends sind wir meist fertig.
Natürlich muss der Meister zu diesem Ritual wirklich bereit sein. Ein halbes Ritual ist gar keines! Die Teilnehmer sind meist nicht an Rituale gewöhnt, und der Meister kann sie nur mitreißen, wenn er mit gutem Beispiel vorangeht und vom Ritual völlig überzeugt ist. „Daran glaube ich, und so machen wir es", das ist die richtige Einstellung. Hinterher sind die Teilnehmer dankbar für ein Ritual, wie wir es im Westen kaum noch kennen.
Der Beginn ist ein Bewusstseinssprung. Er macht deutlich, dass etwas ganz Besonderes stattfindet und dass der Meistergrad Hingabe verlangt. Während des Rituals wird der Teilnehmer immer stiller und geht immer weiter nach innen. Das macht ihn empfänglicher für subtile Erfahrungen. Was den Ort der Initiation anbelangt, so sollte man dort Gottes Anwesenheit spüren. Wir suchen das schönste Fleckchen Natur aus, das wir erreichen können. Am Ende des Rituals freuen wir uns und feiern. Jeden Teil des Rituals verfolgen wir aufmerksam und liebevoll. So entsteht eine schöpferische Atmosphäre.
Vom Abend vor der Initiation an ist die Gruppe still. Es wird nicht gegessen. Die Stille ist tief und eindringend. Ein Holzfeuer empfängt die Kursteilnehmer kurz vor Sonnenaufgang. Dann gehen wir still hinaus in die Natur und üben dort Vipassana. In der Stille empfangen wir die Initiationen. Es ist ein prächtiger Tag.

12 Die Entwicklung der Hellsichtigkeit

Übersinnliche Fähigkeiten ermöglichen eine Wahrnehmung ohne die physischen Sinnesorgane. Diese Fähigkeiten sind unterschiedlich entwickelt, ebenso das Wissen um die eigenen Fähigkeiten. Manche Menschen nehmen hellsichtig wahr, sind sich dessen aber nicht bewusst.
Für die Arbeit mit Reiki sind einige dieser Fähigkeiten wichtig. Vor allem müssen wir den Energiestrom und die Aura mit den Händen fühlen können. Fast alle unsere Kursteilnehmer lernen schon am ersten Tag, wie man die Energie und Verdichtungen in der Aura hellsichtig feststellt. Das gelingt deshalb, weil wir sie mit unserer Hellsichtigkeit anleiten können. Zum Beispiel sagen wir ihnen, wann die Energie zunimmt oder abflaut, damit sie die subtile Sprache der Energie kennen und deuten lernen.
Von Hellfühlen sprechen wir, wenn jemand im eigenen Energiekörper spürt, was andere fühlen. Am bekanntesten sind Verspannungen und Schmerzen im eigenen Energiekörper an der Stelle, wo der andere blockiert ist. Ein hellfühlender Mensch kann Kopfschmerzen bekommen, wenn sein Gegenüber welche hat, aber er spürt auch, wie der andere sich in diesem Augenblick im Allgemeinen fühlt. Diese Fähigkeit lässt sich lenken. Ein geistiger Filter ermöglicht spezielle Wahrnehmungen, zum Beispiel über den Zustand des Herzchakras. So finden wir heraus, ob ein Mensch tief mit seinem Kern verbunden ist oder eher auf der materiellen Ebene lebt. Die tiefe Sehnsucht der Seele können wir hellfühlend wahrnehmen, aber auch den Schmerz darüber, dass diese Sehnsucht unerfüllt geblieben ist. Wir spüren, was den anderen wirklich bewegt, welche Energie er bei sich trägt, wie fest er im Leben steht und wie aufrichtig und ehrlich er ist.
Hellwissen kommt selten vor. Es sitzt im Kronen- und im Herzchakra. Nach der tibetischen Tradition befindet sich der Intellekt im Herzen. Hier geht es um sofortiges und absolutes Wissen aus dem All. Man

weiß in einem bestimmten Augenblick, dass etwas so und nicht anders ist. Einen Teil dieses Buches haben wir so geschrieben. Wer mit dieser Fähigkeit Reiki gibt, weiß genau, wohin er die Energie leiten und wann er aufhören soll.

Manche Leute sehen, wo Energie strömt, wo die Aura verdichtet ist und so weiter. Diese Fähigkeit nennen wir Hellsehen. Ihr Sitz ist das sechste Chakra. Von dort kommen auch innere Bilder, die Informationen über die Behandlung vermitteln. So kann der Therapeut sich in einem bestimmten Moment ein Bild über das Leben des Klienten machen, den er eben erst kennen gelernt hat.

Hellhören kommt etwas seltener vor. Wer diese Fähigkeit hat, kann sich auf eine Informationsquelle einstimmen und sie hören. So arbeiten wir oft. Die Qualität des Hellhörens hängt völlig davon ab, wie präzise die Einstimmung ist.

Wie entwickeln sich übersinnliche Fähigkeiten?
Die meisten kleinen Kinder besitzen übersinnliche Fähigkeiten, weil sie noch in unmittelbarem Kontakt mit der Welt stehen, aus der sie gekommen sind. Wenn sie in den Kindergarten gehen, haben sie ihr Talent schon zum größten Teil verloren. Es gibt zwei Faktoren, die großen Einfluss auf die Entwicklung der übersinnlichen Fähigkeiten haben: chronische Unsicherheit und das Dharma.

Kinder, die sich unsicher fühlen, entwickeln die Fähigkeit, ihre Umgebung mit dem sechsten und siebten Chakra zu überwachen. Unsicherheit erwächst zum Beispiel aus Verwahrlosung, Gewalt, Alkoholismus, sexuellem Missbrauch und unvorhersehbaren Wutanfällen der Eltern. Solche Menschen „scannen" ihre Umgebung ständig, um herauszufinden, ob ihnen eine Gefahr droht und wie sie ihr entkommen können. Oft sind diese Menschen schlecht geerdet, denn das unsichere Umfeld lädt dazu nicht gerade ein.

Wer über mehrere Existenzen hinweg hellsichtig war, nimmt diese Fähigkeit im Rucksack mit, wenn er wieder auf die Erde kommt. Eine so erworbene Fähigkeit nennen wir Dharma. Wer wenig Dharma dieser Art besitzt, kann sich nur langsam entwickeln. Andere Menschen entfalten sich dank eines starken Dharmas sehr schnell. Unabhängig von der Stärke des Dharmas kann aber jeder dort weitermachen, wo er jetzt steht. Man kann übersinnliche Fähigkeiten auf unterschiedliche Weise fördern. Manchmal werden sie von Lichtwesen geöffnet, jedoch nur dann, wenn es dem Wohl des Ganzen dient, dessen Teil die sich entwickelnde Seele ist. Dies ist das göttliche Gesetz der Liebe, dem alle Lichtwesen gehorchen – wenn nicht, sind sie keine Lichtwesen. Diese Hilfe der Lichtwesen ist eine tief greifende Erfahrung. Es kann geschehen, während wir schlafen, auf den Zug warten oder meditieren. Wenn es Zeit dafür ist und der Wunsch stark und angemessen ist, geschieht es einfach – in jedem Lebensalter.

Auch eine Initiation kann übersinnliche Fähigkeiten fördern. Das gilt auch für die in diesem Buch beschriebenen Initiationen. In zahlreichen Kulturen wird das Medium der Initiation seit Jahrtausenden dazu benutzt, eine Brücke in die unsichtbare Welt zu schlagen.

Durch Meditation lassen sich diese Kräfte ebenfalls stärken. In der inneren Stille können sie zu uns kommen. Es gibt viele Meditationstechniken. Einige von ihnen waren bis vor kurzem nur Eingeweihten bekannt, sind aber jetzt überall verbreitet.

Manche Menschen leben von Natur aus im Licht und sind mit der Quelle verbunden. Bei ihnen entwickeln sich übersinnliche Fähigkeiten sozusagen von selbst. Eine Saat, die Wasser bekommt, keimt und wächst.

In diesem Buch haben wir einige Methoden beschrieben, mit denen wir übersinnliche Fähigkeiten fördern können, etwa die Entwicklung und Pflege des energetischen Kanals.

Leider tragen übersinnliche Fähigkeiten nicht immer zur spirituellen Entwicklung bei. Manche Menschen werden nämlich von dunklen Kräften beeinflusst und für deren Ziele benutzt. Darauf gehen wir weiter unten näher ein. Auch Drogenkonsum kann übersinnliche Fähigkeiten stimulieren, aber der Preis dafür ist hoch. Die Verbindung zwischen Leib und Seele und ihre natürliche Entwicklung werden auf diese Weise grausam gestört. Die Folge ist ein Ungleichgewicht, das die Betroffenen für dunkle Kräften empfänglich macht. Darum raten wir von diesem Weg entschieden ab.

Hellsichtige Kommunikation mit anderen Menschen

Wenn unsere übersinnlichen Fähigkeiten aufblühen, können wir nach und nach besser in unsere Mitmenschen hineinsehen. Dann brauchen wir die verbale Kommunikation immer seltener, während unser Wissen dennoch reicher, tiefer und bedeutsamer wird. Das ist wundervoll, weil wir anderen dadurch intensiver begegnen können. Aber diese Gabe verlangt auch Weisheit, denn wir müssen entscheiden, *was* wir wahrnehmen wollen. Es ist wie mit dem Internet: Man kann alle Informationen bekommen, aber was hat man davon? Für das Internet und die übersinnlichen Fähigkeiten gibt es bisher nur wenige Regeln. Manche Menschen, die hellsichtig wahrnehmen, richten ihre Antennen ständig auf Dinge, die sie nichts angehen und verletzten dadurch die Privatsphäre anderer. Andere neigen dazu, alles, was sie wahrnehmen, ungefragt weiterzugeben. Das kann sehr ärgerlich sein, wenn dem Opfer damit nicht gedient ist.

Also müssen wir geistige Filter benutzen, die unsere Wahrnehmung begrenzen. Bei unserer Arbeit als Heiler benutzen wir immer (!) drei Filter. Zunächst einmal wollen wir den Kern des Problems kennen, das einen Klienten zu uns geführt hat. Zweitens wollen wir erfahren, ob der Klient sich ändern kann und will, falls es notwendig ist. Und drittens wollen wir nur solche Informationen empfangen, die der Klient uns aus seinen tieferen Schichten heraus geben will. Den Rest wollen wir nicht wahrnehmen.

Wenn wir uns hellsichtig auf einen Menschen einstimmen, erhalten wir Informationen über seine Persönlichkeit. Nehmen wir Carla als Beispiel. Wer gibt uns diese Informationen über Carla? Es gibt, wie bereits erwähnt, mehrere Quellen. Eine davon können die Führer sein, von denen wir schon gesprochen haben. Aber auch Carla selbst ist eine solche Quelle. Wer ist Carla? Welchen Teil von ihr sprechen wir an? Es ist äußerst wichtig, sich darüber im Klaren zu sein, dass Carla viele Aspekte hat, die aus ihrer kleinen Wirklichkeit heraus Fragen beantworten können. Jeder Mensch hat Aspekte, die gut integriert sind, und solche, die weniger gut integriert sind, und außerdem gibt es stark dissoziierte Teile, die gar nicht integriert sind. Auf diese Teile hat Carla keinen Zugriff, und sie weiß nichts darüber. Eine Dissoziation entsteht unter großem Stress. Das bedeutet für Carla, dass sie bei ihrem Tun und Lassen Einflüssen unterliegt, die sie gar nicht kennt. Solche Einflüsse können aus diesem Leben stammen, aber auch aus einem früheren, und alle liefern uns Informationen.

An jedem Menschen haften Energien anderer Menschen, die versuchen, ihn zu beeinflussen. In der Fachsprache heißen sie obsessive Energien.[9] Manchmal versuchen sie, die hellsichtige Wahrnehmung zu beeinflussen, vielleicht weil sie selbst Hilfe brauchen, vielleicht weil sie ihren Einfluss absichern wollen. Wenn der Therapeut die Ratschläge dieser obsessiven Energien befolgt, festigt er nur die bestehenden Verhältnisse.

Ich stimme mich auf Petra ein und hoffe auf Informationen, selektiert durch die oben genannten Filter. Was ich höre, kann jedoch nicht stimmen. Ich spüre deutlich, dass die Informationen, die ich empfange, von anderer Art sind als sonst. Das ist ein wichtiges Signal. Offenbar ist Petra von einer starken Kraft umgeben, die alle Filter durchdringen kann. In diesem Fall muss ich meine Filter verstärken. Oder die Filter lassen absichtlich eine andere Quelle durch, weil deren Vorhandensein in diesem Augenblick die wichtigste Information ist. Darum beschließe ich, die Informationen so neutral wie möglich aufzunehmen und zunächst noch nicht zu verwerten. Ich will erst genau wissen, wer sich meldet und warum. Meine Partnerin, die mit mir heilt und Kurse abhält, schaut mich schon einige Zeit bedeutungsvoll an. Vielleicht habe ich sie auch selbst eingeschaltet, um meine Informationen zu prüfen. Wer sich gut mit seinem spirituellen Herzen verbinden kann, ist in der Lage, die Qualität einer Information einzuschätzen.

Wie merkt man, dass man eine unerwünschte Quelle anzapft? Das hängt unter anderem vom Empfangskanal ab. Beim Hellhören klingt eine Quelle anders. Die Sprache ist anders. Das Niveau der Informationen ist anders. Aber wir wissen und fühlen auch, wenn etwas nicht stimmt. Wir haben gelernt, solche Signale nie zu missachten.

Es kann äußerst nützlich sein, eine „andere Quelle" zu fragen, wer sie ist und was sie will. Immerhin ist es eine Quelle, die in diesem Moment den Klienten beeinflusst. Allerdings kommt es auch vor, dass eine solche Quelle mehr über den Therapeuten sagt als über den Klienten (darauf gehen wir später genauer ein).

---

[9] Mehr dazu finden Sie in dem Buch von Pieter Wierenga (1998). Mit allem, was er schreibt, sind wir nicht einverstanden; aber dieses Buch öffnet dem Leser die Augen und regt ihn zum Nachdenken an.

Hellsichtig mit Oben kommunizieren
Wenn die übersinnlichen Fähigkeiten sich entwickelt haben, kann man mitunter auch unsichtbare Wesen wahrnehmen und mit nicht inkarnierten Seelen, Engeln, Devas, Geistführern und der Weißen Bruderschaft Kontakt aufnehmen. Diese Wesen kann man zum Beispiel als vage Energieformen wahrnehmen, in allen Einzelheiten sehen oder einfach fühlen. Manchmal kann man mit ihnen durch Bilder kommunizieren oder sogar mit ihnen sprechen. Immer wieder begegnen wir Menschen, die als Kinder mit der Sphäre der Engel verbunden waren und diesen Kontakt während eines Kurses erneuern. Das ist jedes Mal wieder bewegend.

12.1 Licht und Dunkelheit, Oben und oben

Wenn der Vorhang zur anderen Welt sich zum ersten Mal öffnet, ist das fast immer aufwühlend. Es ist eben etwas Besonderes, wenn man Kontakt mit der unsichtbaren Welt aufnimmt. Leider ist es nicht immer gut, denn es gibt auch dunkle Kräfte, die sich den Menschen zuwenden. Um das zu verstehen, müssen wir zuerst über die Rolle des Lichts und der Dunkelheit hier auf der Erde Bescheid wissen.

Licht und Dunkelheit auf der Erde
Hüpfen Sie einmal zwischen den vielen Fernsehkanälen hin und her, und schätzen Sie, wie viele Bilder Ihnen das Herz öffnen und stärken, den Kontakt mit der Seele erleichtern, Sie still und freundlich machen, das Schöne und Wahre fördern. Wie oft erzeugen Bilder ein Gefühl der Anspannung und Unruhe? Wie oft sehen Sie Gewalt, Aufruhr und Sex ohne Herz? Wie viele Bilder zeigen die Schönheit der Welt und nicht ihre Verderbtheit? Die gleiche Probe können Sie mit den Rundfunknachrichten oder der Zeitung machen. Oder belauschen Sie die Gespräche der Menschen, beobachten Sie ihr Verhalten. Und vergessen Sie auch nicht Ihre eigenen Gedanken, Ihre Gefühle und Ihr Verhalten. Die Menschen sind offensichtlich sehr an allem interessiert, was negativ ist und sie unruhig macht. Innere Stille, Schönheit, Würde, echter Friede, wahre Liebe – das alles fesselt sie eindeutig weniger. Die Folgen bleiben nicht aus.

Es ist acht Uhr. Millionen Menschen verfolgen die Tagesschau. Das ist immer eine schöne Zeit. Man sieht, wie Menschen zur Liebe und Wahrheit finden. Dies ist ein Moment der Stille, in dem wir alle in Liebe verbunden sind, entschlossen, eine bessere Welt zu erschaffen. Immer, wenn wir die Tagesschau einschalten, senden wir eine Woge der Liebe und frohen Erwartung in den Kosmos. Eine Viertelstunde später schalten wir den Fernseher aus und tun etwas Schönes.
Es ist acht Uhr. Millionen Menschen verfolgen die Tagesschau, die alle Gewalt und alle Gier der Welt Revue passieren lässt. Es ist eine Art Sucht. Jeden Abend schalten wir erneut ein. Alles Elend der Welt wollen wir sehen. Nach der Tagesschau schauen wir uns Action, Horror, Morde, Sex, Intrigen und irrsinnig schnelle Clips an.

Offenbar sind wir Menschen ganz scharf auf all diese negativen Phänomene. Und auf diese Weise kommen wir in Kontakt mit unserer dunklen Seite; wir hegen und pflegen sie und werden sogar nach ihr süchtig. All die schnellen und gewalttätigen Bilder pumpen nämlich Adrenalin ins Blut – das verstärkt den Nervenkitzel. Damit die Erregung nicht abflaut, müssen wir uns ständig neue prickelnde Bilder und Geräusche zuführen. Allerdings gewöhnen wir uns allmählich an diese Stimulation, und deshalb brauchen wir immer mehr und immer stärkere Reize, um den Adrenalinstrom in Gang zu halten. Das Gleiche beobachten wir in unserer ganzen Gesellschaft: nichts kann verrückt genug sein. Alle Bilder, all die Unruhe sind ein Ausdruck der dunklen Kräfte im Menschen. Wenn wir denken, wandert der Gedanke als Energiewolke in den Kosmos. Ein positiver Gedanke erzeugt eine positive Wolke, ein negativer Gedanke erzeugt eine negative Wolke. Diese Wolken sind nicht belanglos, denn sie formen die Welt. Darauf machen viele große Denker in vielen Kulturen seit Jahrtausenden aufmerksam. Das folgende Beispiel stammt aus dem Dhammapada, einem über zwanzig Jahrhunderte alten buddhistischen Text (Kurpershoek-Scherft 1986, S. 23).

Zuerst kommt das Denken.
Das Denken bringt die Welt hervor.
Der Geist lenkt, die Welt ist sein Geschöpf.
Wer mit unlauterem Geist spricht oder handelt,
dem folgt das Leid wie das Rad dem Zugtier.

Wenn mehrere Menschen gemeinsam etwas tun, bündeln sie ihre Kräfte, und wenn Milliarden von Menschen sich aufreizende Fernsehprogramme anschauen, entsteht im Kosmos eine gigantische negative Woge. Jeder Einzelne, der sich ein solches Programm ansieht, wird zu einem Teil dieser Woge, so wie alle anderen Menschen, die auf der gleichen Frequenz schwingen. Zusammen erzeugen sie eine starke Schwingung, die das Land und jedes Haus durchdringt. Die Welle nimmt jeden mit, der zuschaut. Das bedeutet, dass die Welle, die der Einzelne ausschickt, als Flutwelle zu ihm zurückkehrt. Und wenn dann ein anderer mitschwingt, verstärkt er die negative Woge noch mehr. Die Folge ist eine Spirale der Dunkelheit, die überall in der Welt erkennbar ist. Doch die andere Seite ist ebenfalls wahr:

Zuerst kommt das Denken.
Das Denken bringt die Welt hervor.
Der Geist lenkt, die Welt ist sein Geschöpf.
Wer mit lauterem Geist spricht oder handelt,
dem folgt das Glück wie ein Schatten.

Wenn viele Menschen die Stille und Schönheit in sich suchen, erzeugen sie eine positive Welle, die als segensreiche Flutwelle zu ihnen zurückkommt. Viele große Menschen nutzen diesen Umstand, um die Welt besser zu machen. Maharishi, der Begründer der transzendentalen Meditation, behauptet, dass schon eine kleine Gruppe von Meditierenden einen messbaren Einfluss auf ihre Umwelt hat. Studien deuten darauf hin, dass er Recht hat. Mansukh Patel hat sieben große Friedensarbeiter dazu bewegt, jeweils eine Kerze anzuzünden. Damit wurden überall auf der Welt Tausende von anderen Kerzen angezündet. Wer mitmacht, zündet seine Kerze jeden Tag an und meditiert über den Frieden. So erzeugen alle diese Menschen eine Welle des Friedens, die als Flutwelle zu ihnen zurückkommt und ihnen und der Welt hilft, Frieden, Stille, Reinheit und Liebe zu erlangen.

Wir müssen immer daran denken, dass jeder Gedanke und jedes Gefühl Schwingungen in den Kosmos schickt, sich mit gleichen Schwingungen verbindet und dann verstärkt zu uns zurückkehrt. Die Schwingungen anderer Menschen machen also unsere eigenen Schwingungen stärker und umgekehrt.

Licht und Dunkelheit im Kosmos

Die Schwingungen, die wir in den Kosmos senden, wenn wir denken und fühlen, verbinden sich nicht nur mit den Schwingungen gleich gesinnter Menschen, sondern auch mit denen anderer Wesen. Das können Wesen mit hohen, aber auch Wesen mit niedrigen Schwingungen sein. Im letzteren Fall stammen sie meist von der unteren astralen Ebene. Dort befinden sich die Seelen, die von ihrer eigenen Dunkelheit verschlungen wurden und deshalb ein Meer von Leiden erzeugen. Da sie davon überzeugt sind, dass es keine andere Wirklichkeit gibt, kommen sie aus ihrer Dunkelheit nicht heraus. Wer sich auf eine Ebene der niedrigen Energie begibt, wird durch die Dunkelheit auf dieser Ebene in seinem Verhalten bestärkt.

Aber es gibt auch eine hohe astrale Welt mit hohen und hellen Wesen. Sie sind freudig mit ihrem göttlichen Kern vereint und bringen Aufrichtigkeit, Reinheit und Frieden hervor. Liebe ist eine Schwingung, die alles durchdringt. Wer tief meditiert und hohe Ziele hat, kann mit dieser Astralwelt Verbindung aufnehmen und sich dadurch über das Leid der menschlichen Welt erheben. Die hohe und die tiefe Astralwelt sind nur zwei der vielen Welten, die es gibt und die mit den Menschen Kontakt aufnehmen. Es gibt viele helle und dunkle Kräfte. Die Schamanen der westlichen und afrikanischen Kulturen, die durch die Sphären reisen, kennen diese sehr unterschiedlichen Welten.

Es gibt dunkle Wesen, die dummen Menschen auflauern. Man erkennt sie leicht an ihrer Grobheit, Torheit und Dunkelheit. Andere, sehr intelligente Wesen, bieten den Menschen Hilfe an, vermitteln ihnen Wissen und können sogar heilen. Trotzdem melden sie sich nicht aus Liebe. Aus irgendwelchen Gründen haben diese Wesen bei uns eine Aufgabe zu erfüllen, aber sie achten unseren freien Willen nicht. Sie übernehmen uns teilweise und versuchen, ihre Aufgabe durch uns zu erfüllen. Trotz ihres Wissens und ihrer besonderen Fähigkeiten handelt es sich um dunkle Kräfte, wenn sie den freien Willen missachten. Manchmal zeigen sie sich ziemlich unverhüllt, ein andermal verkleiden sie sich. So versuchen sie, sich Zugang zu hellsichtigen Menschen zu verschaffen. Die Vermummung kann plump, aber auch raffiniert sein. Ein alter Trick besteht darin, sich als Buddha, Jesus und so weiter auszugeben. Oft schmeicheln sie auch dem Ich des Mediums und versichern ihm beispielsweise, es sei ein besonders gutes Medium und sei daher auserwählt worden, der Welt erhabene Weisheiten zu verkünden. Manchmal kommt es dabei zu einer engen Zusammenarbeit mit dem Medium. Die dunklen Kräfte helfen ihm, seine Fähigkeiten zu entwickeln, sodass es sich bald für etwas ganz Besonderes hält. Aber die dunkle Kraft vergrößert ihren Einfluss immer mehr und drängt das Ich des Mediums in den Hintergrund. Schließlich kann es zu einer echten Besessenheit kommen.

Allmählich wird immer deutlicher, dass es zwischen der Welt des Menschen und den unsichtbaren Kräften eine intensive Wechselbeziehung gibt. Unserer Meinung nach sind alle Gewaltausbrüche in dieser Welt die unmittelbare Folge dieser Interaktion. Wenn Menschen den Blick auf das Dunkle richten, ziehen sie starke negative Kräfte an, die das Dunkle in ihnen noch verstärken.

12.1.1 Hellsichtig mit Oben und oben kommunizieren

Wenn wir hellsichtig wahrnehmen, können unsere Informationen nicht nur von dem Menschen kommen, der uns gegenübersitzt, sondern sie müssen auch von den vielen unsichtbaren Welten stammen, die uns umgeben. Wir können Seelen empfangen, die derzeit nicht inkarniert sind. Wer heute hier unten ist, der ist morgen oben. Wir wechseln einfach die Stühle. Schauen Sie sich um. Es ist schwer zu glauben, dass einige der Menschen, die Sie sehen, eines Tages Quellen für hellsichtige Informationen sein werden. Dennoch ist es so. Leider sind viele Leute sehr unkritisch gegenüber den Botschaften von Oben und halten sie ausnahmslos für gut und weise. Glauben Sie daran, wenn Sie die Menschen in Ihrer Umgebung betrachten? Außerdem gibt es noch Wesen auf anderen Ebenen, die Menschen für ihre unreinen Ziele missbrauchen. Wer sich nach Oben öffnet, muss also sehr vorsichtig und kritisch sein. Denken Sie daran, dass Sie betrogen werden können; aber seien Sie auch aufgeschlossen für die Liebe und Hilfe, die Sie aus der anderen Welt bekommen.

Wenn Menschen mit dieser anderen Welt Kontakt aufnehmen, sind sie oft stolz und halten sich für etwas Besonderes. Endlich haben sie erreicht, wonach sie sich immer gesehnt haben! Aber Hellsichtigkeit an sich ist völlig wertlos. Nur Reinheit hat einen Wert, und nur durch sie wird die Hellsichtigkeit wertvoll. Wir werden und bleiben jedoch nicht von selbst rein. Reinheit setzt ständige Selbstprüfung und bedingungsloser Einsatz voraus. Wer dazu nicht bereit ist, sollte sich fragen, ob es gut für ihn ist, seine übersinnlichen Kräfte zu entwickeln – sie könnten zur Büchse der Pandora werden! Wer hellsichtig wird und dann glaubt, er habe von selbst die Wahrheit entdeckt, verhindert wahres Wachstum: das Wachstum hin zur Wahrheit, zur Liebe und zum Licht.

Auch an dieser Stelle weisen wir ausdrücklich darauf hin, dass Drogenkonsum in Verbindung mit Hellsichtigkeit äußerst gefährlich ist. Die dunklen Kräfte haben dann freie Hand.

Wenn die übersinnlichen Fähigkeiten sich entfalten und eine Kommunikation mit der anderen Seite möglich machen, versuchen oft dunkle Kräfte, das auszunutzen. Die folgenden Beispiele zeigen, woran man solche Kräfte erkennt.

Schmeicheleien: „Deine Fähigkeiten sind außergewöhnlich. Du bist die Beste. Du bist fast schon erleuchtet." Je unsicherer Sie sich auf dieser Welt fühlen, desto größer ist die Gefahr, dass diese Taktik benutzt wird.

Aufstachelung gegen andere: Helle Kräfte spalten nicht; sie versöhnen und verbinden.

Grobe oder kränkende Sprache.

Anstiftung zu unedlen Taten: Reine Kräfte tun das nie.

Missachtung Ihres freien Willens oder die Aufforderung, den freien Willen anderer zu missachten.

Die Behauptung, eine Quelle des Lichts zu sein, obwohl die Botschaften eindeutig düster sind. *Das Licht ist niemals düster.*

Was bei anderen rein ist, scheint bei Ihnen unrein zu sein. *Diane Stein gibt dazu, ohne es zu wissen, ein Beispiel, wenn sie in Ihrem Buch (1977) vor dem Symbol Harth warnt. Dieses Symbol ist rein. Wenn es – wie im Haus von Diane Stein – eine unreine Wirkung hat, dann vermummt sich eine dunkle Kraft als helle Kraft.*

Sie fühlen sich beim Kontakt mit einer Kraft mehr oder weniger unwohl. *Dunkle Kräfte können als massive Drohung empfunden werden. In* *diesem Fall sind sie offensichtlich unrein. Aber auch wenn Sie sich ein bisschen unwohl oder bedroht fühlen, können Sie nicht mit einer hellen Kraft verbunden sein. Hören Sie auf Ihre Intuition: Wenn Sie an der Reinheit einer unsichtbaren Botschaft zweifeln, dann brechen Sie den Kontakt sofort ab!*

Licht und Dunkelheit beim Reiki

Manche Menschen, die mit Reiki arbeiten, sind davon überzeugt, dass dunkle Kräfte keinen Einfluss auf sie haben, weil die Reiki-Initiation sie davor beschützt. Das ist falsch. Wenn es so wäre, würde die Initiation den freien Willen des Menschen missachten. Licht und Dunkelheit sind Realitäten in unserem Leben. Aus dieser Dualität lernen wir. Reiki kann und darf uns diese Lektionen nicht ersparen. Suchen Sie einmal im Internet das Stichwort „Reiki", und surfen Sie in den Hunderten von Websites, ohne sie zu öffnen. Wer ein bisschen Intuition besitzt, merkt sofort, dass nicht alles Gold ist, was glänzt.

Eines dürfen wir nie vergessen: Die Reikimeisterschaft schließt nicht aus, dass der Meister mit dunklen Kräften verbunden ist. Eher ist das Gegenteil richtig: Wahrscheinlich sind alle westlichen Meister mit dunklen Kräften verbunden. Das kann gar nicht anders sein, denn der Mensch entwickelt sich ja innerhalb der Dualität von Dunkelheit und Licht. Nur ein wahrer Meister steht über dieser Dunkelheit. Wie stark ein Mensch, auch ein Meister, mit der Dunkelheit oder mit dem Licht verbunden ist, hängt von vielen Faktoren ab. Wichtig ist das Gleichgewicht und die Selbstprüfung. Wir müssen immer wieder und immer entschiedener beschließen, rein zu werden. Die meisten Menschen im Westen befinden sich erst am Anfang des Weges zur Reinheit und Wahrheit.

In diesem Zusammenhang warnen wir vor den vielen Symbolen und Strömungen, die im Internet angeboten werden. Auch damit können wir uns unerwünschte dunkle Kräfte ins Haus holen. Wer nicht zwischen Hell und Dunkel unterscheiden kann, sollte sich vor ungeprüften Symbolen und Strömungen hüten.

13 Die Yod-Initiation

Die Yod-Initiation ist eine jener besonderen Initiationen, die zu Unrecht „Nebeninitiationen" genannt werden. Sie ist eine außergewöhnlich schöne Initiation, die Wunder bewirken kann.
Die Yod-Initiation verbindet den Wesens- oder Seelenstern mit der Seele, dem Dritten Auge und dem Herzen. Der Seelenstern ist der göttliche Funke, aus dem die Seele entstanden ist; er steht über dem Kreislauf der Wiedergeburten und daher auch über der Dualität in unserer Welt. Die Seele entwickelt sich im Kreislauf der Wiedergeburten; sie erfährt also die Dualität und kann sich darin verlieren. Die Seele kann einsam sein, hassen und leiden. Der göttliche Funke ist davon nicht betroffen, weil er nicht vom Ganzen getrennt ist. Wenn die Seele sich daran erinnert, wer sie ist und woher sie kommt, kann sie die Dualität überwinden. Dann weiß sie in ihrem innersten Kern wieder, dass es nicht nur Leid gibt, sondern auch Liebe, nicht nur Einsamkeit, sondern auch Verbundenheit.
Sobald die Seele sich mit dem göttlichen Funken verbindet, nimmt das Leiden eine andere Bedeutung an. Die Folgen sind erheblich: Da die Seele nun weiß, dass sie geborgen ist, braucht sie vor der irdischen Ebene nicht mehr zu fliehen und kann sich tiefer inkarnieren. Genau das beobachten wir immer wieder bei der Yod-Initiation. Manchmal kommen Menschen zu uns, die eine lange Therapie hinter sich haben und sich dennoch auf der Erde nicht wohl fühlen. Plötzlich fühlen sie sich hier geborgen. Sie spüren eine Ruhe und Stille, die sie nie zuvor empfunden haben. Die ewigen Schmerzen der existenziellen Einsamkeit sind verschwunden, solange diese Verbindung besteht. Jetzt wissen sie, dass sie nicht allein sind!
Die Verbindung zwischen dem göttlichen Funken und der Seele erfasst auch das Stirn- und Herzchakra. Das Stirnchakra ist das Zentrum der Einsicht. Dort begreifen wir, warum wir hier sind und welche Aufgabe

wir haben. Dieses Zentrum hilft uns, aus den Lektionen der Seele, getragen vom göttlichen Funken, hier auf der Erde zu lernen. Der Mensch ist ein denkendes Wesen, und die Yod-Initiation verbindet das Denken mit der Seele und dem göttlichen Funken. Dadurch wird das Denken beseelt.

Im Herzchakra erfahren wir Liebe. Viele Menschen fühlen nicht im Herzen, weil sie dort kein Leid fühlen wollen. Aber dadurch blockieren sie auch die Liebe, und ihr Leben wird kalt und feindselig. Wer keine Liebe fühlt, versucht diesen Mangel mit materiellen Gütern und Sinnesreizen auszugleichen. Durch diese neuen Emotionen erleben wir immerhin eine Art Lebendigkeit. Auch die Fernsehprogramme sprechen den emotionalen Körper an und füllen die Leere im Herzen.

Wer nicht im Herzen fühlt, verliert eine wesentliche Qualität des menschlichen Daseins. Die Yod-Initiation hilft dem Menschen, sich mit seinem spirituellen Herzen zu verbinden. Das persönliche Leid steht dann in einem ganz anderen Licht – es ist milder und sanfter, ein Teil des Lebens. Wir brauchen uns nicht mehr vor den Schmerzen abzuschirmen, und das Herz darf am Leben wieder teilnehmen. Jetzt ist auch Heilung möglich, und wir können endlich wieder in Liebe mit unserer Umgebung Kontakt aufnehmen.

Dabei ist diese Initiation ein wundervolles Hilfsmittel. Sie verbindet den Menschen mit seinen höheren Aspekten, sodass er nicht mehr von den niedrigen Emotionen und Begierden des Bauches beherrscht wird. Sein Wissen ist nun beseelt, und sein Herz atmet die kosmische Liebe ein. Lassen Sie uns die Folgen der Yod-Initiation aufzählen, die wir bei unseren Kursteilnehmern und bei uns beobachtet haben:

Größere Daseinsenergie: Wir fühlen uns in der Seele und im Wesenskern geborgen und erfahren innere Ruhe und Stille.

Tiefere Erdung: Wir können endlich ja zum Leben sagen. Wir bewältigen die Schmerzen und die Härte des Lebens besser.

Wir erleben die Verbindung mit dem Wesensstern als warme, segnende Hülle.

Wir nehmen den Reikistrom deutlicher wahr.

Wir können in einer Atmosphäre des Respekts und der Liebe hellsichtig wahrnehmen.

Wir spüren, dass unser Mitgefühl zunimmt. Yod öffnet uns für die Christusenergie, soweit wir sie aufnehmen können.

13.1 Die Yod-Symbole

Wir kennen zwei Yod-Symbole. Das erste nennen wir Yin-Yang-Yod, das zweite Engel-Yod. Sie sind als Farbbilder 12 und 13 abgedruckt. Abbildung 16 zeigt, wie man das Yin-Yang-Yod zeichnet. Für das Engel-Yod gibt es keine bestimmten Instruktionen.

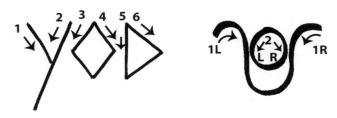

Abbildung 16:
So werden Yang-Yod (links) und Yin-Yod (rechts) gezeichnet.

Das Yang-Yod besteht aus drei Schriftzeichen. Das erste Zeichen setzt sich aus zwei Strichen zusammen. Der erste Strich (1) hört dort auf, wo er auf den zweiten, längeren (2) trifft. Das zweite Zeichen, der Diamant, wird in zwei Hälften gezeichnet. Zuerst zeichnet man die linke Hälfte (3) von oben nach unten, dann die rechte von oben nach unten. Beim dritten Zeichen wird zuerst die senkrechte Linie (5) gezogen, dann folgt die sechste Linie, die einen Haken schlägt. Beim Yin-Yod zeichnet man mit der linken Hand die linke Hälfte (1L) und gleichzeitig mit der rechten Hand die rechte Hälfte (1R). Die Hände beginnen oben und treffen sich in der Mitte.

Bedeutung

Die Schöpfung besteht aus Yin und Yang. Yang ist das männliche, Yin das weibliche Prinzip. Überall auf der Erde sind diese Pole erkennbar.

Das männliche Yod-Symbol hat Ecken, das weibliche ist rund. Beide Symbole kann man sich gut dreidimensional vorstellen. Wir sehen das weibliche als Ei in einer Schale, das männliche als Diamanten. Die Essenz des Diamanten benutzen wir, um uns mit dem Wesensstern zu verbinden. Der Diamant ist die härteste Substanz auf der Erde, er strahlt und funkelt. Man kann sich auch vorstellen, dass er nach rechts rotiert. Wenn Yod, so wie es auf der Ebene der Engel klingt, in der irdischen Materie Form annimmt, entsteht das Engel-Yod. Wir merken in den Kursen, dass vor allem jene Teilnehmer, die sich von der Engelssphäre angezogen fühlen und mit ihr verbunden sind, dieses Symbol gern verwenden, um sich mit Yod zu verbinden.

Die Engel kommen auf einem hellblauen Strahl zu den Menschen. Darum nennen wir dieses Blau „Engelsblau". Wie bereits erwähnt, ist es schwierig, Farben, die man hellsichtig wahrnimmt, in der physischen Welt wiederzugeben. Man kann dieses Blau besser als lebendiges blaues Licht beschreiben. Wer sich auf die Welt der Engel oder das Engel-Yod einstimmen will, kann sich auf dieses Blau einstimmen.

13.2 Die Pflege der Yod-Initiation

Wie bei den anderen Initiationen gilt auch hier, dass wir die Initiation hegen und pflegen müssen, damit sie ihre Wirkungen entfaltet. Vor einigen Jahren haben wir Folgendes gechannelt:

Wer einmal in Yod initiiert ist, kann die Verbindung mit Yod und damit seine Entwicklung verstärken, indem er ab und zu an Yod denkt oder Reiki in die Verbindung mit Yod sendet. Das wirkt sehr gut. Rom ist nicht an einem einzigen Tag gebaut worden, und das Gleiche gilt für die Verbindung mit Yod. Die Initiation ist die Aussaat, die Meditation über Yod ist das Wasser, das die Blume wachsen lässt.

Die Meditation über Yod bedeutet ihrem Wesen nach, dass wir uns für Yod und dadurch für uns selbst öffnen. Um das zu erreichen, gibt es viele Methoden. Seien Sie kreativ, forschen Sie, entdecken Sie, was bei Ihnen wirkt. Wir geben hier nur einige Tipps:

Empfangen Sie die Yod-Symbole aus dem Kosmos, und lassen Sie sie durch den Körper in die Erde reisen (siehe Übung 12). Lassen Sie die Symbole dann aus dem Kosmos zurückkehren, und empfangen Sie sie im Herzen.

Lassen Sie die Yod-Symbole in der Farbe eines hellen Diamanten ankommen. Rufen Sie die Essenz des Diamanten an, um sich mit der Essenz von Yod zu verbinden.

Meditieren Sie oft über Yod. Verbinden Sie sich nach der Initiation mindestens ein- oder zweimal täglich mit Yod. Behalten Sie diese Gewohnheit einige Wochen bei, und bewerten Sie dann Ihre Erfahrungen. Im hektischen westlichen Alltag geht Yod leicht verloren. Wenn Sie einen festen Meditationsplatz haben, können Sie dort gezeichnete oder gemalte Yod-Symbole anbringen. Empfangen Sie die Symbole, während Sie sie zeichnen oder malen.

Wenn Sie Kontakt mit jemandem haben, der ebenfalls in Yod initiiert ist, können Sie gemeinsam über Yod meditieren.

Wenn Sie in Yod initiieren können und Kontakt mit jemandem haben, der das ebenfalls kann, ist es sinnvoll, einander regelmäßig und respektvoll neu zu initiieren.

13.3 Mit Yod arbeiten

Für Yod gibt es viele Anwendungsmöglichkeiten. Es ist vor allem für Sie selbst bestimmt, denn Ihre Verbindung mit Yod ist am wichtigsten. Wenn Sie heil werden, können Sie intensiver leben, arbeiten und lieben. Sie können Yod also zuerst in der täglichen Meditation benutzen. Es ist eine Art Wundertinktur, denn wenn die Seele das Leben steuert, geht es Ihnen gut, und wenn die Seele mit dem Wesensstern verbunden ist, geht es Ihnen doppelt gut. Wie bereits erwähnt, gibt es jedoch kein „Entweder-Oder": Diese Verbindung kann von einer kleinen, verletzbaren Pflanze zu einem kräftigen Baum heranwachsen, wenn man sie täglich hegt und pflegt.

Sie können Yod-Symbole dorthin fließen lassen, wo Sie eine Kontamination (fremde, an Ihnen haftende Energie) spüren. Manchmal hilft das sofort, ein andermal müssen Sie sich länger bemühen, weil sich ein hartnäckiges Muster gebildet hat. Immer wenn Sie Kraft tanken wollen, ist eine Verbindung mit Yod nützlich. Das gilt erst recht, wenn Sie erschöpft sind, denn Erschöpfung ist oft nichts anderes als Trennung von der Quelle. Wird die Verbindung mit der Quelle wieder hergestellt, ist die Erschöpfung innerhalb von fünf oder zehn Minuten vorbei. Wir haben das schon oft beobachtet. Es ist nicht immer leicht, sich mit der Quelle zu verbinden, wenn man ausgepumpt ist; aber die Yod-Symbole erleichtern den Vorgang.

Vor einer Reiki-Initiation ist es immer gut, sich mit Yod zu verbinden, denn auf diese Weise ist man so tief mit dem eigenen Kern verbunden, wie es zu diesem Zeitpunkt möglich ist.

13.4 In Yod initiieren

Viele Meister, die in Yod initiiert sind, können damit nicht viel anfangen – das erfahren wir immer wieder. Die „Nebeninitiationen" werden oft nicht ganz ernst genommen, und bisweilen bekommt ein und dieselbe Person an einem Nachmittag fünf verschiedene Initiationen. Das kann nicht gut gehen. Wenn wir bedenken, was diese Initiation bedeutet und was sie für Menschen tun kann, müssen wir bekennen, dass sie eine heilige Initiation ist. Man darf sie nicht „herunterspulen". Jeder, der merkt, dass nichts Wesentliches geschieht, wenn er initiiert, sollte damit aufhören. Nur so können wir den Kreislauf der Unfähigkeit und der Desillusion durchbrechen. Das ist aufrichtig und verantwortungsbewusst, und man fühlt sich dabei besser, als wenn man weitermacht, obwohl man weiß, dass man nichts erreicht.

14 Die Melchisedek-Initiation

Die Melchisedek-Initiation verbindet uns mit der Weißen Bruderschaft, einer Gemeinschaft hoher Kräfte, die den Menschen auf ihrem Weg zur Liebe helfen. Viele große Medien bestätigen, dass Jesus, Buddha und andere Lichtbringer dieser Gemeinschaft angehören.
Bei allen Kursen, die wir über Melchisedek geben, fällt auf, dass dies kein leichter Weg ist. Nach Yod-Initiationen hören wir oft, dass die Menschen sich wohl fühlen, aber nach Melchisedek-Initiationen erleben viele eine turbulente Zeit. Es geht immer um das gleiche Thema: Liebe wird vorenthalten. Liebe steht uns nämlich überall und immer zur Verfügung. Wir selbst halten Liebe zurück. Mangel an Liebe – der größten Kraft auf der Erde – ruft starke Gegenreaktionen hervor. Wir bauen ganze Scheinwelten auf, um mit diesem Mangel nicht mehr konfrontiert zu werden. Melchisedek hilft uns, Mauern abzubrechen, die wir zwischen uns und der Liebe errichtet haben. In unseren Kursen über Melchisedek haben wir dazu folgende Informationen gechannelt:

Ein Mensch, der mit dem Licht in Berührung kommt, begegnet ihm immer wieder, denn es weckt Aspekte in ihm, die er lieber unter den Teppich kehrt. Melchisedek hilft dem Menschen, den Teppich zu reinigen und den Boden darunter zu fegen und weiß zu machen. Dies ist der Weg zum Licht. Wer dem Dunklen in seinem Inneren nicht in die Augen sieht, versperrt einen Teil des Weges zum Licht. Melchisedek hat die Aufgabe, dem Menschen auf diesem schweren Weg zu helfen. Es ist nicht immer leicht, zum Licht hin zu wachsen, durch die Dunkelheit, die Schmerzen, den Kummer und die Einsamkeit.

Die Verbindung mit Melchisedek
Der Weg zur Liebe ist lang, und wir können ihn nur Schritt für Schritt zurücklegen. Es nützt nichts, sich initiieren zu lassen und die Initiation dann zu vergessen. Mit Melchisedek müssen wir arbeiten! Es ist nicht

einfach, die Hindernisse auf unserem Weg zu beseitigen. Wir müssen uns immer wieder neu mit Melchisedek verbinden, um voranzukommen. Wir ernten, was wir säen.

Die folgenden gechannelten Informationen können bei der Arbeit mit Melchisedek helfen. Doch auch hier gilt: Seien Sie kreativ, und entdecken Sie Ihren Weg selbst!

Melchisedek ist Liebe. Lass diese Liebe zu Dir durchdringen, empfange sie im Hara. Spür die Stille in Dir. Nimm diese Liebe in Deinem Herzen an, und Du wirst froh und hell. Empfange diese Liebe in Deiner Krone, und Deine Hellsichtigkeit blüht auf. Empfange diese Liebe im Wurzelchakra, und Du willst nichts anderes mehr, als auf der Erde sein.

Die folgende Meditation zeigt Dir, wie Du mit der Angst vor Schmerzen und vor der Liebe umgehen sollst. Konzentriere Dich auf Dein Herz und sprich dreimal: „Ich empfange Melchisedek in meinem Herzen". Stell Dir dann vor, dass ein feuriger Strom aus Liebe aus dem Kosmos zu Dir fließt. Schaue, fühle, wisse oder erlebe, was dieser starke Strom in Dir vollbringt. Lass ihn ein. Wo wird er dünner? Wo hört er ganz auf? Beobachte das ganz ruhig, und sei freundlich zu Dir. Geh dann an die Stelle, wo Du am deutlichsten spürst, dass der Energiestrom stockt. Sei an dieser Stelle. Lass das Violette Feuer dorthin strömen. Das Violette Feuer macht diese Stelle heller. Lass dann erneut vom Herzen aus Melchisedek zu Dir fließen. Lass das Licht zu der Stelle fließen, die dunkel war, nun aber durch das Violette Feuer heller geworden ist. Beobachte, wie diese Stelle jetzt auf Melchisedek reagiert. Wende dich dann der Krone zu und bitte sie, das Violette Feuer durch deinen Körper fließen zu lassen, an jede Stelle, wo Du Angst spürst – die Angst, Liebe einzulassen. Das Violette Feuer transformiert diese Angst. So kannst Du mit dem Violetten Feuer an der Angst arbeiten, die dich daran hindert, wahre Liebe einzulassen.

Etwas ganz anderes ist die Arbeit mit Engeln. Stell Dir vor, ein großer blauer Strahl kommt auf Dich zu. Auf dieser Farbe kommt die Engelwelt zu Dir. Du darfst Dich mit jedem Problem und jedem Schmerz an die Engel wenden. Von der Sphäre der Engel aus kannst Du wahrnehmen, in welchem Umfang Dein Ungleichgewicht heilbar ist. Bitte Melchisedek, zu Dir zu kommen. Nimm wahr, wo die Blockade ist. Überlasse diese Blockade der Engelsphäre, und beobachte, was geschieht.

Die folgende Methode nennen wir Konfigurationskammer. Stell Dir vor, Du befindest Dich in einem Zimmer, und auf Deine Bitte hin dringt Licht in jeder Farbe und Stärke ein. Bitte Melchisedek, zu Dir zu kommen, und nimm wahr, wo der Lichtstrom in Dir dünner wird. Bring diese Stelle in die Konfigurationskammer und bitte die Kammer, sie im Namen Gottes zu heilen. Aus den Wänden der Kammer strömen nun genau die Schwingungen, die du brauchst, um die Stelle zu transformieren, die den Strom der Liebe in Dir hemmt. Lass das Licht Melchisedeks erneut zu Dir kommen und beobachte, ob sich etwas verändert hat.

An diesen Methoden fällt auf, dass sie die Schwingung des Gebietes verändern, in dem der Strom der Liebe blockiert ist. Bei der normalen Melchisedek-Initiation stoßen die Teilnehmer an ihre Grenzen und arbeiten daran auf ganz gewöhnliche, menschliche Weise: mit viel Widerstand, mit Hinfallen und Aufstehen. Darum sind diese Prozesse so schwierig. Die oben beschriebenen Techniken sind viel eleganter, viel weniger grob.

Foto 1: Yogananda

Foto 2: Ein Buddhabild

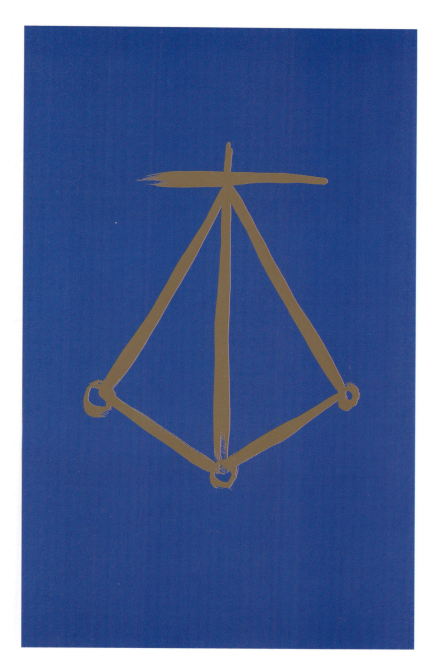

Farbbild 5: Harth

Farbbild 6: Mara

Farbbild 7: Feuerdrache

Farbbild 8: Johre

Farbbild 9: Shanti

Farbbild 10: Das Sanskriteichen „Aum"

Farbbild 11: Hung (Om Vajra Sattva Hum)

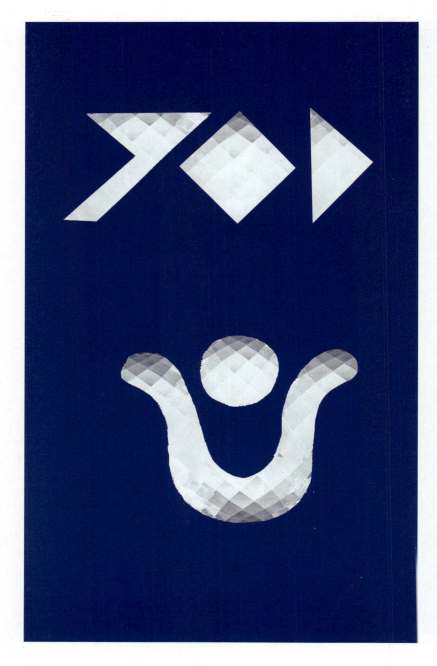

Farbbild 12: Yin und Yang als Yod-Symbole

Farbbild 13: Engel-Yod

Farbbild 14: Das Violette Feuer

15 Das Violette Feuer

Nach einigen esoterischen Lehren gibt es im Kosmos sieben Strahlen, jeweils gelenkt von einer Intelligenz. Der siebte Strahl ist das Violette Feuer, und er ist eine sehr starke kosmische Kraft.

Transmutation
Das Violette Feuer hat eine hohe Schwingung. Dieser Strahl kann die Frequenz einer niedrigen Schwingung erhöhen. Diesen Vorgang nennen wir Umwandlung oder Transmutation.

Peter hat Kopfschmerzen. Er verbindet sich mit seinem spirituellen Herzen und konzentriert sich von dort aus auf die Schmerzen. Er will sie als Teil seiner selbst akzeptieren und aus ihnen lernen. Dann verbindet er sich mit dem Violetten Feuer und bittet es, die Ursache der Kopfschmerzen umzuwandeln. Nach einer halben Stunde sind die Schmerzen verschwunden.

Im Violetten Feuer wurde die Ursache der Schmerzen umgewandelt; das heißt, sie bekam eine andere Schwingung. Und sobald die Frequenz sich geändert hat, besteht die alte Schwingung nicht mehr. Jetzt herrscht ein neues Gleichgewicht auf einer höheren Ebene. Darum haben die Kopfschmerzen aufgehört.

Der Weg des Herzens
Über die Anwendung des Violetten Feuers haben wir Folgendes gechannelt:

Das Violette Feuer hat eine besondere Eigenschaft: Es kann Karma umwandeln. Das heißt, Du kannst durch eine gründliche Reinigung mit dem Violetten Feuer Leiden aufheben. Richte das Violette Feuer aus dem Herzen auf das Leiden. Ohne Herzenergie gibt es keine Umwandlung, weil Du ohne Herzenergie die wahre Natur der Flamme, die Umwandlung durch Gnade, nicht bejahen kannst. Verbinde dich vor der Umwandlung mit der wahren Liebe Gottes. So findest du das wahre Sein in deinem Herzen.

Dieser Text gibt uns einen wichtigen Schlüssel für die Anwendung des Violetten Feuers. Darauf möchten wir ausführlich eingehen, weil es sehr bedeutsam ist.

Maria hat Magenbeschwerden. Sie weiß, dass die Schmerzen etwas mit einem Problem zu tun haben, das ihr immer wieder zu schaffen macht. Sie verabscheut diesen Teil ihrer selbst. Darum beschließt sie, diesen unerwünschten Teil mit dem Violetten Feuer zu vertilgen.

Maria macht den größten Fehler, den wir machen können, wenn wir uns ändern wollen: Sie verabscheut, was sie ändern will, und will es loswerden. Aber Selbsthass kann niemals heilen, denn Hass ist eine trennende Kraft. Wachstum bedeutet heil werden und verbinden. Wie kann Maria wachsen, wenn sie einen Teil ihrer selbst wegwirft? Eine Veränderung setzt voraus, dass wir den Teil umarmen, den wir verändern wollen. Wir begegnen ihm mit wahrer Liebe, nehmen ihn so wahr, wie er ist, und lassen zu, dass er umgewandelt wird.

Einerseits müssen wir diesen Teil also lieben, andererseits dürfen wir an ihm nicht haften, sondern müssen ihn aus einigem Abstand wahrnehmen. Diese Wahrnehmung aus einigem Abstand ist etwas ganz anderes als Dissoziation. Dissoziieren heißt, Tatsachen leugnen. Hier geht es aber darum, die Wahrheit auf einer höheren Ebene zu akzeptieren. Maria muss einen Schritt zurücktreten und von dort aus ihren Abscheu vor sich selbst wahrnehmen. Sie nimmt ihn aus ihrem spirituellen Herzen wahr, und in diesem Teil ihrer selbst liebt sie auch den Teil, den sie sonst hasst.

Aus dieser Einstellung heraus kann sie das Violette Feuer rufen, und die Gnade des Violetten Feuers kann dann zu ihr kommen. Das Violette Feuer kann nicht vernichten; das wäre gegen seine Natur. Es kann jedoch liebevoll umwandeln, und wenn wir es mit einer positiven Einstellung gezielt anwenden, kann es seine Aufgabe erfüllen. Wenn wir es auffordern, etwas zu zerstören (weil wir feindselig gegen uns selbst sind), ist es machtlos. Aus einer feindseligen Haltung heraus können wir zwar Kräfte zu uns rufen, aber bestimmt keine reinen. Was wir aussenden, das ziehen wir an! Wenn wir voller Hass um Hilfe bitten, senden wir eine ganz andere Botschaft aus, als wenn wir aus Mitgefühl um Hilfe bitten.

Die Kraft des Violetten Feuers ist enorm; doch ehe wir sie nutzen können, müssen wir selbst etwas leisten. Den meisten Menschen fällt es schwer, den Teilen ihrer selbst gegenüberzutreten, die sie im spirituellen Herzen ändern wollen. Aber wenn das gelingt, ist viel gewonnen. Denn wenn wir dem Teil, den wir ändern wollen, im Herzen begegnen, können wir ihn auch bejahen. Erst dann ist eine echte Veränderung möglich – nicht früher!

Die Initiation in das Violette Feuer

Die Arbeit mit dem Violetten Feuer hat eine alte Tradition. Offenbar können sich viele Menschen auch ohne Initiation auf diese Schwingung einstimmen. Manche Reikimeister initiieren ins Violette Feuer. Wie sinnvoll ist das? Zunächst einmal setzt es natürlich voraus, dass der Meister tiefer auf das Violette Feuer eingestimmt ist als der Schüler. Aber das ist nicht immer so. Wenn der Meister wirklich einen tieferen Kontakt hat, kann er dem Schüler helfen, sich ebenfalls tiefer auf das Violette Feuer einzustimmen. Außerdem wirkt es inspirierend, wenn eine Gruppe von Menschen sich einen Tag lang mit dem Violetten Feuer beschäftigt. Selbst Teilnehmer, die bereits auf das Violette Feuer eingestimmt sind, können davon profitieren.

Die Einstimmung auf das Violette Feuer

Wenn Sie mit dem Violetten Feuer arbeiten wollen, können Sie es einfach bitten, seine Wirkung zu entfalten. Begegnen Sie dem Aspekt, an dem Sie arbeiten wollen, im Herzen und leiten Sie dann das Violette Feuer in seinen Kern. Tun Sie das einige Tage lang, zum Beispiel dreimal täglich zwei Minuten. Beobachten Sie dann, was geschehen ist. Haben Sie einen deutlichen Fortschritt gemacht? Kommt die Veränderung nur schleppend voran? Oder ist überhaupt nichts geschehen? Analysieren Sie die Veränderung und ihre Quelle. Haben Sie sich gut genug mit dem Violetten Feuer verbunden? Brauchen Sie mehr Zeit? Haben Sie das Violette Feuer wirklich vom Herzen aus zu dem Problem gelenkt, oder steht noch etwas zwischen Ihnen und dem Problem? Untersuchen Sie das Problem, und handeln Sie dann.

Sie können die Einstimmung auf das Violette Feuer verbessern, indem Sie sich mit seiner Farbe verbinden. Eine weitere Möglichkeit ist die Anwendung des Symbols, das als Farbbild 14 dargestellt ist. Verbinden Sie sich aus dem Herzen mit ihm, und zeichnen Sie es dann mit zwei Händen (siehe nebenstehende Abbildung), so wie die Reiki-2-Symbole. Die Umrandung symbolisiert eine Flamme, der innere Teil eine sich kreuzende liegende Acht.

Abbildung 17:
So wird das Symbol des Violetten Feuers gezeichnet.

Zeichnen Sie zuerst die Flamme, und zwar mit der linken Hand die linke Hälfte und gleichzeitig mit der rechten Hand die rechte Hälfte, jeweils von unten nach oben (1). Dann folgt die waagrechte liegende Acht. Beginnen Sie links oben (2), zeichnen Sie die Acht mehrere Male, und gehen Sie dann fließend zur senkrechten Acht über, die beim Punkt 3 beginnt.

Die praktische Arbeit mit dem Violetten Feuer

Wie bereits erwähnt, kann man das Violette Feuer auf jedes Problem lenken, sofern man bereit ist, sich im Kern seines Herzens selbst zu begegnen, während man das Problem betrachtet. Einige besondere Anwendungsmöglichkeiten wollen wir hier beschreiben.

Das Violette Feuer auf den Energiekörper lenken

Wenn Sie den spirituellen Körper täglich im Violetten Feuer baden, reinigen Sie ihn. So läutern Sie das Lichtwesen, das Sie sind.

Wenn Sie das Violette Feuer in den Mentalkörper lenken, spüren Sie ein Verlangen, reiner zu denken, zu reden und zu handeln. Das hat einen großen Einfluss auf das ganze Leben.

Wenn Sie den Emotionalkörper mit dem Violetten Feuer reinigen, schaffen Sie Raum und können sich in Ihrer spirituellen Dimension selbst begegnen. Es ist nämlich schwer, spirituell zu wachsen, wenn man an seinen Gefühlen haftet.

Die Chakren reinigen

Sie können alle Chakren reinigen, indem Sie das Violette Feuer in ein Chakra lenken. Auch hier dürfen Sie aber nicht vergessen, dass Sie nur das umwandeln können, was sie aus einem reinen Herzen heraus bejaht haben.

Zum Schluss

Dieses Buch schildert einen Teil unseres Weges bei der Arbeit mit dem Licht und mit der Liebe. Morgen befinden wir uns auf einem anderen Teil dieses Weges. Dies ist also das Buch von heute. Wir hoffen, dass es die Arbeit im Licht, in der Liebe und in der Wahrheit fördert.

Literaturverzeichnis

Amorah Quan Yin, *Het Pleiadisch Werkboek. Hoe aktiveer ik mijn Goddelijk Ka,* Petiet, Tiel 1996
Brennan, Barbara Ann, *Bronnen van Licht,* Becht, Bloemendaal 1994
Chia, Mantak, Chi Nei Tsang, *Internal organs chi massage,* Healing Tao Books, New York 1990
Chia, Mantak, und Winn, Michael, *Taoistische geheimen der liefde I, Transformatie van de mannelije seksuele energie,* Ankh-Hermes, Deventer 19993
Chia, Mantak, und Winn, Michael, *Taoistische geheimen der liefde II, Transformatie van de vrouwelijke seksuele energie,* Ankh-Hermes, Deventer 19933
Chia, Mantak, *Van stress naar evenwicht. Harmoniseer uw energie met behulp van Tao,* Ankh-Hermes, Deventer 1993
Dam, Hans ten, *Handboek regressietherapie,* Bres, Amsterdam 1989
Dam, Hans ten, *Ring van Licht. Reincarnatie: denkbeelden en ervaringen,* Bres, Amsterdam 1990
Delnooz, Fons, *Energetische bescherming. Tegen leeglopen, vervuilen, meetrillen,* Ankh-Hermes, Deventer 2000
Dürkheim, K. von, *Hara. Het dragende midden van de mens,* Ankh-Hermes, Deventer 1990
Findhorn-gemeenschap, *De tuinen van Findhorn,* H. J. W. Becht, Amsterdam, o. J.
Langedijk, Pieter, und Enkhuizen, Agnes van, *De parasympaticus,* Ankh-Hermes, Deventer 1989
Maclean, D., *Engelen en deva's spreken,* Ankh-Hermes, Deventer 1994
Milner, K., *Reiki & other rays of touch healing,* Healing Arts Series, 2. Aufl., 1995
Romunde, R. van, *Planten waarnemen: elementenwezens ervaren,* Vrij Geestesleven, Zeist 1988
Spalding, Baird T., *Meesters van het Verre Oosten. Hun leven en leer,* Sirius en Siderius, Den Haag 1985
Stein, Diane, *De kern van Reiki,* Becht, Haarlem 1997
Steiner, R., *Natuurwezens: De wereld van vuurwezens, elfen, nimfen en gnomen,* Vrij Geestesleven, Zeist 1993
Steiner, R., *Vruchtbare landbouw op biologisch-dynamische grondslag,* Vrij Geestesleven, Zeist 1992
Stokes, Gordon, und Whiteside, Daniel, *Three in one concepts.* Tools of the trade, übers. v. Salomons und Veenstra, 1992
Tompkins, P., und Bird, C., *The secret life of plants: A fascinating account of the physical, emotional and spiritual relations between plants and man,* Harper & Row, 1984
Yogananda, *Autobiografie van een yogi,* Ankh-Hermes, Deventer 1991
Wierenga, P., *Ongenode gasten. Over indringers in de menselijk geest,* Tasso Uitgeverij BV, Amsterdam 1998

Liste der Abbildungen

Abbildung 1: Die 7 Haupt- und wichtigsten Nebenchakren .... Seite 17
Abbildung 2: Gleichgewicht und Ungleichgewicht
              zwischen Spiritualität und Erdung .... Seite 23
Abbildung 3: Die Krone öffnet sich Gott wie eine weiße Lotosblüte ..... Seite 56
Abbildung 4: Die liegende Acht .... Seite 63
Abbildung 5: Ein mit dem Computer gezeichnetes Symbol .... Seite 134
Abbildung 6: Ein Symbol erden .... Seite 136
Abbildung 7: Hon Sha Ze Sho Nen zeichnen .... Seite 139
Abbildung 8: Cho Ku Rei zeichnen .... Seite 142
Abbildung 9: Sei He Ki zeichnen .... Seite 144
Abbildung 10: Harth zeichnen .... Seite 146
Abbildung 11: Mara zeichnen .... Seite 147
Abbildung 12: Den Feuerdrachen zeichnen .... Seite 148
Abbildung 13: Johre zeichnen .... Seite 149
Abbildung 14: Shanti zeichnen .... Seite 150
Abbildung 15: Die Ausgangshaltung beim Initiieren .... Seite 174
Abbildung 16: Yang-Yod und Yin-Yod zeichnen .... Seite 201
Abbildung 17: Das violette Feuer zeichnen .... Seite 212

Farbteil ab Seite 208

Foto 1:   Yogananda
Foto 2:   Ein Buddhabild
Farbbild 1: Die liegende Acht
Farbbild 2: Hon Sha Ze Sho Nen
Farbbild 3: Cho Ku Rei
Farbbild 4: Sei He Ki
Farbbild 5: Harth
Farbbild 6: Mara
Farbbild 7: Feuerdrache
Farbbild 8: Johre
Farbbild 9: Shanti
Farbbild 10: Das Sanskriteichen „Aum"
Farbbild 11: Hung (Om Vajra Sattva Hum)
Farbbild 12: Yin und Yang als Yod-Symbole
Farbbild 13: Engel-Yod
Farbbild 14: Das Violette Feuer

Liste der Übungen

Übung 1: Einstimmung des Kanals
auf höhere Schwingungen .... Seite 44
Übung 2: Öffnen des Kanals
in einer Gruppe von Reikigebern .... Seite 45
Übung 3: Die Grundhaltung
beim hellsichtigen Wahrnehmen .... Seite 49
Übung 4: Den Zustand des Kanals
hellsichtig wahrnehmen .... Seite 49
Übung 5: Lächeln in die Blockade .... Seite 53
Übung 6: Mit Gold und Diamant
an einer Blockade arbeiten .... Seite 54
Übung 7: Chakren mit sich entfaltenden Blüten öffnen .... Seite 57
Übung 8: Mit Yod an einer Blockade arbeiten .... Seite 61
Übung 9: Erdung .... Seite 99
Übung 10: Den Energiekanal optimieren .... Seite 99
Übung 11: Sich selbst durch Visualisieren Reiki geben .... Seite 117
Übung 12: Ein Symbol erden .... Seite 135
Übung 13: Der kleine himmlische Kreislauf .... Seite 172
Übung 14: Den Energieaufbau in den Fingern
selbst erleben .... Seite 173

Über die Autoren

Dr. Fons Delnooz (45) studierte Sonderpädagogik und Heilpädagogik. Während seines Studiums spezialisierte er sich auf die Arbeit mit Pubertierenden und verhaltensgestörten Jugendlichen. Danach arbeitete er als körperorientierter Therapeut und integrierte die intuitive und energetische Arbeit in seine Praxis, die er seit fünfzehn Jahren führt.

Dr. Patricia Martinot (46) studierte zunächst Pflegekunde an der Fachhochschule und arbeitete dann fünfzehn Jahre als Obergemeindeschwester. Anschließend spezialisierte sie sich auf Kinesiologie und energetische Therapie und führt seit zehn Jahren eine eigene Praxis. Sie ist seit zehn Jahren selbständig.

Delnooz und Martinot führen seit fünf Jahren eine Gemeinschaftspraxis und geben gemeinsam Konsultationen, Kurse und Vorträge. Neben dem Buch *Energetischer Schutz* haben sie in den Niederlanden vier weitere erfolgreiche Bücher veröffentlicht.

Informationen über die aktuellen Seminarprogramme sowie weitere Informationen zu den Autoren sind unter folgender Adresse im Internet zu finden: www.de-verbindig.com

Fons Delnooz

Energetischer Schutz

Wie man sich vor Energieverlust, verunreinigten Energien und unerwünschter Schwingungsresonanz schützen kann

Mit vielen praktischen Anleitungen
Dieses Buch ist ein Muß für Therapeuten und Patienten, die mit Energien und Körperenergien arbeiten, aber auch ein Buch für empfindsame Seelen, die beruflich oder privat viel mit Menschen zu tun haben. Energieverlust sowie die Aufnahme verunreinigter Energien und Schwingungsresonanzen können dazu führen, daß man immer häufiger nach der Arbeit extrem müde und reizbar nach Hause kommt, kaum noch Energie für Familie und Freunde oder andere Aktivitäten aufbringen kann. Mit diesem Buch wird man lernen, Schritt für Schritt diesem Energieverlust vorzubeugen, auch im zwischenmenschlichen Energieaustausch, selbst über große Entfernungen hinweg.

144 Seiten · ISBN 3-89385-380-4
www.windpferd.com

Walter Lübeck/Frank A. Petter

Reiki — die schönsten Techniken

Wundervolle Werkzeuge des Heilens für den ersten, zweiten und dritten Reiki-Grad

Die weltweit anerkannten Reiki-Meister Walter Lübeck und Frank A. Petter stellen in diesem Buch hauptsächlich westliche Reiki-Techniken vor und geben jedem Reiki-Praktizierenden ein wertvolles Werkzeug in die Hand, um Reiki gezielt und effektiv zum Schutz und zur Heilung anzuwenden. Es gibt Techniken für den ersten, den zweiten und den dritten Grad. Die Autoren zeigen, wozu eine Behandlung benutzt wird, die Philosophie der jeweiligen Technik, wie sie ausgeführt wird, was damit bewirkt werden kann sowie Kombinationsmöglichkeiten mit anderen Techniken. Ein wundervolles Geschenk für jeden Reiki-Eingeweihten!

240 Seiten · 3-89385-391-X
www.windpferd.com